NTOA 7

Zeller • Menschwerdung Gottes – Vergöttlichung
von Menschen

NOVUM TESTAMENTUM ET ORBIS ANTIQUUS (NTOA)

Im Auftrag des Biblischen Instituts
der Universität Freiburg Schweiz
Herausgegeben von Max Küchler
in Zusammenarbeit mit Gerd Theißen

Der Herausgeber:

Dieter Zeller, geb. 1939, nach philosophisch-theologischen Studien in Freiburg i. Br. und Rom Spezialisierung in Bibelwissenschaften am Bibelinstitut in Rom. Dissertation in Freiburg i. Br., erschienen unter dem Titel *Juden und Heiden in der Mission des Paulus* (FzB 8), Stuttgart ²1976. Ebd. Habilitation mit einer Arbeit über *Die weisheitlichen Mahnsprüche bei den Synoptikern* (FzB 17), Würzburg ²1983. 1980–84 Professor für NT in Luzern und Mainz, vertritt seitdem Religions-wissenschaft des Hellenismus in Mainz.
Weitere größere Veröffentlichungen: mit P. FIEDLER Hg. von *Gegenwart und kommendes Reich* (SBB), Stuttgart 1975; *Der Brief an die Römer* (RNT), Regensburg 1985; *Kommentar zur Logienquelle* (SKK 21), Stuttgart ²1986.

Anschrift – wie auch für alle Mitarbeiter außer B. LANG –:
Johannes-Gutenberg-Universität, Saarstr. 21, 6500 Mainz.
Prof. Dr. B. LANG, Universität, Warburger Str. 100, 4790 Paderborn.

NOVUM TESTAMENTUM ET ORBIS ANTIQUUS   7

Dieter Zeller (Hrsg.)

Menschwerdung Gottes – Vergöttlichung von Menschen

UNIVERSITÄTSVERLAG FREIBURG SCHWEIZ
VANDENHOECK & RUPRECHT GÖTTINGEN
1988

CIP-Titelaufnahme der Deutschen Bibliothek

Menschwerdung Gottes – Vergöttlichung von Menschen /
Dieter Zeller (Hrsg.). – Freiburg, Schweiz:
Univ.-Verl.; Göttingen: Vandenhoeck u. Ruprecht, 1988
  (Novum testamentum et orbis antiquus; 7)
  ISBN 3-7278-0604-4 (Univ.-Verl.) Gb.
  ISBN 3-525-53906-1 (Vandenhoeck u. Ruprecht) Gb.
NE: Zeller, Dieter [Hrsg.]; GT

Veröffentlicht mit Unterstützung des Hochschulrates
der Universität Freiburg Schweiz,
der Vereinigung der Freunde
der Universität Mainz e.V.
und mit Sondermitteln
der Johannes Gutenberg-Universität Mainz

Die Druckvorlagen der Textseiten
wurden vom Autor ab Datenträger
als reprofertige Vorlage zur Verfügung gestellt

© 1988 by Universitätsverlag Freiburg Schweiz
Paulusdruckerei Freiburg Schweiz
ISBN 3-7278-0604-4 (Universitätsverlag)
ISBN 3-525-53906-1 (Vandenhoeck und Ruprecht)

Vorwort

Als Herausgeber dieses Sammelbandes bin ich vor allem den Kollegen verpflichtet, die ihre Beiträge trotz vielfacher ander-
weitiger Belastung fertiggestellt haben. Daß er in dieser Reihe erscheinen kann, verdanken wir Herrn Prof. Dr. G. THEISSEN,
der ein hilfreiches Gutachten beisteuerte, und Herrn Prof. Dr.
M. KÜCHLER, der wertvolle technische Ratschläge gab.

Das Typoskript schrieben in bewährter Weise Frau Barbara DAUB
und Frau Maria Theresia KÜCHENMEISTER. Beim Lesen der Korrektur und bei der Anfertigung der Register erwarben sich meine
beiden wissenschaftlichen Hilfskräfte Frau Birgit SCHMITT und
Herr Wolfgang EMMERICH große Verdienste. Allen gilt mein herz-
licher Dank.

Mainz, im Juni 1988

DIETER ZELLER

Inhaltsverzeichnis

Einleitung

Dieser Band entstand aus einer Ringvorlesung, die im WS 1986/7
an der Mainzer Johannes Gutenberg-Universität zum gleichen
Thema veranstaltet wurde. Die Kollegen haben aber freundlicher-
weise ihre Manuskripte ausgebaut und wissenschaftlich unter-
mauert. Nur der Beitrag von B. Lang wurde eigens für dieses
Sammelwerk geschrieben. Bevor ich die verschiedenen Abhand-
lungen in ihrem Zusammenhang vorstelle, möchte ich die religionswissenschaftliche Fragestellung der Vorlesungsreihe und
dieses Buches erläutern.

1. Die Thematik innerhalb religionswissenschaftlicher Forschung

Bis auf unsere Tage - denken wir nur an Personenkult im politischen Bereich oder im Showbetrieb, an die "Götter in Weiß"
und ähnliche Dinge - gibt es das Phänomen, daß einzelne Menschen göttliche Verehrung genießen, gottgleiche Macht ausüben,
als Erscheinung und Offenbarung (eines) Gottes gelten. Wie der
Doppeltitel "Menschwerdung Gottes - Vergöttlichung von Menschen" andeutet, soll es von zwei entgegengesetzten Seiten an-
gegangen werden.

a) Von Menschwerdung Gottes in bezug auf solche Tatbestände zu
reden, mag zunächst als illegitime Ausweitung eines christlichen Begriffs erscheinen. Entzieht sich die Inkarnation Gottes
in Jesus Christus nicht der religionswissenschaftlichen Ver-
gleichbarkeit? Stellt sie nicht ein Geheimnis dar? Der Reli-
gionswissenschaftler muß aber zur Kenntnis nehmen, daß auch
andere Religionen in objektivierender Sprache von Menschen
aussagen, ein Gott sei in ihnen auf die Erde herabgestiegen,
habe in ihnen menschliche Gestalt angenommen. Und in der ver-
gleichenden Religionsgeschichte war "Inkarnation" zumindest
einmal eine eingeführte Kategorie.

So konnte der evangelische Religionshistoriker N. SOEDERBLOM
in der von J. HASTINGS hg. "Encyclopaedia of Religion and
Ethics" 1914 eine allgemeine Einführung zu dem Gemeinschafts-

artikel "Incarnation"[1] schreiben. Darin grenzt er den Begriff
ab gegen "transmigration" der Seele und "possession", in der
das Göttliche nur vorübergehend einen Menschen ergreift. Wie
gegenüber der nur zeitweiligen "Metamorphose"[2] von Göttern
ist wichtig, daß sie dauerhaft menschliche Existenz annehmen.
Menschwerdung ist aber auch von einer nachträglichen Vergöttlichung von Menschen und der mystischen Erhebung des Menschen
zu Gott, die allen Frommen möglich ist, zu unterscheiden.
Schließlich ist davon die Gegenwart des Numinosen in Dingen
der Natur oder in Zauberern, wie sie primitiver Glaube kennt,
abzuheben. Es zeigt sich so, daß die Vorstellung von einer
Menschwerdung die Transzendenz eines Hochgottes voraussetzt.

Gemessen an diesen Kriterien haben die folgenden Einzeldar-
stellungen des Artikels, die z. T. von Präexistenz der Seele
und Wiedergeburt und von vergöttlichten Herrschern handeln,
weitgehend ihr Thema verfehlt[3]. Dennoch kann man in ihnen
verschiedene Typen von solch bleibenden Inkarnationen auf-
spüren:
- Eine Einzelgestalt wird als Inkarnation einer Gottheit betrachtet, z. B. der zum Heiligen erhobene Nichi-Ren (13. Jh.)
im japanischen Buddhismus, in dem der Buddha Visitacanta
Fleisch geworden sein soll[4]. Ober bei den Indianern der Prophet Tenskwatara[5].
- In einer Institution kommt es zu sukzessiven Inkarnationen
eines Gottes. Z. B. wird der Dalai-Lama von Lhasa seit dem 17.
Jh. als fleischgewordener Avalokiteśvara betrachtet.

---

1) ERE VII 183-201. Zeitschriften und Nachschlagewerke werden
   im folgenden nach dem Abkürzungsverzeichnis zur TRE, hg. S.
   SCHWERTNER, Berlin - New York 1976 angegeben. Ebenso die
   biblische und jüdisch-frühchristliche Literatur.
2) Vgl. F. C. GRANT, Art. "Inkarnation", in: RGG³III 753f, 753.
3) Das läßt sich auch vom Art. "Incarnation" von M. WAIDA, in:
   M. ELIADE (Hg.), The Encyclopedia of Religion VII 156-161
   sagen; immerhin stellt er fest, daß es bis heute (1986)
   keine allgemeine religionsgeschichtliche Monographie zu
   unserer Frage gibt.
4) Vgl. GRANT (s. Anm. 2).
5) Vgl. H. B. ALEXANDER, in: ERE VII 186.

- Im Hinduismus, besonders bei den Vishnu-Anhängern, werden
die verschiedensten Gestalten (sagenhafte Tiere, Helden wie
Rāma und Krishna, aber auch Buddha und der eschatologische
Heilbringer) als "avatāras"[6] des Hochgottes zusammengefaßt.
In der gängigen Tradition zählt man zehn solcher "Herabstiege"
Vishnus, der auf Erden wieder Ordnung schafft. Es handelt sich
deutlich um eine theologische Spekulation, die die regionale
Vielfalt soteriologischer Figuren dem transzendenten Gott zu-
ordnet und - wie am Beispiel Buddhas abzulesen ist - auch ganz
Andersartiges ins System vereinnahmt.

- Es braucht nicht immer ein personal vorgestellter Gott Mensch
zu werden. Auch eine göttliche Substanz kann in bestimmte Menschen eingehen und so ihren Zusammenhang mit der Schöpfung und
untereinander verbürgen; hier würde man freilich besser von
Emanation sprechen. So belebt bei den Parsen der Lichtglanz
(xvarnah) nicht nur die Götter und die Natur, sondern leuch-
tet vor allem in den Königen, am reichsten aber in Zarathustra;
durch ihn sind auch die erwarteten Erneuerer der Welt wieder
mit Zarathustra verbunden[7]. Ähnliche Vorstellungen findet man
bei der judenchristlichen Sekte der Ebioniten[8], im Manichä-
ismus[9], bei den Schiiten[10] und den Samaritanern[11]. Die Konstruktion zielt jeweils auf einen Endpunkt, den letzten Offen-
barer oder Erlöser.

Offensichtlich läßt sich der christliche Glaube nicht unter
die drei zuletzt genannten Auffassungen einreihen, weil er die
Menschwerdung für ein einmaliges Ereignis hält. Insofern frei-

---

6) Vgl. H. JAKOBI, in: ERE VII 193-197; G. PARRINDER, Avatar
and Incarnation, New York 1982; D. KINGSLEY in der neuen
Encyclopedia of Religion (s. Anm. 3) II 14f. Innerhalb der
Vorlesungsreihe hat der Mainzer Indologe G. BUDDRUSS diese
Gedankenwelt vorgestellt.

7) Vgl. N. SOEDERBLOM in ERE 198f. G. WIDENGREN, Religions-
phänomenologie, Berlin 1969, 463.475 spricht von der Inkarnation des Urmenschen in Zarathustra und in seinen
mythischen Söhnen.

8) Vgl. WIDENGREN (s. Anm. 7) 476: Vier Einkörperungen des
Urmenschen Adam.

9) WIDENGREN (s. Anm. 7) 502f.512f: Der ewige Erlöser steigt
immer aufs neue in die Welt der Materie hinab. Mani selbst
wird als Inkarnation des großen νοῦς angesehen.

10) Vgl. PARRINDER (s. Anm. 6) 197: hier kam die Theorie auf,
die kosmische Kraft, das ewige Werkzeug der Schöpfung,
werde in den Imāmīm geboren, die in Serie nacheinander
folgen. WIDENGREN 513f: nach den Ismailiten läßt sich der
Weltintellekt in heilsgeschichtlichen Gestalten von Adam
bis Ismail und dessen Sohn nieder. Zu den Drusen vgl. G.
A. BARTON in ERE VII 198f.

11) Mose verkörpert das Urlicht von Adam her; vgl. S. J. MIL-
LER, The Samaritan Molad Mosheh, New York 1949, 30f.

lich nicht einfach Gott in Jesus Christus Mensch wird, sondern
ein an der Schöpfung beteiligtes göttliches Prinzip, das der
4. Evangelist Logos nennt, kann man doch wieder Linien zur
letzten Anschauung ziehen. Überhaupt sind die religionsgeschichtlichen Analogien aufschlußreich, weil die apriorisch
klingende Theorie oft erst sekundär herausragenden, von Gott
begeisterten (Propheten) oder begünstigten (Helden) Persönlichkeiten übergestülpt wurde. Eine entsprechende Entwicklung
ist auch für die neutestamentliche Christologie zu vermuten.

b) Für den von außen kommenden Betrachter mag in solchen Fällen kein großer Unterschied zwischen der angeblichen Menschwerdung und der faktischen Vergöttlichung a posteriori bestehen. Doch ist damit in der den Religionen eigenen Sprache
nicht bloß ein subjektiver menschlicher Akt gemeint, sondern
eine Anerkennung der Göttlichkeit etwa nach dem Tod beim römischen Kaiser. Dennoch ergeben sich hier gewisse Differenzen,
z. B. zum ägyptischen Gottkönigtum.
So schreibt H. FRANKFORT[12]:

> This was the fundamental concept of Egyptian kingship, that
> Pharaoh was of divine essence, a god incarnate; and this
> view can be traced back as far·as texts and symbols take us.
> It is wrong to speak of a deification of Pharaoh. His di-
> vinity was not proclaimed at a certain moment, in a manner
> comparable to the consecratio of the dead emperor by the
> Roman senate. His coronation was not an apotheosis but an
> epiphany.

Wenn Helden der Vorzeit mit Göttern identifiziert werden[13],
ja wenn selbst verstorbene Privatpersonen in der römischen
Kaiserzeit an der Seligkeit der Götter teilhaben[14], so sind
das - wie der Kaiserkult - eigenständige Sachverhalte, die
durch die Tendenz "Vom Sterblichen zum Unsterblichen" gekennzeichnet sind. Der früher gebräuchliche Begriff "Gottmensch"
erinnert nicht nur peinlich an eine Art Mischung oder Kreuzung

---

12) Kingship and the Gods (1948), Chicaco 1978, 5. Ob die Cha-
rakteristik für den ägyptischen König zutrifft, muß der
Ägyptologe (s. u. den Beitrag von R. GUNDLACH) entschei-
den.
13) Vgl. dazu R. SCHILLING, La déification à Rome, in: REL 58
(1980) 137-152.
14) Vgl. H. WREDE, consecratio in formam deorum, Mainz 1981.

zwischen Gott und Mensch, sondern verunklart auch diese Aus-
gangsbasis.

Und doch muß man für die griechisch-römische Antike zugeben:
Obwohl Inkarnation und Apotheose an sich gegensätzlich ausgerichtet sind, schwankt zuweilen das Denken merkwürdig zwischen
beiden[15]. So werden wir z. B. beim Kaiserkult sehen, daß neben der Vergöttlichung des toten und dann des lebenden Herrschers auch das Modell von der Herabkunft eines Gottes auf die
Erde Anwendung findet. Auf diese Weise erscheint die consecratio nicht als einseitig menschliche Setzung. Ähnlich steht es
bei dem heute viel diskutierten Typ des "göttlichen Menschen"[16], der übermenschliche Geistesgaben, Wundermacht und
Heiligkeit an den Tag legt. Diese göttlichen Qualitäten zwin-
gen an sich noch nicht dazu, ihn für einen auf Erden wandelnden Gott zu halten. Doch können sich - wie sich zeigen wird -
solche mythischen Vorstellungen mit dem Lob seiner göttlichen
Eigenschaften verbinden. In der Ringvorlesung zeigte der Juda-
ist G. MAYER an der Gestalt des Mose, wie das hellenistische
Judentum mit dem Modell des θεῖος ἀνήρ Gottes Präsenz in einem
Menschen darstellen konnte, ohne ihn zu vergotten.

Der vorliegende Band konzentriert sich jedoch auf das sakrale
Königtum und den Herrscherkult im Raum des Alten Orients,
Ägyptens und des römischen Reiches[17]. Das sind ja die Stich-
worte, unter denen man die angedeuteten Phänomene von Verkör-
perung Gottes durch einen Menschen und Vergöttlichung von Menschen in modernen Nachschlagewerken am ehesten behandelt fin-

---

15) So St. G. STOCK in ERE VII 192.
16) Vgl. relativ neue Lit. bei H. D. BETZ, Art. "Gottmensch
    II", in: RAC XI 235-312. Eine Rehabilitation des "göttli-
    chen Menschen" als "typological construct" in einem gewis-
    sen Milieu versucht die Diss. von G. A. PATERSON, The
    'Divine Man' in hellenistic popular religion, Drews Uni-
    versity, Madison 1983.
17) Vgl. den Tagungsband The Sacral Kingship (SHR 4), Leiden
    1959. Eine zusammenfassende Darstellung dazu bietet F.
    DVORNIK, Early Christian and Byzantine Political Philo-
    sophy. Origins and Background, 2 Bde., Washington 1966, I.

det[18]. Der König gilt nicht unbedingt als Inkarnation eines
Gottes, aber er steht in enger Verbindung mit ihm, so daß er
oft als sein "Sohn" bezeichnet wird[19], er repräsentiert ihn
gegenüber seinem Volk. Die manchmal übliche Bezeichnung "Herr-
scherideologie" wertet solche göttlichen Ansprüche von vornherein als eigennütziges Blendwerk der Potentaten und vergißt,
daß der König vielfach der Ort ist, an dem Heil und Leben ge-
währt werden; zumindest begründet die Institution des Königtums solche Hoffnungen, und charismatische Einzelgestalten
entfachen sie oft neu. Göttliche Verehrung eines Menschen
kann zwar von diesem selbst propagiert werden, hängt aber auch
ursprungshaft mit konkreten Heilserfahrungen zusammen.

Natürlich bemißt sich der Grad der Vergöttlichung eines Herrschers auch wieder am jeweiligen Gottesbild[20]. Ist Gott zugleich weltüberlegen und geschichtswirksam vorgestellt wie im
alten Israel, bleibt dem König wenig an göttlichem Glanz. Ist
dagegen die Grenze zwischen Menschen und Göttern durchlässig
und wird deren aktive Anwesenheit oft schmerzlich vermißt
wie im Hellenismus, dann ballt sich im irdischen Machthaber
die Entscheidungsgewalt über die Geschichte zusammen und verleiht ihm eine gottgleiche Stellung. Paradoxerweise hat dann
aber der byzantinische Kaiser als sichtbare Manifestation
Gottes und Stellvertreter des Christos Kosmokrator eine sa-
kralere Aura als seine römischen Vorgänger. Umgekehrt prägt

---

18) Vgl. G. VAN DER LEEUW, Phänomenologie der Religion, Tübingen ²1956, 122ff; WIDENGREN (s. Anm. 7) 361ff. In dem von
P. POUPARD hg. Dictionnaire des Religions, Paris 1984, ist
der Artikel "incarnation" (766-769) ganz der Menschwerdung
Gottes nach christlichem Glauben gewidmet; für unser Thema
muß man bei "divinisation des rois" oder "culte impériale"
nachschlagen.

19) Eine neuere Übersicht bei C. COLPE, Art. Gottessohn, in:
RAC XII 19-58, bes. 22-28.

20) Vgl. die knappen Überlegungen von H. I. MARROU, L'idée de
Dieu et la divinité du Roi im Anm. 17 gen. Sammelband 478-
480.

freilich auch die höfische Welt die Gottes- und Christusvor-
stellung[21]. Wie Gottes- und Menschenbild sich gegenseitig be-
dingen, soll nun in verschiedenen historischen und kulturellen
Bereichen deutlicher werden.

2. Die Beiträge in ihrem Zusammenhang

Wie sehr die hergebrachten Kategorien kritischer Differenzierung bedürfen, führt der Mainzer Ägyptologe R. GUNDLACH gleich
an der "Göttlichkeit" des Pharao vor. Hatte etwa H. FRANKFORT
bzw. der Horusqualität des ägyptischen Königs noch von "Inkarnation" gesprochen[22], so faßt Gundlach sie funktional auf.
Diese Auffassung bewährt sich an der vom Mittleren Reich an
aufkommenden Bezeichnung des Königs als "Bild" des Sonnengottes, die in ihrer dreifachen Abwandlung entfaltet wird. Konsequent deutet Gundlach sie vom jeweiligen Zeichencharakter her;
wenn ein Zeichen für sich genommen nichts ist, dann ist auch
die Folgerung am Ende vielleicht nicht so überraschend, daß
der König bei allen übermenschlichen Titeln und Funktionen
"immer ein Mensch geblieben" ist.

Dagegen stützt sich der Paderborner Alttestamentler B. LANG,
der früher in Mainz lehrte, auf ältere Ansichten über das Königtum in der Umwelt Israels. Er sammelt weitgehend schon ver-
wischte Spuren im AT und kommt schließlich dazu, "von einer
Vergöttlichung des Königs im vororthodoxen biblischen Israel"
zu reden. Diese These wird sicher den Widerspruch zahlreicher
Zunftgenossen herausfordern. Sie ist nur möglich, wenn man
sich der Annahme eines alles beherrschenden Monotheismus im

---

21) Vgl. die Aufsätze von K. GOLDAMMER, Die Welt des Heiligen
im Bilde des Gottherrschers, sowie von J. B. AUFHAUSER,
Die sakrale Kaiseridee in Byzanz, im Anm. 17 gen. Kon-
greßband 513-530.531-542.
22) Vgl. die Anm. 12 gen. Arbeit 36-47.

Israel der Königszeit entziehen kann. Hier ist die erneut
aufgeflammte Diskussion noch voll im Gang[23].

Die vereinzelten Indizien für die Göttlichkeit des israelitischen Königs erhalten einen anderen Stellenwert bei Langs
Mainzer Fachkollegen D. MICHEL. Er geht die Frage grundsätz-
licher an und versucht mit einer originellen Auslegung von
Gen 3 darzutun, wie das AT zum Gott-sein-Wollen des Menschen
überhaupt steht. Dabei kommt er zu dem theologischen Schluß,
daß Jahwe so wenig eine immanente Größe ist, daß er durch
nichts in dieser Welt dargestellt werden kann. Hier können
hohe Aussagen über das sakrale Königtum nur eine Randexistenz
als Fremdelemente führen.

Die Diskrepanz der beiden alttestamentlichen Beiträge verrin-
gert sich, wenn man ihre unterschiedlichen Ansätze bedenkt.
Dennoch stehen sie jetzt in ihrer Widersprüchlichkeit nebeneinander, und das Urteil bleibt dem Leser überlassen.
Der Sprachforscher H. HUMBACH zeigt sodann anhand der Herrschertitulatur im Iran und den benachbarten Reichen, wie die
Umschreibungen der Göttlichkeit des Herrschers in hellenistischer Zeit Auftrieb bekommen, während etwa die Achämeniden
nur den Beistand Gottes für sich beanspruchten. Dabei läßt
sich eine interessante Parallelentwicklung zwischen den Diado-
chenreichen und Indien beobachten. Die Konzeption des Gottkönigs lebt in den Nachfolgereichen der Seleukiden weiter,
wenn auch die Sassaniden für die eigentlichen Götter eine andere Bezeichnung haben. Der Beitrag greift dann sprachverglei-
chend in den Fernen Osten aus, ohne wohl eine sachliche Abhängigkeit etwa der chinesischen Vorstellung vom Kaiser als
"Himmelssohn" von der hellenistischen Königsverherrlichung
behaupten zu wollen. Es handelt sich vielmehr um eine Art
"Archetyp", der allerdings nicht in allen Kulturen und zu al-

---

23) Vgl. etwa den von H. HAAG hg. Sammelband: Gott, der einzi-
    ge (QD 104), Freiburg 1985, der u. a. auch auf LANG ein-
    geht.

len Zeiten Geltung hat. Das belegen die letzten beiden Beispiele schlagend, in denen der Ruf der Göttlichkeit eines Herrschers unter neuen machtpolitischen Umständen rasch verfliegt.

Der Essay des Althistorikers P. HERZ über den römischen Kaiserkult hält sich nicht nur an die Titel und Ansprüche der Herrscher, sondern bezieht auch die Lebensvollzüge der Untertanen
mit ein. So kann er herausarbeiten, daß die Beteiligung am
Staatskult eine und die persönliche Religiosität eine andere
Sache ist. Die Verehrung des Kaisers bedeutet in erster Linie
Anerkennung seiner herausragenden politischen Stellung. Während noch Augustus die ihm angetragenen göttlichen Ehren tak-
tisch klug zurückstufte, wird der Kaiser in späterer Zeit immer mehr dem menschlichen Bereich entrückt. In den Augen brei-
ter Bevölkerungsschichten übt er durch sein rettendes Eingreifen gerade in Krisenzeiten tatsächlich göttliche Funktionen
aus. Dennoch hält Herz einen Unterschied zwischen dem lebenden Kaiser und den Göttern fest, der sich in der kultischen
Praxis manifestiert.

Die Christen gerieten bekanntlich am Ausgang des 1. Jh. in
Kleinasien mit den Forderungen des Kaiserkults in Konflikt,
wie die Offenbarung des Johannes erkennen läßt[24]. Sie konnten offensichtlich nicht einfach zwischen privatem und öffent-
lichem Bereich trennen. Wenn sie sich zu ihrem Herrn als "Herrscher über die Könige der Erde" (1,5) oder "Herr der Herren
und König der Könige" (17,14; 19,16) bekannten, protestier-
ten sie damit zugleich gegen den sich selbst vergöttlichenden
Kaiser. Die neutestamentliche Christologie bildete sich zwar
nicht erst in der Konkurrenz zum Kaiserkult heraus, wohl aber
verschärfte die Übernahme gleichklingender Formeln schließlich
das Entweder-Oder.

---

24) Vgl. z. B. L. CERFAUX, Le conflit entre Dieu et le Sou-
    verain divinisé dans l'Apocalypse de Jean, in: The Sacral
    Kingship (s. Anm. 17) 459-470; K. WENGST, Pax Romana,
    München 1986, 147-166

Meine Untersuchung hat nun nicht das Werden dieser Christologie im ganzen und ihren sachlichen Grund zum Gegenstand, sondern soll die Herkunft einer bestimmten Vorstellung[25], nämlich die von der Menschwerdung eines göttlichen Wesens, klären. Dabei stößt sie auf hellenistischen Boden. Es erweist
sich zugleich, daß die - bei der Begriffdefinition nützliche -
Ausscheidung von Theophanien in menschlicher Gestalt (s. o.
A) zur Erhellung der christlichen Formelsprache wenig produk-
tiv ist.

Um zum letzten Beitrag überzuleiten, muß ein großer Zeitraum
überbrückt werden. Wie der Religionsgeschichtler A. SCHILSON
zu Beginn darlegt, dachten die griechischen Kirchenväter die
Menschwerdung Gottes in Jesus Christus auch immer mit der Vergöttlichung des Menschen zusammen. Das geschieht noch einmal
auf eine höchst spekulative Weise im Deutschen Idealismus.
G. W. F. HEGEL versuchte die geschichtliche Kontingenz der
christlichen Inkarnation zu überwinden, indem er sie als ein
notwendiges Moment im Zu-sich-selber-Kommen des absoluten
Geistes verstand. Eine andere Seite dieses Prozesses ist aber
immer auch, daß das vereinzelte menschliche Selbst entschränkt
und zu Gott erhoben wird[26]. Das Gottwerden Gottes geschieht
als Menschwerdung des Menschen, aber nun nicht mehr in einem
Individuum, sondern in der ganzen Geschichte der Menschheit,
in der sich die Idee des Menschseins mit ihren hohen Möglich-

_____

25) I. U. DALFERTH, Der Mythos vom inkarnierten Gott und das
Thema der Christologie, in: ZThK 84 (1987) 320-344 wirft
328 der englischen Debatte (s. meinen Beitrag u. Anm. 1)
vor, sie unterscheide nicht genügend zwischen dem Inkar-
nationsgeschehen und seinen verschiedenen Darstellungs-
formen. Freilich kann von ersterem nie unabhängig von
letzteren die Rede sein! Wenn Dalferth im Gegenzug die In-
karnationschristologie zum "sekundären Interpretament des
Auferweckten" (343) macht, verflüchtigt sich auch das In-
karnationsgeschehen, denn Auferweckung erhofft so ziemlich
jeder fromme Jude.
26) Vgl. H. KÜNG, Menschwerdung Gottes. Eine Einführung in Hegels theologisches Denken als Prolegomena zu einer künftigen Christologie (ÖF II 1), Freiburg-Basel-Wien 1970, bes.

keiten immer mehr realisiert[27]. Wird aber im neuzeitlichen
Atheismus die göttliche Dimension gekappt, bleibt nur noch
naiver Fortschrittsoptimismus[28].

Schilsons Darlegungen haben nun eine eigentümliche Umkehrung
dieses anthropologisch gewendeten Inkarnationsgedankens zum
Thema, wie sie vor allem in den letzten Jahrzehnten immer mehr
artikuliert wurde. Die Erfahrung von Krieg und technischem
Versagen ließen den modernen Menschen an seinen unendlichen
Möglichkeiten zweifeln. Die Macht über andere Menschen und
die Natur, die in der Antike - wie die vorhergehenden Aufsätze
zum Herrscherkult belegen - noch die eindeutige Signatur des
Göttlichen war, wird als Medium seiner Offenbarung fragwürdig.
Die beunruhigende Gestalt des leidenden Menschen läßt sich
nicht aus der Welt schaffen - auch nicht durch den Glauben an
einen menschgewordenen Gott.

Doch mag man in diesem Aufmerksamwerden auf den leidenden Menschen eine Konsequenz des christlichen Glaubens sehen. Empfängt doch nach dem Zeugnis des NT der auferstandene Christus
königliche Macht erst im Durchgang durch Niedrigkeit und Tod.
Daß in ihm Gott Mensch geworden ist, läßt freilich im 4. Evangelium schon sein irdisches Dasein und sogar die Kreuzigung
in göttlichem Glanz erscheinen[29]. Doch bemüht sich neuzeitliche Christologie seit Luther, vom unterscheidend Christlichen, vom Kreuz her zu denken.

---

die Zitate 403.419.449.
27) Vgl. die Vulgarisierung Hegelscher Gedanken bei D. F.
STRAUSS, Das Leben Jesu, 2 Bd., Tübingen 1835/6, 729-737:
Der biblischen Christologie liegt die Idee der Einheit von
göttlicher und menschlicher Natur zugrunde; sie wird jetzt
u. a. in der "ins Unglaubliche steigende(n) Gewalt des
Menschen über die Natur" anschaulich.
28) H. E. RICHTER, Der Gotteskomplex, Hamburg 1979, beschreibt
im 1. Teil die Geschichte der Illusion von der menschlichen Allmacht.
29) Vgl. dazu neuestens H. KOHLER; Kreuz und Menschwerdung im
Johannesevangelium (AThANT 72), Zürich 1987, der jedoch
die Akzente anders setzt.

Schilson geht nun der Aktualisierung des Inkarnationsglaubens nach, die seine Bedeutung in der Solidarität Gottes mit dem leidenden Menschen festmacht. Im Leiden - nicht in seiner Herrlichkeit und Macht - scheint ein unendlicher Anspruch auf. Immer noch ist der Hegel'sche Ansatz maßgebend, insofern Gott vom Leiden betroffen wird und eine echte Geschichte hat. Aber der Mensch wird dadurch nicht über seine begrenzte Natur hinausgeführt; Gott ist nur in der Transzendenz der zwischenmenschlichen Liebe. Schilson zeigt, daß solche philosophisch-theologischen Bemühungen (BÖLL, SÖLLE, BLOCH) durchschnittlich verbreiteten Überzeugungen entgegenkommen. Am Ende stellt sich die Frage, ob die derart gefaßte Menschwerdung Gottes noch der Begründung und Konkretisierung im Christusereignis bedarf. Sie steht auf jeden Fall in seiner Wirkungsgeschichte.

Dieter Zeller

ROLF   GUNDLACH

Der Pharao - eine Hieroglyphe Gottes

Zur "Göttlichkeit" des ägyptischen Königs

A. Die Zeitumstände der Konzipierung der Hieroglyphenidee

1. Die Entstehung des ägyptischen Weltreiches

Das Jahr 1493 v. Chr. war für den ägyptischen Staat ein Schicksalsjahr. Ägypten durchbrach mit militärischen Mitteln eine Isolierung, in der Staat und Kultur über 1 1/2 Jahrtausende existiert hatten[1]. In dieser Zeit war der Staat der Pharaonen gegründet worden, hatte sich seine Hochkultur geschaffen, war ausgebaut worden, hatte die Pyramidenzeit erlebt und war dann durch innere Zersetzung wieder zugrunde gegangen. 2000 Jahre nach dem Zusammenbruch des Alten Reiches, also kurz nach 2000 v. Chr., wurde der Versuch unternommen, diesen Staat zu restaurieren, ihn im Sinne der Pyramidenzeit wieder aufzubauen: das sog. Mittlere Reich, das sich von der Mittelmeerküste bis zum 2. Katarakt erstreckte. Die äußerlich gesehen glanzvolle, tatsächlich aber grundsätzlich fehlerhafte Restauration scheiterte. Das Königtum wurde politisch unbedeutend, die Kultur stagnierte, der Staat degenerierte. Dieses Auf und Ab Ägyptens spielte sich fast ungestört von äußeren Mächten ab. Nachbarn Ägyptens waren lediglich Nomaden in den Wüstengebieten beiderseits des Niltales oder schriftlose Staatsgebilde minderen politischen Ranges südlich von Assuan. Die Stagnation von Staat und Kultur führte gegen 1650 v. Chr. dazu, daß Mittel- und Nordägypten unter asiatische Fremdherrschaft geriet[2], und daß das Gebiet vom 2. und 1. Katarakt (Unternubien) von einem schriftlosen Staat in Obernubien - genannt Kusch, mit Zentrum in Kerma - erobert wurde.

---

1) Vgl. zum folgenden die chronologische Tabelle (Abb. 1). Die dort gegebenen Jahreszahlen für das 4. und 3. Jt. v. Chr. sind Schätzungen, ausgehend von W. BARTA, in: ZÄS 108 (1981) 11-33. Die Abkürzungen s. bei W. HELCK/E. OTTO (Hg.), Lexikon der Ägyptologie (= LÄ), Wiesbaden 1975ff.
2) Vgl. die Karte (Abb. 2).

4000

Mitte 4. Jt.: Existenz der Delta-Schrift?

33./32. Jh.: Entstehung des ägyptischen Staates

Frühzeit   König = Horus
3000

⎫
⎬ Altes Reich (Pyramidenzeit)   König = Sohn des Re
⎭   König = Sohn des Osiris

ca. 2200 Ende des Alten Reiches
          (mit Revolution)
2000
          ⎫
          ⎬ 12. Dyn. (Restauration) König = mj.tj des Re
ca. 1800 ⎭   (Gleicher)

ca. 1650-1540: Fremdherrschaften   König = hn.tj des Re
          (Hyksos im Norden, Kusch/   (Statue)
          Kerma im Süden), 17. Dyn.
          in Oberägypten
1493 ff. Feldzüge Thutmosis I.   König = tj.t des Re
          (18. Dyn.)   (Hieroglyphe)

vor 1300 Haremhab

ca. 1080 Ende des Neuen Reiches
1000

332: Eroberung Ägyptens durch Alexander den Großen

0

536/538. n. Chr.: Schließung des Isis-Tempels auf Philae

Abb. 1: Chronologische Tabelle

- 17 -

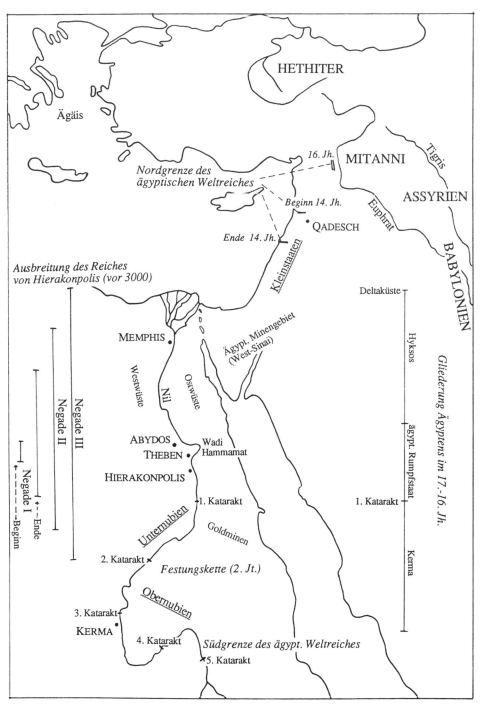

Abb. 2: Karte

Im Rumpfgebiet Ägyptens, in Oberägypten, wurde in dieser Situation um 1650 v. Chr. der ägyptische Staat in einer Gewaltanstrengung neu gegründet und ein Programm zur Wiedervereinigung Ägyptens, d. h. zur Beseitigung der Fremdherrschaften, aufgestellt[3]. Nach knapp 1 1/2 Jahrhunderten, kurz vor 1500 v. Chr. war dieses Programm nahezu abgeschlossen. Die Fremdherrschaft im Norden und Süden war beseitigt: Ägypten reichte von Südpalästina bis fast zum 3. Katarakt in Nubien[4].

Jetzt kam es zu einer folgenschweren Programmänderung der ägyptischen Politik: Der Gedanke des Weltreiches wurde geboren. Der Begründer dieses Weltreiches, König Thutmosis I., überschritt 1493, dem genannten Schicksalsjahr, den 3. Katarakt und stieß tief in den Sudan vor. Er ließ die in Anspruch genommene Südgrenze des neuen Weltreiches nahe dem 5. Katarakt durch eine Siegesstele markieren[5]. Anschließend marschierte er nach Nordosten gegen die damalige vorderasiatische Großmacht der Mitanni und errichtete am Oberlauf des Euphrat eine die Nordgrenze markierende Siegesstele[6]. Thutmosis I., Träger des "Gottestitels" Horus und Sohn des Sonnengottes, regierte vom neuen Weltzentrum Theben[7] aus ein Reich, dessen kultischer Mittelpunkt der Reichstempel des Gottes Amun in Karnak im Ostteil der Stadt war.

---

3) Hierzu und zum folgenden vgl. R. GUNDLACH und Mitarbeiter, Der Staat des frühen Neuen Reiches: Königtum, Verwaltung und Beamtenschaft, in: ARNE EGGEBRECHT (Hg.), Ägyptens Aufstieg zur Weltmacht (Ausstellungskatalog Hildesheim 1987), **Mainz 1987, 29ff.**

4) Vgl. die Karte (Abb. 2).

5) A. J. ARKELL, JEA 36 (1950) 36-39; J. VERCOUTTER, Kush 4 (1956) 67-70.

6) Zu den Details dieses Vorstoßes s. W. HELCK, Die Beziehungen Ägyptens zu Vorderasien im 3. und 2. Jahrtausend v. Chr. (ÄA 5), Wiesbaden ^{2}1971, 115-116.

7) Theben als Weltzentrum ist angesprochen in der Siegesstele Thutmosis I. bei Tombos (Urk IV 83,5-7).

2. Thutmosis I.,die "authentische Hieroglyphe" des Sonnengottes

Das Königsamt und damit der Auftrag zur Herrschaft war Thutmosis I. anläßlich seiner Einführung bei Amun übertragen worden. Er handelte also auf Befehl des Sonnengottes[8]. War er so beauftragt und legitimiert, zeigten seine Titel Qualitäten an, die darüber hinausgingen. Er war "Vollkommener Gott", war (der Gott) Horus und, so mag es scheinen, als Sohn des Sonnengottes ohnehin göttlich. In der Aufzählung seiner königlichen Qualitäten erscheint nun, im Gegensatz zu seinen Vorgängern, eine eigenartige Formulierung. Thutmosis I. war "die authentische Hieroglyphe des Gottesleibes" (ägyptisch tj.t)[9]. Dieser Terminus tj.t[10] wird meistens mit dem schwachen Wort "Bild" oder "Abbild" übersetzt[11], ist aber sinnvollerweise zur Unterscheidung dieses Begriffes von anderen ägyptischen Bildbegriffen mit "Schriftzeichen" oder einfach "Zeichen" wiederzugeben, und zwar als "Zeichen" geradezu im semiotischen Sinne: "Zeichen für etwas" (d. h. den Gottesleib = den Sonnengott). Was bedeutet dieses Bezeichnung und wie verträgt sie sich mit der ägyptischen Beschreibung von der Göttlichkeit ihres Königs? In den folgenden Zeilen soll versucht werden, darauf eine Antwort zu geben.

Zunächst muß eine Grundfrage geklärt werden: Was sind die

---

8) Vgl. den späteren Vorwurf an die Hyksos, sie hätten "ohne Re geherrscht" (s. Anm. 38).

9) Urk IV 84,17: tj.t sbq.t nj.t h^c-ntr zu tj.t sbq(3).t; vgl. auch D. MEEKS, Année lexicographique III, Paris 1982, Nr. 79.3359; K. A. KITCHEN, Ramesside Inscriptions II, Oxford 1979, 312,6.

10) Vgl. Wb V 239-240.

11) Vgl. die kurze Abhandlung zu tj.t bei E. HORNUNG, Der Mensch als 'Bild Gottes' in Ägypten, in: O. LORETZ (Hg.), Die Gottebenbildlichkeit des Menschen, München 1967, 143. Eine ausführliche Materialsammlung zu den Bezeichnungen des ägyptischen Königs als Bild Gottes, u. a. zu tj.t, hat BOYO OCKINGA vorgelegt: Die Gottesebenbildlichkeit im alten Ägypten und im Alten Testament (ÄUAT 7), Wiesbaden 1984. Zu tj.t s. 101ff.

Hieroglyphen und wieso kann ein König als Hieroglyphe eines
Gottes bezeichnet werden? Die Hieroglyphen sind bekanntermaßen
die Zeichen der ägyptischen Schrift, eines komplizierten
Schriftsystems, in dem die einzelnen Zeichen zur Wiedergabe
einzelner Laute, ganzer Wörter oder zur Andeutung von Bedeu-
tungsklassen durch sog. Determinative dienen. Zur Beantwortung
der Grundfrage sind insbesondere zwei Punkte wichtig: eine
Hieroglyphe wird im Textzusammenhang gelesen, und sie hat,
egal, ob sie einen Laut, eine Lautverbindung, ein Wort oder
eine semantische Klasse bezeichnet, Bildcharakter, auch wenn
dieser Bildcharakter meistens mit den damit bezeichneten Lauten oder Wörtern nicht mehr zu tun hat[12]. Vielleicht werden
wir ursprünglich, d. h. wohl um die Mitte des 4. vorchristlichen Jahrtausends, noch damit rechnen können, daß jede Hieroglyphe das meinte, was sie darstellte, aber diese Vorstufe
der ägyptischen Hieroglyphenschrift ist nur erschlossen und
nicht nachgewiesen[13].

Der Bildcharakter der Hieroglyphen ist von den Ägyptern selber
aber dahingehend interpretiert worden, daß jede Hieroglyphe,
d. h., jedes Bild, lebt. Für die Bezeichnung des ägyptischen
Königs als Hieroglyphe können wir also schon folgern, daß damit der Gesichtspunkt des Lebens, der Aktivität verbunden war.
Thutmosis I. ist also "authentische"[14], d.h. legitim agieren-
de Hieroglyphe des Sonnengottes. Eine weitere Schlußfolgerung
ergibt sich aus dem ersten Punkt, daß nämlich jede Hieroglyphe

---

12) Zur Hieroglyphenschrift vgl. die systematische Darstel-
    lung von W. SCHENKEL, Zur Struktur der Hieroglyphenschrift,
    in: MDAIK 27 (1971) 85-98, spez. 90ff; DERS., Art. Schrift,
    in: LÄ V 713-735.
13) Zu neueren Überlegungen zur Herkunft der ägyptischen Hie-
    roglyphenschrift s. W. HELCK, Gedanken zum Ursprung der
    ägyptischen Schrift, in: Mélanges Gamal eddin Mokhtar
    (BIE 97,1), Kairo 1985, 395-408.
14) Zu ägyptisch sb(3)q.t = authentisch, legitim, vgl. D.
    MEEKS (s. Anm. 9), Nr. 79.2507.

gelesen werden kann, und zwar im Textzusammenhang. Wenn wir
davon ausgehen, wie es ja der ägyptischen Formulierung entspricht, daß der König selbst in seinem Handeln, in seinem
Wirken eine Hieroglyphe des Sonnengottes ist (und nicht etwa
sein Name eine solche ist), dann haben wir es hier mit einer
Hieroglyphe zu tun, die nicht in einem Text steht.

> Vgl. hierzu Abb. 3: auf einer Wand des Tempels von Medinat
> Habu in Theben-West sind ein "Bild" des Sonnengottes, men-
> schengestaltig und mit Falkenkopf, auf einem Thron sitzend,
> und links darüber, 2. Kolumne von links in der Mitte, eine
> ihn bezeichnende Hieroglyphe im Textzusammenhang, ein Falke
> mit Sonnenscheibe auf dem Kopf, angebracht.

Der König agiert als legitimierte und vom Sonnengott beauftrag-
te Staatsspitze im politischen und kultischen Leben des Staates. Ist der König hier eine Hieroglyphe, so ist der "Text"-
zusammenhang, in dem der König als Hieroglyphe Zeichencharakter hat, das politische und kultische Leben selbst. In ihm
tritt der König als Sonnengott auf. Mit dieser vorläufigen Erklärung der "Hieroglyphenqualität" des Königs ist ein erster
Schritt getan zur Beantwortung der Frage nach der "Göttlichkeit" des Pharao. Der nächste Schritt besteht in der Beschreibung der ideologischen Voraussetzung dieser Hieroglyphenideo-
logie.

B. Die ideologischen Voraussetzungen der Hieroglyphenidee

1. Der König in der Rolle des "Horus" (Frühzeit)

Seit der Frühzeit, noch vor 3000 v. Chr., trägt der König den
Titel "Horus"[15]. Zoologisch ist dieser Horus ein Sperber und
damit ein Falke. Aber eigentlich dienen Name und Bild des Horus zur Beschreibung des Sonnengottes; denn der Horus-Falke

------

15) Belegt ist der Horus-Titel seit der Dynastie 0 (ca. 32.
    Jh. v. Chr.); vgl. zur Belegsituation W. KAISER, MADAIK
    38 (1982) 260-269.

ist Bewohner der oberen Luftschichten, des Aufenthaltsraumes der Sonne[16]. Überhaupt sind menschliche, tierische und pflanzliche "Erscheinungsformen" ägyptischer Götter nur Bilder, durch die das Göttliche sichtbar gemacht wird. Aber bleiben wir noch einmal beim Horus der Frühzeit, dessen Name zum Titel des Königs wurde und ihn als einzigen Beherrscher der Welt auswies. Diese kanonische Bezeichnungsart des frühgeschichtlichen Königs, die auch später beibehalten wurde, und ihr Verhältnis zur Bezeichnung des Sonnengottes als "Horus" hat Rätsel aufgegeben.

Klären läßt sich diese Duplizität an der Darstellung auf dem Elfenbeinkamm des Königs Djet (um 3000 v. Chr.)[17]. Auf einer Palastfassade, die natürlich den königlichen Palast vertritt und damit den politischen Mittelpunkt des Landes, hockt ein Horus und in die Palastfassade eingeschrieben ist der Name des Königs, nämlich des Trägers des Titels Horus. Ist nun der Horus auf der Palastfassade der Sonnengott, dessen irdischer Stellvertreter im Palast wohnt und auch als "Palastbewohner" bezeichnet wird, so daß der in die Fassade eingeschriebene Name den König vertritt, oder ist die Palastfassade nur ein äußerer Rahmen, so daß das Bild des auf der Palastfassade hockenden Falken den Titel des Königs meint? Man hat lange Zeit im frühzeitlichen ägyptischen König, der den Horustitel trug, einen Gott-König sehen wollen, d. h. den Gott, der als König die Welt beherrscht[18]. Der Sonnengott selber ist aber abgebildet in der Sonnenbarke oberhalb des Horus auf der Palastfassade. Es ist also ein deutlicher Unterschied gemacht worden zwischen dem Sonnengott und dem König[19]. Betrachten

---

16) Zur Beschreibung göttlicher Mächte durch Bilder von Lebewesen ihrer Aufenthaltszonen vgl. W. WESTENDORF, Uräus und Sonnenscheibe, in: SAK 6 (1978) 201-225.

17) Vgl. Abb. 4.

18) Vgl. hierzu E. HORNUNG, Der Eine und die Vielen, Darmstadt 1971, insbes. 130-133.

19) Zum Bild auf dem Kamm des Djet vgl. neuerdings W. HELCK, Untersuchungen zur Thinitenzeit (ÄA 45), Wiesbaden 1987, 61.

wir zudem genauer, wie ein solcher König König wird, dann
stellen wir fest, daß der König erst mit dem Augenblick seines
Regierungsantrittes den Horustitel übertragen bekommt. Durch
die Thronbesteigung erhält er die Qualität des Horus, die er
auch nur so lange innehat, wie er an der Regierung ist, d. h.
bis zu seinem Tod. Damit stimmt überein, was man für das 2.
Jahrtausend, also für die Zeit des Alten Reiches bzw. der
Pyramidenzeit, über den sog. göttlichen Charakter des Königs
ermittelt hat[20]. Was dem König bei dem Regierungsantritt
übertragen wird, ist ein göttliches Amt, sichtbar gemacht
einmal durch die königliche Tracht: Kronen, Schurz, Tierschwanz, Zepter usw. (vgl. Abb. 5) und zum anderen in königlichen Dekreten, wie überhaupt in königlichen Schriftstücken,
ausgewiesen durch die Titulatur, deren wichtigstes Element
der Horustitel war. Der König der Frühzeit und des Alten Reiches und in der Theorie sogar noch der Römische Kaiser als
Pharao übt die Funktion des Gottes auf Erden aus, ist aber
selber immer Mensch geblieben.

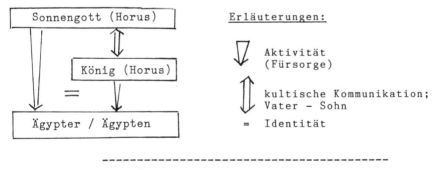

Abb. 6: Der König in der Rolle des Horus
        (Frühzeit)

---

20) S. H. GOEDICKE, Die Stellung des Königs im Alten Reich
    (ÄA 2), Wiesbaden 1960; zusammenfassend 90.

Die Durchführung göttlicher Handlungen und das Tragen von Klei-
dungsstücken sowie die Handhabung von Geräten, wie Zepter und
Waffen, die göttliche Qualität haben, sind mit Gefahr verbunden[21]; denn göttlich heißt: geladen mit magischer Kraft. Der
König mußte also in die Lage versetzt werden, Tracht und Ge-
rätschaften, die es ihm erlaubten, die Funktion eines Gottes
auf Erden auszuüben, zu tragen und mit ihnen zu handeln. Dazu
bedurfte es göttlicher Kraft, und diese dürfen wir wohl in
der sog. _Ka_-Kraft sehen, einer unsichtbaren Mächtigkeit, die
von jedem Pharao auf seinen Nachfolger überging[22], und die wir
später mehrfach als zweite Person hinter dem Pharao dargestellt finden[23].

Der König, der auf Erden die Funktion des Gottes Horus wahr-
nimmt, spielt auf Erden dessen Rolle, und dieses Rollenver-
ständnis ist grundlegend für das ägyptische Königtum. Es ist
die wichtigste Aufgabe des ägyptischen Königs, die Existenz
von Kosmos und Staat durch Kontakt mit dem Göttlichen zu si-
chern. Dieser Kontakt fand im Kult statt, und die Kulthand-
lungen führte der König in der Rolle des Sohnes der jeweiligen Gottheit aus (vgl. Abb. 7)[24]. Die kultische Konstellation
Gottheit - König versetzte den König damit in die Rolle des
Sohnes, der mit seinem Vater kommuniziert[25]. Im besonderen
war der König Sohn des Sonnengottes als der wichtigsten göttlichen Macht und Sohn des Totengottes Osiris, des wichtigsten

---

21) Hierzu vgl. z. B. W. HELCK, Untersuchungen zu den Beamten-
    titeln des ägyptischen Alten Reiches (ÄF 18), 1954, 11f
    u. a.
22) Vgl. hierzu den Aufsatz von LANNY BELL, Luxor Temple and
    the Cult of the Royal Ka, in: JNES 44 (1985) 251-294,
    dessen Deutung des Luxor-Tempels ich allerdings nur teil-
    weise folgen kann.
23) Bekannt ist z. B. die Doppeldarstellung des Tutanchamun in
    seinem Grab auf der Rückwand der Sarkophagkammer.
24) Zum Kult vgl. zusammenfassend W. BARTA, Art. Kult, in:
    LÄ III 839-848.
25) Zur Vater-Sohn-Konstellation vgl. J. ASSMANN, Das Bild
    des Vaters im Alten Ägypten, in: H. TELLENBACH (Hg.), Das
    Vaterbild in Mythos und Geschichte, Stuttgart-Berlin-Köln-
    Mainz 1976, 12-49, spez. 41ff.

Unterweltgottes. Auf diese Weise wurde Horus zum Sohn des Re
und zum Sohn des Osiris[26].

2. Der König als "Gott": n_tr (Mittleres Reich)

Wie eingangs erwähnt, folgte einige Jahrhunderte nach dem Zusammenbruch dieses Alten Reiches die Restauration der 12. Dyn.
kurz nach 2000 v. Chr. Man versuchte, im Sinne des Rückgriffes
auf das Alte Reich, speziell auf die Pyramidenzeit, auch das
Königtum im alten Sinne auszugestalten[27]. Die Grundregel für
den König lautete jetzt "Erscheine als Gott"[28]. Diese Bezeichnung Gott, ägyptisch n_tr, hat viel Verwirrung gestiftet.
Oben war schon ein Titel Thutmosis I. genannt worden, den alle
ägyptischen Könige seit dem Alten Reich geführt haben, nämlich
"Vollkommener Gott". Bei diesem Wort für Gott handelt es sich
um eine Bezeichnung, mit der jeder Einzelgott oder auch die
Gesamtheit der Götter bezeichnet werden konnte. Aber von seinem Ursprung her, verstehbar an der entsprechenden Hieroglyphe,
ist dieser sog. "Gott" nichts weiter als ein machtgeladenes
Etwas, d. h. machtgeladene Person, machtgeladener Gegenstand
o. ä.[29], und man konnte damit alles bezeichnen, was als Träger göttlicher Kräfte angesehen wurde (vgl. Abb. 8). Das Wort
n_tr eignete sich natürlich vorzüglich zur Bezeichnung eines
Königs, der sich an dem Königtum des Alten Reiches orientierte.

---

26) Im Detail sind die Entwicklungen, die zu dieser Auffassung
    vom Königtum geführt haben, natürlich wesentlich komplizier-
    ter, als ich es hier darstellen kann.
27) Vgl. R. GUNDLACH, Revolution und Restauration im alten
    Ägypten - zur Krisenbewältigung im Staat der Pharaonen, in:
    Universität im Rathaus, Bd. VII (Johannes Gutenberg-Uni-
    versität Mainz), 1987, 32-55, spez. 44.
28) In der "Lehre Amenemhets I. für seinen Sohn"; vgl. W.
    HELCK, Der Text der "Lehre Amenemhets I. für seinen Sohn"
    (KÄT), 1969, 10 und 12-14.
29) Vgl. HORNUNG (s. Anm. 18), insbes. 25.

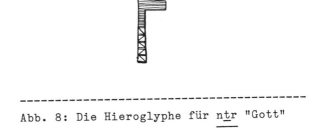

Abb. 8: Die Hieroglyphe für n̲t̲r "Gott"

3. Der König ist "handlungsgleich" mit dem Sonnengott: mj.tj
   (Mittleres Reich)

Man ging in der 12. Dyn. aber noch weiter. Mit dem Wort für
Gott war ja nur eine allgemeine Charakterisierung des göttlichen Amtes des Königs erreicht. Man möchte sagen, in einer Art
Reflexion über das Königtum des Alten Reiches, genauer: über
dessen spezielle Aspekte, wurde der König jetzt definiert als
"einer, der dem Sonnengott gleicht", ägyptisch mj.tj, also
ein "Gleicher des Sonnengottes"[30]. Ideologisch ausgestaltet
wurde diese Vorstellung vom König in einer sog. loyalistischen
Lehre[31], d. h. in einem Text, in dem die Beamtenschaft zur
Treue gegenüber dem König verpflichtet wurde, und zwar durch
Beschreibung des Königs als "ein dem Sonnengott Gleicher".
Man merkt hier ganz deutlich, daß dieses Königtum des Mittleren Reiches der 12. Dyn. etwas Künstliches aufwies. Im Alten
Reich hatte man es nicht nötig, den König auf diese Weise zu
definieren. Diese Gleichheit mit dem Sonnengott wird in

----

30) Zum Begriff mj.tj als Bezeichnung des Königs, s. HORNUNG,
    Gottesebenbildlichkeit (vgl. Anm. 11) 128-131 und
    OCKINGA (s. Anm. 11) 91-100.

31) G. POSENER, L'enseignement loyaliste - Sagesse égyptienne
    du Moyen Empire, Paris 1976; DERS., Art. Lehre loyalisti-
    sche, in: LÄ III 982-984. .

der Loyalistischen Lehre genau beschrieben[32]:

> Re (der Sonnengott) ist Er (der König),
> durch seine Strahlen kann man sehen,
> Er erleuchtet die beiden Länder mehr als die Sonnenscheibe
> Er läßt das Land grünen
> Er erfüllt die beiden Länder mit Kraft und Leben
> Er gibt Nahrung denen, die ihm folgen
> Er versorgt die, die in seiner Spur sind.

Es wird nicht einfach gesagt, daß der König mit dem Sonnengott identisch sei, sondern die einzelnen Handlungen des Sonnengottes werden aufgezählt und auf den König übertragen, d. h. der König handelt als Sonnengott, so daß mit dieser Bezeichnung "ein Gleicher des Sonnengottes" die Handlungsgleichheit gemeint ist[33]. Mit diesem Wort für Gleicher ist die zeitlich erste der drei grundlegenden Bildbeschreibungen des Königs als "Gott" in die ägyptische Königsideologie eingeführt worden. Als Amtsträger mit dem Titel Horus trat er wie ein Gott auf, und er handelte wie ein Gott, er spielte dessen Rolle, aber er war selber Mensch geblieben. Die zeitlich dritte der drei wichtigsten Bildbeschreibungen des Königs ist das Wort für Hieroglyphe, die anfangs näher betrachtet wurde.

4. Der König als "Prozessionsstatue" des Sonnengottes: hn.tj
   (2. Zwischenzeit)

Der zeitlich zweite der drei Bildgedanken ist mit der vorhin schon erwähnten Neubegründung des ägyptischen Staates der 17. Dyn. ca. 1650 v. Chr. verbunden. Die Neubegründung des ägyptischen Staates in Oberägypten erforderte eine Neudefinition des Königtums, da das bisherige Königtum verschwunden war[34]. Nach Auffassung der 17. Dyn. war der König vom Sonnengott einge-

---

32) Zum Text s. POSENER (s. Anm. 31) § 2-3.
33) S. HORNUNG (s. Anm. 11) 128-131.
34) Vgl. oben A) 1.

setzt[35], womit die Beauftragung des Königs m. W. zum ersten
Mal zweifelsfrei ausgesprochen worden ist, und zwar als dessen
"Prozessionsstatue", ägyptisch hn.tj[36]. Eine Prozessionsstatue war ein rundplastisches Bild eines Gottes, hergestellt,
damit die Gottheit, die ja unsichtbar und geistiger Art ist,
für Zwecke der Prozession aus dem Tempel heraus in der Statue
Platz nehmen konnte und somit mittels der Statue mit den Menschen kommunizieren konnte (vgl. Abb. 9). Der König als Prozessionsstatue des Sonnengottes vertrat also, wo er erschien,
den Sonnengott.

Hat der Sonnengott nun im König Platz genommen[37], wie in einer
Statue, fand also auf diesem Wege eine Vergöttlichung des Königs statt? Das können wir ausschließen. Von einer solchen
Prozedur göttlicherseits ist uns nichts bekannt. Wir müssen
davon ausgehen, daß dem König ja bei der Krönung die vorhin
schon genannten Ka-Kräfte, also göttlichen Kräfte, eingegeben
wurden, die nicht mit der Gottheit selbst identifiziert werden können, sondern es sind Kräfte, heilige Kräfte, die von
jedem König auf seinen Nachfolger übergehen. Durch die Definition des Königs als Prozessionsstatue des Sonnengottes war
allerdings erreicht, daß in der politischen Situation, in der
der nördliche Teil Ägyptens und das Gebiet südlich von Assuan
unter Fremdherrschaft standen, der König als einziges Sprach-
rohr des Gottes auftrat, daß also seine Konkurrenten im Norden
und im Süden im Verständnis dieses ägyptischen Rumpfstaates
nicht für den Sonnengott handelten. Später noch hieß es von

---

35) Auf einer Stele (London, University College 14327) des
Königs Rahotep (17. Dyn.) in Koptos, s. W. M. FL. PETRIE,
Koptos, London 1896, Taf. 12,3, Z. 8. Zur Stele vgl. E.
BLUMENTHAL, Die Koptosstele des Königs Rahotep, in: E.
ENDESFELDER u. a. (Hg.), Ägypten und Kusch (FS F. Hintze),
Berlin 1977, 63-80.
36) Vgl. zu hntj HORNUNG (s. Anm. 11) 134f und OCKINGA (s. Anm.
11) 3-32.
37) Zu einer "Einwohnung" vgl. H. KISCHKEWITZ, Zur temporären
Einwohnung des Gottes im König, in: FS Hintze (s. Anm. 35)
207-212.

den Hyksos, den nördlichen Fremdherrschern, "sie haben geherrscht ohne Re"[38].

Dabei ist von Interesse, daß einige Jahrzehnte nach Propagie-
rung des Anspruches, daß der oberägyptische König allein vom
Sonnengott bestimmt sei, der Hyksos, d. h. der asiatische
Fremdherrscher im Norden, jetzt bereits ägyptisiert, sich
ebenfalls als lebende Statue des Sonnengottes bezeichnete[39],
allerdings mit einem anderen Begriff (twt)[40]. Er zog also
ideologisch nach. Dieser Vorgang ist nur ein knappes Jahrhundert von dem Ausbruch Ägyptens aus seiner Isolierung unter
Thutmosis I. getrennt.

Gemäß der additiven Methode der Ägypter, einmal Gedachtes
nicht fallen, sondern bestehen zu lassen, war der König der
17. Dyn. natürlich nicht nur Prozessionsstatue des Sonnengottes, sondern weiterhin ein Gleicher des Sonnengottes, also
ein wie der Sonnengott Handelnder. Wenn jetzt Thutmosis I.
bzw. seine Berater (kurz nach 1500 v. Chr.) sich entschlossen,
den Qualitäten des Königs in seiner Rolle als Sonnengott auf
Erden eine weitere Qualität anzufügen, was hatte das für Konsequenzen für die Königsideologie bzw. Staatstheorie[41]?

---

38) Stiftungstext der Hatschepsut am Speos Artemidos (Beni
    Hassan), Z. 38, s. A. H. GARDINER, Davies's Copy of the
    Great Speos Artemidos Inscription, in: JEA 32 (1946) 43-56,
    spez. Taf. VI, Z. 38.
39) Es handelt sich um den Hyksos Apophis, der sich als "le-
    bende Statue des Re auf Erden" bezeichnet (Berlin 7798:
    s. Katalog Ägyptisches Museum MPK Berlin, 1967, Nr. 448).
    Zu twt zur Bezeichnung von Königsstatuen des Neuen Rei-
    ches vgl. die Hinweise von LANNY BELL, in: JNES 44 (1985)
    271 Anm. 97.
40) Vgl. HORNUNG (s. Anm. 11) 144f und OCKINGA (s. Anm. 11)
    3-32.
41) Der ägyptische Staat beruht auf der durch den König zu
    verwirklichenden Weltordnung (Maat) und ist nach jeder
    bzw. durch jede Thronbesteigung erneut zu begründen
    ("Vereinigung der beiden Länder"). Daher ist die ägypti-
    sche Staatstheorie in der Ideologie vom Königtum faßbar.

C. Die Hieroglyphenidee als Krönung/Abstrahierung des Bildge-
   dankens

1. Der König als "Hieroglyphe des Sonnengottes": tj.t
   (Neues Reich)

Vordergründig könnte man daran denken, daß den Bildmöglichkei-
ten des Ägypters neben der Statue als einer rundplastischen
Abbildung (ḫntj) und der Qualität als Gleicher, d. h. Abbildung des Sonnengottes im Handeln (mjtj), jetzt mit Thutmosis
I. die Schriftzeichen-Möglichkeit angefügt wird, um alle Arten ägyptischer Bildbeschreibung im Rahmen der Königsideologie
auszunutzen.

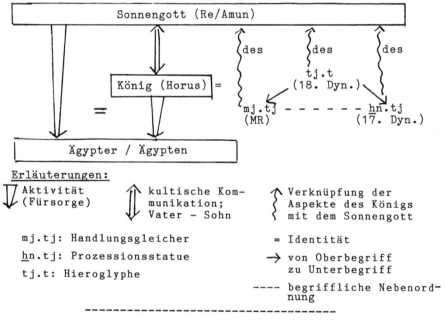

Abb.10: Der König als "Bild" des Sonnengottes
        (Mittleres Reich bis 18. Dyn.)

Viel wichtiger dürften aber folgende Erwägungen gewesen sein.
Zunächst einmal steht eine Hieroglyphe im Textganzen, d. h.
der König vertritt den Sonnengott in der Gesamtheit politischen und kultischen Geschehens, wie oben schon ausgeführt.
Zum anderen, aber das kann hier nur angedeutet werden, dient

das Wort "Hieroglyphe" außerhalb der Beschreibung einer königlichen Qualität allgemein dazu, den Aspekt des Geplanten, man
möchte sagen, den Aspekt des geistigen Prinzips auszudrücken[42].
Es heißt von Hieroglyphen, daß sie "im Denkprozess des Herzens
gemacht werden"[43]. Schriftzeichen werden also als geistiges
Produkt beschrieben. Das Wort für "Hieroglyphe" dient so speziell zur Bezeichnung eines Planes, dem die Ausführung zu folgen hat.

2. Der König: der Mensch als Geschöpf Gottes

Es überrascht in diesem Zusammenhang nicht, daß der letzte König der 18. Dyn., Haremhab, sich bezeichnet hat als "Hieroglyphe des Gottes in seinem (des Königs) Charakter"[44], d. h.
seine Wesensart, sein allem Handeln und aller äußeren Erscheinung zugrundeliegender Charakter, ist die Wesensart eines Gottes. Berücksichtigen wir den Aspekt des Geplanten, des Ent-
wurfes, erscheint der König als jemand, der so, wie er als
Mensch und als Amtsperson existiert, ein Produkt göttlichen
Denkens darstellt. Thutmosis III. sagte schon von Amun: "er
erzeugte mich in der Mitte seines Herzens"[45]. Der König als
Hieroglyphe Gottes ist demnach ein von Gott gewollter und er-
dachter König, der auf Erden als Sonnengott handelt, ein Gedanke, der auch sonst vielfältig in der ägyptischen Überlieferung belegt ist. Er bringt aber auf übergeordneter geistiger Ebene das zum Ausdruck, was durch Bezeichnungen wie ein
"Gleicher des Sonnengottes" bzw. eine "Statue des Sonnengottes" nur partiell beschrieben ist.
Während mj.tj und ḥn.tj als einander nebengeordnete Termini
zu sehen sind, ist tj.t eindeutig übergeordnet.

---

42) Vgl. z. B. Urk IV 1082,2; tj.t = Plan, b3k = Ausführung
    (Wb V 239,6).
43) S. z. B. Urk IV 406 (Wb V 239,1).
44) Urk IV 2114,2.
45) Urk IV 157,4.

Thutmosis I. und seine Berater erreichten mit dieser neuen Definition des Königs eine umfassende und, so möchte ich meinen,
vergeistigte Qualifizierung des Königs.
Wenn man berücksichtigt, daß sich der oberste Gott Amun in der
Zeit der 18. Dyn. vor Echnaton immer mehr zu einem Weltprin-
zip entwickelte[46), kann man in der geschilderten Vergeisti-
gung des Königsbildes vielleicht eine (allerdings frühe) Parallelentwicklung im königlichen Bereich sehen.

Aber auch etwas anderes scheint mir hier wichtig zu sein: Der
Gedanke vom König als Hieroglyphe Gottes schraubt ganz eindeutig das Schlagwort von der Göttlichkeit des ägyptischen
Königs auf das tatsächliche Maß zurück: ein König, der als
erdachtes Geschöpf Gottes auf Erden regiert, an seiner Stelle
und in seinem Namen handelt und dessen göttliche Kräfte und
göttliche Abzeichen bei seinem Tode auf seinen Nachfolger
übergehen, ist immer ein Mensch geblieben.

---

46) Vgl. W. HELCK, Politische Gegensätze im alten Ägypten
    (HÄB 23), Hildesheim 1986, 54f und speziell auch J. ASS-
    MANN, Ägyptische Hymnen und Gebete, Zürich-München, 189f
    und Kommentar 545.

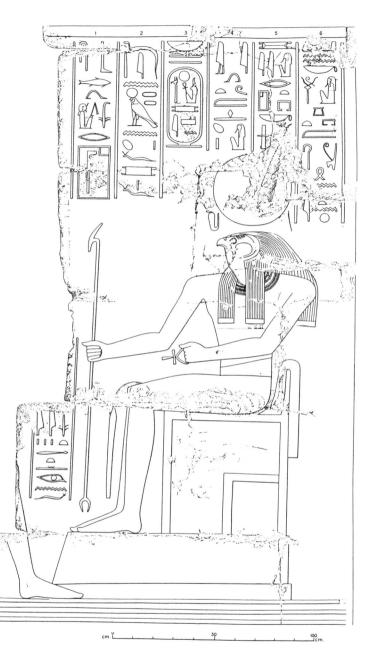

Abb. 3:   Bild (unten) und Hieroglyphe (oben, 2. Kol. v.l., in der Mitte) des
Sonnengottes (Medinet Habu) [Medinet Habu VI, Chicago 1963, Pl. 413,
Ausschnitt].

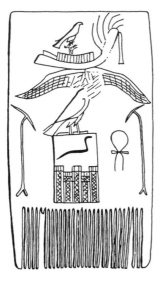

Abb. 4: Elfenbeinkamm des Königs Djet (um 3000 v.Chr.): Palastfassade mit Namen des Königs, darauf hockend Horus [Ägyptisches Museum Kairo; O. Keel, Die Welt der altorientalischen Bildsymbolik und das Alte Testament, Zürich, Neukirchen 1984 (4. Aufl.), 22, Abb. 19].

Abb. 5: Ägyptischer König im Krönungsornat mit Kronen, Schurz, Tierschwanz und Szepter am Tempel in Kom Ombo (Ptolemäerzeit) [Kom Ombos I, Vienne 1895, 167, Nr. 214].

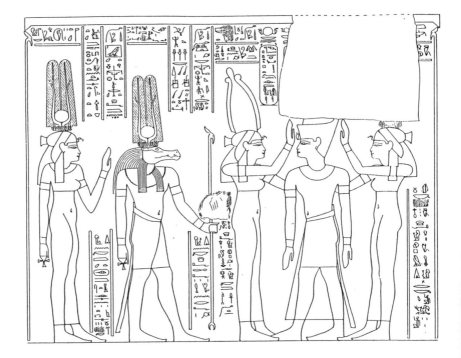

Abb. 7: Ramses III. bei Kulthand-
lungen vor dem Sonnengott *(vgl.
Abb. 3)* in Medinet Habu [Medinet
Habu III, Chicago 1934, Pl. 172, Aus-
schnitt].

Abb. 9: Barke des Amon, von
Priestern bei einer Prozession getragen. Im Schrein auf der Barke ist
die Prozessionsstatue verborgen [Ste-
le aus Abydos; O. Keel, Die Welt *(Abb.
4)* 315, Abb. 450].

B E R N H A R D   L A N G

Der vergöttlichte König im polytheistischen Israel

Die polytheistische Religion des älteren, vormonolatrischen
Israel ist von der Forschung weithin vernachlässigt worden.
Seit der Verfasser durch seine Thesen zur Entstehung der
Jahwe-allein-Religion hervorgetreten ist (vgl. unten, Anm.
15), hat er sich vor allem um die Rekonstruktion der verdräng-
ten und untergegangenen polytheistischen Religion bemüht. Dazu liegen bis jetzt Vorstudien zum persönlichen Gott und Ortsgott, zur Schul- und Beamtengöttin ("Weisheit") und zum Ahnen-
kult vor[1]. Der vorliegende Aufsatz über den vergöttlichten
König untersucht einen weiteren Aspekt der älteren Religion
Israels.

Das moderne, westliche Menschenbild ist von der Vorstellung
geprägt, alle Menschen seien von Natur aus gleich. Nach dieser
Auffassung kann es weder Untermenschen noch Übermenschen geben, weder Sklaven noch Adelige und Könige. Egalité, das
Schlagwort der französischen Revolution, kostete dem französischen Herrscherhaus das Leben. Die allgemeine Erklärung der
Menschenrechte der Vereinten Nationen (1948) wiederholt im 1.
Artikel, was bereits 1776 die Väter der amerikanischen Unab-
hängigkeitserklärung festgehalten hatten: "All human beings
are born free and equal in dignity and rigths." In der antiken Welt kennen zwar einige Sophisten die Gleichheitsidee
(Naturrechtslehre), aber insgesamt herrschte der Gedanke der
Ungleichheit vor. Er erreicht seinen Gipfel in der Vergöttlichung des Herrschers.

Daß es eine Vergöttlichung des Königs in Israel gab, ist von

---

1) B. LANG, Persönlicher Gott und Ortsgott. Über Elementarfor-
men der Frömmigkeit im alten Israel, in: M. GÖRG (Hg.), Fon-
tes atque pontes (FG H. Brunner), Wiesbaden 1983, 271-301;
DERS., Wisdom and the Book of Proverbs: A Hebrew Goddess
Redefined, New York 1986; DERS., Afterlife: Ancient Israel's Changing Vision of the World Beyond, in: Bible Review
4 (1988) 12-23; DERS., Life after Death in the Prophetic
Promise, in: J. A. EMERTON (Hg.), Congress Volume Jerusalem
1986 (VT. S 40), Leiden 1988, 144-156; C. McDANNELL/B.
LANG, Heaven: A History, London 1988, Kap. 1.

den meisten Forschern der vergangenen Generation verneint worden, besonders ausdrücklich von MARTIN NOTH, JEAN DE FRAINE
und KARL HEINZ BERNHARDT[2]. Nach diesen hat sich Israels Auffassung vom Königtum von den Auffassungen seiner Umwelt stark
unterschieden. Israel stellt nach dieser Forschungsrichtung
einen Sonderfall innerhalb der Geschichte der vorderorientalischen Welt dar. Typisch für diese Interpretation ist die
des niederländischen Gelehrten HENRI FRANKFORT in dessen Buch
Kingship an the Gods (Chicago 1948). Der Autor untersucht die
religiöse Bedeutung des Königtums bei den alten Ägyptern und
im Zweistromland. In einem Anhang geht er auch auf Israel ein,
um den Unterschied zwischen der biblischen und der außerbib-
lischen Auffassung hervorzuheben. So gilt der ägyptische König oder Pharao als fleischgewordener Gott; er ist "the god
incarnate". Im Zweistromland ist der König von den Göttern erwählter und zur Herrschaft bestimmter Herrscher. Er ist "the
chosen servant of the gods". Der hebräische König dagegen verdankt seine besondere Stellung weder seiner Gottnatur noch
ist er erwählter Diener Gottes. Vielmehr beruht seine Herrschaft - nach Frankfort - allein auf der Anerkennung durch
die Ältesten, die Honoratioren der israelitischen Stämme.
"The relation between the Hebrew monarch and his people was
as nearly secular as is possible in a society wherein religion
is a living force"[3]. Das Stichwort "weltlich" (secular) kenn-
zeichnet Frankforts Auffassung der israelitischen Religion
insgesamt. Nach Frankfort ist Israels Denken unmythisch und,
in Vorwegnahme der griechisch-philosophischen Entwicklung,
geradezu rational. Während die Religion Ägyptens und des Zweistromlandes die Vergöttlichung von Natur und (bestimmten) Menschen kennt, unterscheidet Israel stets zwischen dem transzen-

---

2) M. NOTH, Gott, König, Volk im Alten Testament (1950), in:
   DERS., Gesammelte Studien zum Alten Testament, München
   1957, 188-229; J. DE FRAINE, L'aspect religieux de la royauté israélite, Rom 1954; K. H. BERNHARDT, Das Problem der
   altorientalischen Königsideologie im Alten Testament, Leiden 1961.

3) H. FRANKFORT, Kingship and the Gods, Chicago 1948, 341.

denten, der Welt überlegenen Schöpfer und der geschöpflichen,
"weltlichen" Wirklichkeit. "Der dominierende, leitende Gedan-
ke des hebräischen Geistes ist die absolute Transzendenz
Gottes"[4]. Da der Schöpfer transzendent ist und sich mit der
Welt nicht vermischt, kann auch Israels König keine göttlichen
Züge tragen.

Die an Frankforts Beitrag verdeutlichte Auffassung, die in
den 1940er bis 1970er Jahren als Standardinterpretation der
biblischen Sicht des Königtums galt, ist nicht unproblematisch
und auch nie völlig unbestritten gewesen. Sollte Israel tatsächlich so wenig in die zeitgenössische Religionsgeschichte
verstrickt gewesen sein? Sowohl die Generation vor dieser
Zeit als auch die religionsgeschichtlich orientierte Forschung
der Gegenwart weiß um den eminent sakralen, ja göttlichen
Charakter auch der Monarchie Israels. Hier ist unter den älteren Forschern vor allem HUGO GREßMANN zu nennen, unter den
jüngeren J. MORGENSTERN, A. R. JOHNSON, GEO WIDENGREN und
MARGARET BARKER[5]. Offenbar haben sich Gelehrte wie Frankfort
zu sehr von der späteren biblischen Überlieferung leiten lassen, einer Tradition, die dem Königtum betont nüchtern gegen-
übersteht. Dabei entgingen ihnen manche Spuren, die in die
Richtung des ägyptischen, aber auch in die des mesopotamischen
Modells weisen. Als ein durch vier Jahrhunderte hindurch mo-
narchisch verfaßtes Staatswesen (ca. 1000-586 v. Chr.) hat
auch das biblische Israel Anteil an der vorderorientalischen
Königsideologie. Zwar gilt in der frühjüdischen Orthodoxie

---

4) H. FRANKFORT (1946), in: DERS. u. a., Alter Orient-Mythos
und Wirklichkeit, Stuttgart ²1981, 246.

5) H. GREßMANN, Der Messias, Göttingen 1929; G. WIDENGREN, Sakrales Königtum im Alten Testament und im Judentum, Stuttgart 1955; J. MORGENSTERN, The King-God among the Western
Semites and the Meaning of Epiphanes, in: VT 10 (1960)
138-197; A. R. JOHNSON, Sacral Kingship in Ancient Israel,
Cardiff ²1967; M. BARKER, The Older Testament: The Survival
of Themes from the Ancient Royal Cult in Sectarian Judaism
and Early Christianity, London 1987; N. WYATT, The Hollow
Crown, in: UF 18 (1986) 421-436.

der König als ein gewöhnlicher Mensch, aber diese Sicht entsprach durchaus nicht dem Selbstverständnis wohl der meisten Könige Israels und Judas. Im Text der Bibel finden sich noch eine ganze Reihe von Hinweisen auf die Idee eines göttlichen Königtums. Diesen Spuren soll in diesem Beitrag nachgegangen werden. Dazu ist freilich die Kunst des Spurenlesens zu beherrschen, denn die Spuren selbst sind oft kaum mehr erkennbar. In den Worten von Margaret Barker: "Our task is to reconstruct a living system from some of its bones"[6].

1. Die Anfänge des sakralen Königtums in Israel[7]

Dank der detaillierten biblischen Überlieferung liegen die Anfänge des Königtums nicht im Dunkeln, sondern können mit großer historischer Zuverlässigkeit rekonstruiert werden. Als erster König gilt Saul, aber erst David konnte die Monarchie festigen und eine Dynastie begründen. David hatte sich als selbsternannter Anführer einer Bande einen Namen gemacht und sich im Bürgerkrieg gegen König Saul durchgesetzt. Als Saul im Kampf gegen die Philister fiel, trat David die Nachfolge an. Nach dem glaubwürdigen biblischen Bericht hat sich David die Königswürde nicht selbst zugelegt. Vielmehr wurde sie ihm von Vertretern des Volkes übertragen. Als Saul starb, hielt sich David in Hebron ganz im Süden des Landes auf. Der biblische Bericht hält lakonisch fest:

> Da kamen die Männer von Juda und salbten David dort zum König über das Haus Juda (2 Sam 2,4).

Damit ist David König über den ganzen Süden. Der Norden schließt sich an, und diesmal ist die Berichterstattung etwas detaillierter:

---

6) BARKER (s. Anm. 5) 13.

7) Zur Erhebung Davids und Salomos zum König vgl. T. N. D. METTINGER, King and Messiah: The Civil and Sacral Legitimation of the Israelite Kings, Lund 1976, 111-150 und 185-232; E. KUTSCH, Wie David König wurde, in: Textgemäß (FS E. Würthwein), Göttingen 1979, 75-93

Da kamen alle Ältesten Israels zum König nach Hebron, und
der König schloß mit ihnen in Hebron einen Vertrag vor Jahwe; dann salbten sie David zum König über Israel (2 Sam
5,3f).

Vertragschließung und Salbung machen David zum König. Es ent-
steht der Eindruck, daß alles vom Vertragsabschluß abhängt,
und wie wir aus der Geschichte Israels wissen, schalteten sich
die "Männer von Juda" immer wieder ein, wenn ein König eingesetzt wurde[8]. Das israelitisch-judäische Königtum beruht auf
Vertragsbasis. Das genannte Element - "vor Jahwe" - weist vermutlich darauf hin, daß der Vertrag, eine Art Wahlkapitulation, in einem Tempel beeidigt wurde. Die Salbung dürfte kein
sakraler Akt gewesen sein, sondern lediglich ein aus Festbräu-
chen hergeleiteter traditioneller Rechtsbrauch. Während bei
Festen alle Anwesenden durch parfümiertes Salböl geehrt wurden, galt hier diese Ehre nur einem, dem König. Weil es sich
um einen profanen Ritus handelt, ist auch nicht von der Beteiligung von Priestern oder Propheten die Rede. Die Salbung
wird von den Vertretern des Volkes selbst durchgeführt.

Die Salbung Davids zum König steht in deutlichem Gegensatz
zur Salbung seines Sohnes und Nachfolgers Salomo. Der Bericht
darüber ist ausführlich und läßt keinen Zweifel an einer ganzen Reihe von Neuerungen. Nach dem Bericht in 1 Kön 1 soll
David selbst vom Totenbett aus genaueste Anweisungen gegeben
haben. Das dürfte unhistorisch sein. So wird der Eindruck er-
weckt, alles sei von Salomo selbst sorgfältig geplant und sofort inszeniert worden, als ihn die Nachricht vom Tod Davids
erreichte. Schauplatz ist nun Jerusalem; alles spielt sich in
unmittelbarer Nähe des königlichen Palastes ab. Salomo reitet
auf einem Esel zur Gihon-Quelle und läßt sich dort von dem
Priester Zadok und dem Hofpropheten Natan salben; dann begibt
er sich in den Palast, um den Thron zu besteigen. Der entscheidende Abschnitt lautet:

---

8) Vgl. METTINGER (s. Anm. 7), 111-130; G. FOHRER, Der Vertrag
   zwischen König und Volk in Israel, in: ZAW 71 (1959) 1-22.

> Der Priester Zadok, der Prophet Natan und Benaja, der Sohn
> Jojadas, zogen mit den Keretern und Peletern hinab. Sie
> setzten Salomo auf das Maultier des Königs David und führ-
> ten ihn zum Gihon. Der Priester Zadok hatte das Salbhorn
> aus dem Zelt mitgenommen und salbte Salomo. Hierauf blies
> man das Widderhorn, und alles Volk rief: Es lebe König Sa-
> lomo! Nun zog das ganze Volk mit ihm hinauf (zum Palast).
> Dabei spielten sie auf Flöten und waren voller Freude, so
> daß bei ihrem Geschrei die Erde zu bersten drohte (1 Kön 1,
> 38-40).

Ein ausführliches sakrales Ritual ersetzt hier das einfache
rechtliche Zeremoniell, wie wir es bei David fanden. Von "Ältesten Israels" oder "Männern Judas" ist nicht mehr die Rede,
ebensowenig von einem Vertrag zwischen König und Volk. Das
zusammengelaufene Volk, das in begeisterten Jubel ausbricht,
ist ein schwacher - und vielleicht von propagandistischer Ge-
schichtsschreibung erfundener - Ersatz für die förmliche Zustimmung der Volksvertreter. Wer jubelt, sind vermutlich in
Wirklichkeit die Mitglieder der Leibgarde (die "Kereter und
Peleter") und die anwesenden königlichen Beamten. So ist bei
der Huldigung des neuen Herrschers denn auch nur noch von den
"Dienern (Beamten) des Königs" die Rede (1 Kön 1,47). Die
sonst einflußreiche Nobilität des Landes ist übergangen und
kann den neuen König auf keine Wahlkapitulation verpflichten.
Der König hat sich selbst etabliert und verdankt seine Berufung auf den Thron nur Gott, nicht aber dem Volk. So ist die
ganze Zeremonie im Grunde genommen eine innere Angelegenheit
des Jerusalemer Hofs. Hier läßt sich studieren, wie sich das
Königtum als in sich selbst stehende, autonome Größe begreift
und vom Volk loslöst. Wie jeder Staatsapparat, so trug auch
der israelitisch-judäische von Anfang an die Tendenz zur Ver-
selbständigung in sich. Die Legitimation wird dann nicht mehr
außerhalb beim Volk gesucht, sondern innerhalb der Institution
selbst. Die Priesterschaft sorgt für eine sakrale Legitimation,
Beamte ersetzen durch ihren Beifall die eigentlich dem Volk
gehörende Akklamation. So glaubt Salomo, auf das Volk verzichten zu können.

Leider haben wir keinen eingehenderen Bericht über das sakrale Zeremoniell und die dabei anklingendenVorstellungen. Immer-

hin scheint es davon noch Spuren zu geben. Das bei der Salbung
gebrauchte Öl ist "heiliges Öl"; so sagt Israels Gott in einem
Psalm, er habe den König mit seinem heiligen Öl gesalbt, und
derselbe Psalm parallelisiert die Salbung mit einem Bund Gottes mit dem König (Ps 89,21.39f). Salbung und Bundesschluß
scheinen identisch zu sein. Ist diese Annahme richtig, dann
kann man sagen, daß der Bund mit Gott den Vertrag mit den Ältesten ersetzt. Nach anderen Quellen besiegelt die Salbung mit
heiligem Öl aber nicht nur einen Bund, sondern stellt eine Verleihung göttlichen Geistes dar (1 Sam 16,12f; Jes 61,1). Durch
die Salbung ist Salomo nicht mehr der, der er früher war. Es
ist mit ihm etwas geschehen. Er wurde Träger des göttlichen
Geistes. Gott hat von Salomo Besitz ergriffen und macht ihn
zu einem Teil seiner selbst. Wer Gottes Lebensodem in sich
trägt, ist mehr als ein bloßer Mensch; er ist ein Werkzeug Gottes. Der britische Alttestamentler A. R. JOHNSON hat dafür die
Wendung "extension of the divine personality" geprägt. Der ge-
salbte, geistbegabte König ist eine Erweiterung der göttlichen
Person, gewissermaßen eine göttliche Filiale, ein Ort, an dem
sich Gott ständig bemerkbar macht. "Man könnte sagen", formuliert E. ZENGER, "daß der König von seinem Amtsantritt an ein
Mensch ist, in dem Gottes Wirkmacht voll und universal gegenwärtig ist"[9].

Der Sinn der sakralen Königssalbung wird im Alten Testament
nicht mitgeteilt. Geht man jedoch davon aus, daß die Salbung
eine Parfümierung mit duftendem Öl bedeutet (vgl. Joh 12,3),
dann liegt ein Bezug zur ägyptischen und vorderasiatischen,
auch den Griechen bekannten Vorstellung vom Wohlgeruch der
Götter und Könige nahe. Der Pöbel stinkt, die feinen Leute
parfümieren sich, besonders zu festlichen Gelegenheiten. Erst
recht duften Könige und Götter. Wie etwa der Held Aeneas der
römischen Sage durch Waschung mit Wasser und Salbung vergöttlicht wird (Ovid, Metamorphosen 14,600ff), so verleiht auch
die Salbung dem israelitischen König göttlichen Wohlgeruch.
"Wird der Wohlgeruch der Gottheit auf Menschen übertragen",

---

9) JOHNSON (s. Anm. 5) 15f; E. ZENGER, "Wozu tosen die Völker ... ?" Beobachtungen zur Entstehung und Theologie des
2. Psalms, in: E. HAAG/F.-L. HOSSFELD (Hg.), Freude an der
Weisung des Herrn (FS H. Groß), Stuttgart 1986, 495-511,
hier 502 Anm.

schreibt E. LOHMEYER, "so werden diese teilhaftig der göttlichen Kraft. Die Übertragung geschieht ... durch Salbung oder Besprengung mit ambrosischem Öle"[10].

In dieselbe Richtung weisen auch andere Belege. Nach einem prophetischen Gotteswort gilt: "Ich (Jahwe) will für ihn (den davidischen König) Vater sein, und er wird für mich Sohn sein" (2 Sam 7,14). Psalm 2, der als Krönungslied vielleicht zur Weihehandlung selbst gehört, nennt den König nicht nur den Gesalbten Jahwes, sondern auch Jahwes Sohn. "Mein Sohn bist du", spricht Jahwe; "heute habe ich dich gezeugt". Die Weihe ist die "Königsgeburt" oder genauer "Königszeugung"[11]. Als Sohn Gottes ist der König natürlich selbst ein Gott. Eine ähnliche, noch mythologischer klingende Wendung finden wir in Psalm 110; auch dieses Lied wird mit der Krönung in Zusammenhang gebracht. "Ich habe dich gezeugt noch vor dem Morgenstern, wie den Tau in der Frühe", sagt Jahwe zum König (Ps 110,3). Von Jesaja existiert ein Gedicht, das vermutlich aus Anlaß der Krönung König Hiskijas im Jahre 728 (oder 727) v. Chr. entstand. Dort wird der neue König, obwohl ein Kind von erst fünf Jahren, als "mächtiger Gott" (ʼel gibbor) bezeichnet (Jes 9,3). Schließlich ist noch der umstrittene Ps 45 zu nennen; jedenfalls nach der Septuaginta ruft der Sänger dem König zu: "Dein Thron, du Göttlicher (hebr. ʼelohim, griech. θεός), steht für immer und ewig" (Ps 45,7). Gemessen am Umfang des

---

10) E. LOHMEYER, Vom göttlichen Wohlgeruch (SHAW. PH 1919, Nr. 9), Heidelberg 1919, 12. Lohmeyer (15-22) nennt zahlreiche ägyptische Quellen, zu denen noch solche aus dem Zweistromland kommen: E. CASSIN, La splendeur divine, Paris 1968, 125f.

11) Ps 2,7 hat von je an gewisse bildliche Darstellungen aus Ägypten erinnert, so daß GREßMANN schreiben konnte: "Die Übereinstimmung ist so groß, daß man den ägyptischen Bildern bisweilen geradezu ein israelitisches Psalmwort als Text beifügen möchte" (s. Anm. 5) 58. Das ägyptische Parallelmaterial zu Ps 2 behandelt M. GÖRG, Die Wiedergeburt des Königs, in: ThGl 60 (1970) 413-426, den Mythos von der "Geburt des Gottkönigs" etwa E. BRUNNER-TRAUT, Pharao und Jesus als Söhne Gottes, in: DIES., Gelebte Mythen, Darmstadt 1981, 34-54; J. ASSMANN, Die Geburt des Sohnes, in: DERS. u. a., Funktionen und Leistungen des Mythos (OBO 48), Fribourg 1982, 13-61.

Alten Testaments ist das gewiß eine geringe Zahl von Texten.
Sie gewinnen allerdings an Gewicht durch eine Überlegung GREß-
MANNS. "Spätere Bearbeiter", meint er, "werden vielleicht ähn-
liche Stellen, die ihnen anstößig waren, ausgemerzt haben"[12].

2. Der althebräische Polytheismus

Es ist längst anerkannt, daß es sich bei solchen Ausdrücken um
die Sprache handelt, wie sie an den Königshöfen des alten Ka-
naan, Ägyptens wie des Zweistromlandes gebraucht wurde, im
höfischen Zeremoniell ebenso wie in der brieflichen, devoten
Anrede an den Fürsten. Man spricht hier vom "Hofstil"; dieser
Ausdruck "ist geeignet, alle Anschauungen, Redewendungen und
Sitten zusammenzufassen, die am königlichen Hofe üblich sind,
die nur in seiner Atmosphäre gedeihen"[13]. Der Ausdruck ist
freilich wenig aussagekräftig, denn er erfaßt lediglich den
"Sitz im Leben" von Ausdrücken wie "Sohn Gottes"; über den ge-
nauen Inhalt ist damit noch nichts gesagt. Die höfische Redeweise läßt in der Tat viele Deutungen zu. Wörtlich genommen
würde sie die volle Göttlichkeit des Königs implizieren. Aber
es gibt viele Schattierungen und Abstufungen; die Formel kann
auf die bloße Gottähnlichkeit des Königs als des Trägers besonderer Kräfte hinweisen, oder auch auf seine volle, dogmatisch ausgebaute Göttlichkeit (nach dem ägyptischen Modell).
So hat man gefragt: Wie kann ein biblischer König als "Gott"
gelten, wo Israel doch nur einen Gott kennt und verehrt? Besitzt Israel nicht eine streng monotheistische Religion, die
von vornherein jede Vergöttlichung des Königs ausschließt?
Man glaubte, die Gottessohnschaft des Königs gerade in Israel
nicht wörtlich verstehen zu dürfen. Der König, so wurde gesagt, ist als Sohn Gottes nur ein "adoptierter" Sohn; er

---

12) (s. Anm. 5) 43.
13) GREßMANN (s. Anm. 5) 7.

bleibt ganz Mensch und ist dem Gott Israels immer streng untergeordnet. Das ist auch die Interpretation, der sich H. FRANK-
FORT verpflichtet weiß; deshalb spricht er von Israels Königtum als einer profanen Einrichtung.

Jüngst hat sich E. ZENGER gegen diese Deutung ausgesprochen.
Wenn das deutliche Gotteswort "Mein Sohn bist du, heute habe
ich dich gezeugt" (Ps 2,7) als "worthafter" Adoptionsvorgang
gedeutet wird, um der Annahme einer "quasi-naturhaften Gottessohnschaft des Königs" zu entgehen, dann würden bestimmte Voraussetzungen gemacht, die keineswegs zu rechtfertigen sind:

> Hinter dieser Abgrenzung steckt die Angst, die
> alttestamentliche Theologie würde durch derartige
> Anleihen aus der ägyptischen Umwelt in ihrem
> theologischen Eigenwert kompromittiert. Diese Angst ist
> einerseits theologisch völlig unbegründet und sie
> verzeichnet andererseits die historisch unbestreitbare
> Tatsache, daß das Alte Testament sich vielfach an Bildern
> und Vorstellungen seiner Umwelt inspiriert .... Wer Ps 2,7
> fälschlicherweise auf die Adoption beschränkt, obwohl der
> Text doch eindeutig von Zeugung redet, sagt in der Tat
> viel weniger als der Text selbst[14].

Worin besteht aber das von der herkömmlichen Auslegung her-
untergespielte "Mehr" des Königs? Ist er nicht als Gott auf-
zufassen?

In den letzten Jahren gewinnt die Ansicht immer mehr Zustimmung, daß die offizielle israelitische Religion der Königszeit
nicht monotheistisch oder "monolatrisch" war. Jahwe war nicht
der einzige Gott, der verehrt wurde. Nur eine erst allmählich
Einfluß gewinnende Minderheit, die sogenannte Jahwe-allein-
Bewegung, propagierte die Verehrung eines einzigen Gottes. Die

---

14) ZENGER (s. Anm. 9) 501f Anm. 22. METTINGER (s. Anm. 7)
265f, spricht sich für die verbreitete Ansicht aus, der
israelitische König sei von Jahwe "adoptiert" worden. Darin sieht er die interpretatio israelitica einer aus Ägypten entlehnten Vorstellung.

offizielle Religion - die Religion der Tempel, des Königshauses
und vieler Propheten - muß als <u>polytheistisch</u> eingestuft werden[15]. Weil sich die Jahwe-allein-Idee besonders seit der Re-
form des Königs Joschija (623/22 v. Chr.) mehr und mehr durchsetzen konnte und aus deren Sicht die Schriften der hebräischen Bibel bearbeitet und gesammelt wurden, schien ihre Sicht
auch der kritischen Forschung lange als die einzig mögliche.
Der besonders in den Büchern Hosea, Deuteronomium und Deuterojesaja vertretene Anspruch Jahwes auf ausschließliche Verehrung
hat so das historische Bild einseitig verzerrt. Zwar hat eine
sorgfältige Jahwe-allein-Redaktion die Literatur der alten
polytheistischen Religion Israels von ihrem (vermeintlichen)
Ketzertum gereinigt, aber der Religionshistoriker kann noch
Spuren finden.

Ein einfaches Beispiel für andere Götter als Jahwe bildet die
Gestalt der "Himmelskönigin", eine Liebesgöttin, die in pro-
phetischer Polemik erwähnt wird. Nach dem Jeremiabuch sagen
Männer und Frauen, "eine große Schar":

> (Die Männer:) Wir werden der Himmelskönigin Rauchopfer
> und Trankopfer darbringen, wie wir, unsere Väter, unsere
> Könige und unsere Großen in den Städten Judas und in den
> Straßen Jerusalems es getan haben ...
> (Die Frauen:) Geschieht es etwa ohne Wissen und Willen
> unserer Männer, daß wir der Himmelskönigin Rauchopfer und
> Trankopfer darbringen, daß wir für sie Opferkuchen
> bereiten, die ihr Bild wiedergeben, und Trankopfer
> spenden? (Jer 44, 17.19)

Eine weitere weibliche Gottheit ist zwar schwerer zu erkennen,
aber dennoch deutlich genug sichtbar: eine Göttin namens
"Weisheit" (hebr. <u>hokmah</u>). Von ihr ist in den salomonischen
Sprichwörtern die Rede (Spr 8). Sie muß uns zwar in der jetzigen Redaktion des Textes als eine Personifizierung der auf
Jahwe zurückgeführten Beamten-, Schul- und Königsweisheit erscheinen; aber ihr ursprünglich göttlicher Charakter ist noch
deutlich erkennbar. Sie war die Göttin der Hofbeamten und

------

15) Zum polytheistischen Charakter der vorexilischen Religion
    Israels vgl. bes. M. SMITH und B. LANG in B. LANG (Hg.),
    Der einzige Gott: Die Geburt des biblischen Monotheismus,
    München 1981; J. A. SOGGIN, A History of Ancient Israel,
    Philadelphia 1984, 68; BARKER (s. Anm. 5).

Schreiber; ihr stolzes Wort steht noch im redigierten Text:
"Durch mich regieren Könige und herrschen Herrscher gerecht;
durch mich versehen Beamte und Angesehene ihr Amt - alle, die
für Recht sorgen" (Spr 8,15f)[16].

Während die beiden genannten Göttinnen - die Himmelskönigin
und die Weisheit - als untergeordnete Gottheiten betrachtet
werden können, führt uns Dtn 32 zu einem Gott, der Jahwe deutlich übergeordnet ist. Die Stelle hat im hebräischen (masore-
tischen) Text folgenden Wortlaut:

> Als der Höchste die Völker zerteilte und zerstreute der
> Menschen Kinder, da setzte er die Grenzen der Völker nach
> der Zahl der Kinder Israel. Denn Jahwes Teil ist sein Volk,
> Jakob ist sein Erbe (Dtn 32,8; nach Luther).

Der Text ergibt in dieser Gestalt kaum einen Sinn. Mit Hilfe
der Septuaginta und eines in Qumran gefundenen hebräischen
Fragments läßt sich der ursprüngliche Text wie folgt rekonstruieren.

> Als Eljon die Nationen verteilte,
> schied die Menschenkinder,
> festsetzte die Grenzen der Völker
> nach der Zahl der Gottessöhne,
> da ward Jahwes Besitz Jakob,
> Israel sein Losanteil[17].

---

16) B. LANG, Wisdom (s. Anm. 1).

17) Zur Rekonstruktion des ursprünglichen Textes vgl. R.
MEYER, Die Bedeutung von Deuteronomium 32,8f.43 (4Q) für
die Auslegung des Moseliedes, in: A. KUSCHKE (Hg.), Ver-
bannung und Heimkehr (FS W. Rudolph), Tübingen 1961,
197-209, bes. 199. Die Übersetzung von Dtn 32,9a durch R.
Meyer ("da wählte sich Jahwe Jakob aus") will Jahwe einen
aktiven Anteil am Zustandekommen der Beziehung Jahwes zu
Israel zuerkennen; aber Meyer unterläßt es, seine Übersetzung zu rechtfertigen. Das konjizierte *wajjahaleq
(hif.) im kritischen Apparat in der Biblia Hebraica Stutt-
gartensia müßte bedeuten "eine Erbschaft in Empfang nehmen" (vgl. den analogen Ausdruck Jer 37,12). In Dtn 32,9a
ist jedoch vermutlich einfach zu lesen: ki ḥalaq "da be-
kam er" (qal), vgl. Ijob 27,17. So muß es dabei bleiben,

Der polytheistische Charakter des Textes wird in dieser Fassung deutlich. Der höchste Gott ist Eljon; ihm unterstehen eine größere Anzahl von Göttern, die als Gottessöhne bezeichnet werden. Unter ihnen werden die Völker aufgeteilt, so daß für jedes Volk ein bestimmter Gott zuständig ist. Zu diesen Gottessöhnen gehört auch Jahwe; er wählt sich als sein Volk Israel aus. Mit anderen Worten: Jahwe ist zwar Israels Nationalgottheit; aber er ist weder der einzige noch der höchste Gott. Neben ihm stehen viele "Gottessöhne", d. h. wohl Söhne des Eljon. Über ihnen allen steht der Schöpfergott, Eljon. Erst im Laufe der Entwicklung hin zum Monotheismus haben die Vertreter der Jahwe-allein-Idee Jahwe auch zum Schöpfergott erklärt; den frühesten Beleg dafür finden wir bei Jeremia. In der Zeit des babylonischen Exils hat dann Deuterojesaja die Gleichsetzung von Eljon und Jahwe vollzogen und so die Jahwe-allein-Idee zum Monotheismus weitergedacht[18].

Wird die These von einer offiziellen Religion Israels polytheistischen Charakters akzeptiert, dann wird man sich der Möglichkeit nicht verschließen, auch den Aussagen über die Göttlichkeit des Königs mehr Bedeutung beizumessen als es in einem streng monolatrischen oder monotheistischen System möglich ist. So ist der Prophet Jesaja auch keineswegs der Jahwe-allein-Bewegung zuzurechnen; die Spuren, die eine Jahwe-allein-Redaktion in seinem Buch hinterlassen hat, sind deutlich als Zufügungen zu erkennen[19]. Jesaja kann es also durchaus ernst gemeint haben, wenn er König Hiskija einen "starken Gott" nannte. Fügen wir in die Hierarchie der Götter Israels

---

daß Jahwe als <u>Empfänger</u> auftritt, der seinen Teil erhält, ohne darauf <u>Einfluß</u> nehmen zu können.

18) Zu Jahwe als Schöpfergott vgl. B. LANG, Ein babylonisches Motiv in Israels Schöpfungsmythologie (Jer 27,5-6), in: BZ 27 (1983) 236-237; BARKER (s. Anm. 5) 167-171.

19) Für Jes 2,7-22 und 10,10f als "Jahwe-allein-Zufügungen" vgl. F. STOLZ in O. KEEL (Hg.), Monotheismus im Alten Israel und seiner Umwelt, Fribourg 1980, 178 Anm. 85.

auch den König ein, dann läßt sie sich wie folgt darstellen:

    - Eljon (der höchste Gott, Schöpfer)
    - Gottesöhne; dazu zählt auch Jahwe
  - König
  _____

  Volk

Gewiß mag es noch uns unbekannte Zwischenstufen geben. Auch
ist die Einordnung der Göttinnen nicht ohne weiteres klar. Zum
Beispiel ist im jetzigen Text von Spr 8 die Weisheit Tochter
Jahwes; da Jahwe jedoch im selben Text als Schöpfergott ge-
zeichnet wird, ist mit einer Verdrängung Els (oder Eljons)
durch einen orthodoxen Redaktor zu rechnen. Ist diese Annahme
richtig, dann wäre die Weisheit neben die Gottessöhne zu setzen. Wichtiger als solche Spekulationen ist für uns freilich
die Frage, wie es um den göttlichen Charakter des Königs be-
stellt sei.

3. Der König als göttliches Wesen[20]

Einen ersten Hinweis auf den göttlichen Charakter des israelitischen Königs vermittelt uns, wenngleich in indirekter
Weise, das Buch Ezechiel. Der Prophet schildert das Schicksal
des Königs von Tyrus; dabei bedient er sich tyrischer Vorstellungen, die in Israel nicht nur bekannt sind, sondern zweifellos auch in der israelitischen Königstheologie enge Entspre-
chungen hatten. Schon die tyrischen Handwerker, die Salomos
Tempel bauten und ausstatteten, deuten auf enge religiöse Beziehungen zwischen Israel und Tyrus (1 Kön 5,15ff; 7,13ff).
Zwar meint der strenge Jahwe-allein-Prophet, der tyrische
König sei nur ein Mensch, aber wie er von ihm redet, läßt die
Königsideologie deutlich erkennen.

---

20) In diesem ganzen Abschnitt versuche ich, wichtige Gedan-
    ken von BARKER (s. Anm. 5) aufzugreifen, ohne der Autorin
    jedoch immer in Einzelheiten zu folgen.

Dein Herz war stolz, und du sagtest: Ich bin ein Gott, einen Wohnsitz für Götter bewohne ich mitten im Meer. Doch
du bist nur ein Mensch und kein Gott, obwohl du im Herzen
geglaubt hast, daß du wie Gott bist" (Ez 28,2).

Als göttliches Wesen hat der König einen legitimen Platz im
Himmel. Der überirdische Ort wird als "Eden" und "Garten der
Götter", auch als "Berg der Götter" bezeichnet (Ez 28,13f).
Die Einheitsübersetzung gibt diesen Text wie folgt wieder:

(12) Du warst ein vollendet gestaltetes Siegel,
voll Weisheit und vollkommener Schönheit.
(13) Im Garten Gottes (oder: der Götter), in Eden, bist
du gewesen.
Allerlei kostbare Steine umgaben dich ...
(14) Einem Kerub mit ausgebreiteten, schützenden Flügeln
gesellte ich dich bei.
Auf dem heiligen Berg der Götter bist du gewesen ...

Leider ist der betreffende hebräische Text nicht leicht zu
verstehen; es mag sein, daß die darin enthaltene Mythologie
verstümmelt ist. Mit Hilfe einiger Konjekturen stellt M. BAR-
KER folgenden Text her, der natürlich nur einen Versuch darstellen kann, das Gemeinte besser zu erfassen[21]:

(12) Du warst eine vollendet gestaltete Schlange,
voll Weisheit und vollkommener Schönheit.
(13) Im Garten der Götter, in Eden, bist du gewesen.
Allerlei kostbare Steine umgaben dich ...
(14) Du warst ein Kerub; mit Öl salbte ich dich und
setzte dich ein.
Auf dem heiligen Berg der Götter bist du gewesen ...

Barker und andere Ausleger vermuten, der König selbst werde

---

21) BARKER (s. Anm. 5) 235f. Die Identifizierung von König
und Kerub wird u. a. auch von folgenden Auslegern vorge-
nommen: WIDENGREN (s. Anm. 5) 27; R. D. BARNETT, Ezekiel
and Tyre, in: EIs 9 (1969) 6-13, hier 8. Barnett meint,
der König von Tyrus habe sich mit dem Stadtgott von Tyros,
Melqart, identifiziert und sei in der Form eines (ägypti-
sierenden) Königskeruben - also sphinxgestaltig - dargestellt worden. (Vgl. die ähnliche Auffassung von Morgenstern, The King-God, 138ff). Für den entscheidenden Vers
Ez 28,14 schlägt die Randlesart der New English Bible vor:
"You were a towering cherub whom I set".

nicht nur von einem überirdischen, göttlichen Wesen beschützt
(so die Einheitsübersetzung nach der Septuaginta), sondern sei
selbst ein göttliches Wesen, das die Bezeichnung "Kerub" trage.
Gleichgültig, ob diese und andere Konjekturen berechtigt sind
oder nicht: auf jeden Fall besitzt der König Zugang zur überirdischen Welt und erhält schon dadurch göttliche Züge. Der
Text spricht vom Aufenthalt des tyrischen Königs in jener Welt
nur deshalb in der Vergangenheit ("im Garten der Götter, in
Eden, bist du gewesen"), weil der Monarch inzwischen seine
Stellung verlor. Solange er jedoch Herrscher war, hatte er
offenbar freien Zugang zum Gottesgarten. Barker meint, daß
hier zunächst an einen irdischen Tempel gedacht sei, in dem
der König einen Thron besitzt; dieser Tempel steht jedoch in
geheimnisvoller Verbindung zur jenseitigen Welt.

J. MORGENSTERN hat versucht, den rituellen Zusammenhang, dem
der ezechielische Mythos vom Kap. 28 entstammt, näher zu be-
stimmen. Er macht auf eine ganze Reihe von Erzählungen aufmerksam, die jeweils denselben - polemischen, dem Gottkönig
feindlichen - Schluß aufweisen. So berichtet die Apostelgeschichte vom Ende des Königs Herodes Agrippa, dessen Reich in
den Jahren 41-44 n. Chr. ganz Palästina umfaßte, in folgender
Weise:

> "Am festgesetzten Tag nahm Herodes (Agrippa I.) im Königs-
> gewand auf der Tribüne Platz und hielt vor ihnen eine fei-
> erliche Ansprache. Das Volk aber schrie: Die Stimme eines
> Gottes, nicht eines Menschen! Im selben Augenblick schlug
> ihn ein Engel des Herrn, weil er nicht Gott die Ehre gege-
> ben hatte. Und von Würmern zerfressen, starb er" (Apg
> 12,21-23).

In ausführlicherer Form findet sich dieselbe Legende bei
Josephus:

> Am zweiten Tage begab sich Agrippa (I.) schon frühmorgens
> in einem Gewande, das mit wunderbarer Kunstfertigkeit ganz
> aus Silber gewirkt war, zum Theater. Hier nun leuchtete
> das Silber, das von den ersten Strahlen der Sonne getrof-
> fen wurde, in schimmerndem Glanze auf und blendete das Au-
> ge derart, daß man erschauernd sich abwenden mußte. Als-
> bald riefen seine Schmeichler ihm von allen Seiten zu,
> nannten ihn Gott und sprachen: "Sei uns gnädig! Haben wir
> dich bisher nur als Mensch geachtet, so wollen wir in Zu-
> kunft ein überirdisches Wesen in dir verehren." Der König
> machte ihnen daraus keinen Vorwurf und wies ihre gottesla-
> sterlichen Schmeicheleien nicht zurück.

(Dann folgt die Legende vom raschen Tod des Königs, dessen
Hochmut bestraft wird[22]).

Morgenstern versucht, hinter die polemische Fassung solcher
Legenden zurückzugehen und den ursprünglichen (positiven) Sinn
des Vorgangs zu erfassen. Aus verstreuten antiken Nachrichten
rekonstruiert er ein westsemitisches Ritual, bei welchem sich
der König zum Zeitpunkt der Tag-und-Nachtgleiche (23. September
oder 21. März) im Tempel aufhält. Dort erwartet er den Sonnenaufgang. Sobald die ersten Strahlen der Sonne seinen festlichen Ornat berühren, repräsentiert der König den (solaren)
Schutzgott des Staates; er wird zum epiphanen Gott. Seine Göttlichkeit wird in einer begeisterten Akklamation vom Volk anerkannt[23]. Mag diese Rekonstruktion auch die mageren Quellen
überfordern, so kann man Morgenstern (und Barker) gewiß darin
beipflichten, daß uns Ez 28 und andere, diesem Text ähnliche
Quellen aus späterer Zeit ins Zentrum der westsemitischen Königstheologie führen. Wie immer man diese Theologie im einzelnen rekonstruiert, sie beinhaltet den Zugang des Königs zur
göttlichen Welt und seine Einbeziehung in diese Welt.

Ist diese Auslegung berechtigt, dann hätten nach israelitischer Vorstellung nicht nur Propheten (vgl. 1 Kön 22,19ff; Jes
6), sondern auch Könige auf geheimnisvolle Weise Zugang zur
himmlischen Welt. Vielleicht darf man im Anschluß an Salomos
Traum auf der Kulthöhe von Gibeon (1 Kön 3,5ff) vermuten, daß
es sich bei Gottesbegegnung und Aufenthalt des Königs in der
jenseitigen, himmlischen Welt um Traumerfahrung handelt; diese
mag im Tempelschlaf (Inkubation) erwartet und gesucht worden
sein. Solange sich der König nicht gegen die Götter, vor allem
nicht gegen den höchsten Gott, Eljon, vergeht, macht ihm niemand den Zugang zur jenseitigen Welt streitig. Vielleicht läßt
die bei Jesaja überlieferte Beschreibung eines königlichen
Aufstiegs noch etwas von der hier vorausgesetzten Idee erkennen:

> Du aber hattest in deinem Herzen gedacht:
> Ich ersteige den Himmel;
> dort oben stelle ich meinen Thron auf,
> über den Sternen der Götter;
> auf den Berg der (Götter)versammlung setze ich mich,
> im äußersten Norden.

---

22) Josephus, Jüdische Altertümer 19,8; zitiert nach Des Fla-
   vius Josephus jüdische Altertümer, übers. von H. CLEMENTZ,
   Wiesbaden [6]1985, 629.
23) MORGENSTERN (s. Anm. 5) bes. 152ff, 174, 176ff.

Ich steige weit über die Wolken hinauf,
um dem Höchsten (Eljon) zu gleichen (Jes 14,13f).

Was hier über einen König von Babel gesagt wird, ist offenbar
mit Hilfe israelitischer, nicht babylonischer Vorstellungen
ausgedrückt. Der Prophet will dem König keineswegs den Aufstieg (zum Götterberg) als solchen ankreiden; kritisiert wird
nur, daß sich der König offenbar nicht mit dem gewöhnlichen
Platz zufrieden geben wollte und es auf Gleichheit mit dem
höchsten Gott selbst abgesehen hatte. Das jedoch ist Hochmut,
und der wird bestraft. "Ach, du bist vom Himmel gefallen, du
strahlender Sohn der Morgenröte" (Jes 14,12). Der König, der
einmal einen rechtmäßigen Platz unter den Göttern hatte, wird
aus dem Himmel verstoßen.

Bisher haben wir die Göttlichkeit des irdischen Königs aus
menschlicher Perspektive betrachtet; gleichsam "von unten".
Wir können die göttliche Stellung des Königs aber auch "von
oben", vom Standpunkt Eljons aus betrachten. Denn Eljon
herrscht über die Menschen mittels der göttlichen Könige. So
wird im Ps 82 dargestellt, wie Eljon die Gottessöhne um sich
versammelt, um ihnen seine Meinung über deren irdische Regie-
rungstätigkeit zu eröffnen. Eljon ist zornig, weil es an der
Verwaltung von Recht und Gerechtigkeit mangelt. Man versteht
den Psalm nur, wenn die Gottessöhne gleichsam als der himmlische Aspekt irdischer Könige verstanden werden. Eine monotheistische Lesart vermag den Sinn nicht zu erfassen. In der
Strafrede Eljons heißt es wie folgt:

Elohim steht auf in der Versammlung der Götter,
im Kreis der Götter hält er Gericht.
"Wie lange noch wollt ihr ungerecht richten? ...
Wohl habe ich gesagt: Ihr seid Götter,
ihr alle seid Söhne des Höchsten (Eljon).
Doch nun sollt ihr sterben wie Menschen,
sollt stürzen wie jeder der Beamten"(Ps 82,1f.6f).

Wenn die Könige nicht für Recht sorgen und es den Schwachen
an Hilfe mangeln lassen, droht ihnen ein baldiger Tod[24].

---

24) Eine andere Auffassung des in Ps 82 vorausgesetzten Po-

(Leider entgeht uns, ob hier vorausgesetzt ist, daß ein seine
Pflicht erfüllender Gottkönig auch nach seinem irdischen Tod
seinen Platz im Himmel behält.)

Eljon begegnet uns noch einmal in der himmlischen Welt, und
zwar in einer der Visionen Daniels. Er wird als "Hochbetagter"
bezeichnet und hält über die als wilde Bestien dargestellten
Könige der Babylonier, Meder, Perser und Seleukiden Gericht.
Daß der "Hochbetagte" mit Eljon identisch ist, geht aus der
Deutung der Vision klar hervor; die Juden werden dort nämlich
als die "Heiligen des Höchsten" bezeichnet (Dan 7,21). Zu ihm
gelangt schließlich ein weiterer Gott, der nun nicht mehr tier-
gestaltig, sondern menschengestaltig ist:

> Da kam mit den Wolken des Himmels einer wie ein
> Menschensohn. Er gelangte bis zu dem Hochbetagten und
> wurde vor ihn geführt. Ihm wurden Herrschaft, Würde und
> Königtum gegeben. Alle Völker, Nationen und Sprachen
> müssen ihm dienen. Seine Herrschaft ist eine ewige,
> unvergängliche Herrschaft. Sein Reich geht niemals unter
> (Dan 7,13f).

Das Motiv "Kommen auf den Wolken" verweist auf Traditionen des
semitischen Gottes Hadad, und die aramäische Bezeichnung
"Menschensohn" bedeutet "Vasall (des Königs)". Die Szene handelt also von einem göttlichen Wesen, das als Vasall in einem
besonderen Verhältnis zu Eljon steht[25]. Stellen wir die in
der Vision vorausgesetzte Hierarchie schematisch zusammen,
dann erhalten wir drei Stufen: Eljon - Menschensohn - die
"Heiligen des Höchsten". Da aber auch gesagt wird, daß die

---

lytheismus hat O. EIßFELDT, El und Jahwe, in: DERS., Kleine Schriften, Tübingen 1966, Bd. 3, 386-397, bes. 390.
Wie viele Autoren geht er davon aus, daß die Gottesbe-
zeichnung Elohim in V. 1 durch eine "elohistische" Redaktion entstanden ist; daher ist der göttliche Richter eigentlich Jahwe. Er tritt als Richter gegenüber den anderen
Göttern auf, bleibt jedoch noch dem höchsten Gott - Eljon -
untergeordnet.

25) Zu den mit dem "Menschensohn" und seiner "Vasallität"
verbundenen Überlieferungen vgl. R. KEARNS, Das Traditions-
gefüge um den Menschensohn, Tübingen 1986, und DERS., Vor-
fragen zur Christologie, Tübingen 1978/82, 3 Bde.

Heiligen nun "das Königtum" erhalten - und das heißt doch
wohl: einen König -, ergibt sich ein Bild, das mit dem uns
schon bekannten identisch ist[26]:

> - Eljon (der höchste Gott, Schöpfer)
> - Menschensohn
> - König

die Heiligen des Höchsten

Der irdische König hat wiederum ein Gegenstück in der Nähe
Eljons: den Menschensohn. Der Ausdruck Menschensohn, so kann
man mit BARKER sagen, betont die menschliche Seite jenes Gottes, der in der irdischen Welt als König erscheint[27].

4. Schlußbemerkung

Im Alten Testament finden sich vielfältige Spuren einer Sprache, die vom irdischen König als göttlichem Wesen spricht.
Solche Spuren sind mehrdeutig; sie lassen sich "orthodox" auslegen, indem sie zu bloßer Rhetorik erklärt werden. So meinte
Hugo Greßmann in einem 1905 erschienenen Buch, die Königsvergötterung "war eben Stil, und bei einem Stil fragt niemand,
ob er einen Sinn hat oder nicht". Später überlegte es sich
Greßmann anders und vertrat nun die Auffassung, man müsse
zwischen den Spuren einer echten, älteren Königsvergötterung
und der entschärfenden Zensur späterer Bearbeiter unterscheiden[28]. Im vorstehenden Aufsatz haben wir versucht, die ältere, den König divinisierende Auffassung zu rekonstruieren und
auf ihre Entstehungsbedingungen hinzuweisen. Mehr als die
Generation von Autoren wie Henri Frankfort und Martin Noth

---

26) BARKER (s. Anm. 5) 118 meint allerdings, der danielische
    Menschensohn habe seine irdische Entsprechung nicht in
    einem Individuum (König), sondern im Volk selbst.

27) (S. Anm. 5) 279: "The earthly king in his heavenly aspect
    was a Son of Man, the angel in his human aspect was a Son
    of God."

28) H. GREẞMANN, Der Ursprung der israelitisch-jüdischen
    Eschatologie, Göttingen 1905, 256; DERS.(s.Anm. 5) 43.

annahm, ist Israel in die altorientalische Religionsgeschichte
und damit deren Polytheismus und Königsideologie verstrickt.
Anders als der "orthodoxe" Gläubige der frühjüdischen Zeit
lebte der Israelit noch nicht in einem "weltlichen" und "ent-
zauberten" Kosmos.

Abschließend muß eingeräumt werden, daß die vorgeschlagenen
Rekonstruktionen - besonders die des dritten Abschnitts - nur
einen Versuch darstellen können. Die Jahwe-allein-Lesart der
hebräischen Literatur und die von ihr durchgeführt "große Über-
arbeitung" der Texte[29] hat nur noch wenige Spuren der Königsideologie hinterlassen. Diese Spuren erlauben es jedoch, wenigstens ein ungefähres Bild von der Königsideologie zu gewinnen. Diese Ideologie kennt eine unerwartet intensive Einbeziehung des Königs in die göttliche Welt. Daher darf man,
wie ich meine, guten Gewissens von einer Vergöttlichung des
Königs im vororthodoxen biblischen Israel sprechen. Die alte
Vorstellung wurde durch die deuteronomische Orthodoxie keineswegs aus dem Traditionsschatz des Frühjudentums spurlos ver-
bannt; sie blieb vielen bewußt und konnte noch im 2. Jh. v.
Chr. im Buch Daniel deutlich anklingen. Zweifellos hat sie
auch auf das sich bildende Christentum und dessen Vorstellung
von einem königlichen Erlöser eingewirkt. So fällt auch auf
Jesus von Nazaret der lange Schatten des israelitischen Königs, der zugleich Gott und Mensch, zugleich Menschensohn und
Gottessohn ist.

-----

29) Zur monotheistischen (oder in monotheistische Richtung
    weisenden) Redaktion vgl. E. AUERBACH, Die große Überar-
    beitung der biblischen Bücher, in: VT.S 1 (1953) 1-10.

D I E T H E L M   M I C H E L

Ihr werdet sein wie Gott
————————————————

Gedanken zur Sündenfallgeschichte in Genesis 3

Einführung

"Menschwerdung Gottes und Vergöttlichung von Menschen" - so
lautet das Thema dieser Ringvorlesung. Es trifft sicherlich
keinen zentralen Gegenstand des Alten Testamentes. Gott wird
in ihm nicht zu einem Menschen - und schon gar nicht wird in
ihm ein Mensch zu einem Gott.

Eine Ausnahme kann man allenfalls nennen: in einigen Psalmen
finden sich Vorstellungen über das Königtum, nach denen der
König als Adoptivsohn Gottes galt[1]. Doch da das Königtum in
Israel erst spät entstanden ist, ist dieser Vorstellungskomplex
gewiß nicht genuin israelitisch, sondern wesentlich durch Vorstellungen der Umwelt beeinflußt. Und er ist wohl auch nie als
typisch israelitisch angesehen worden; die Erinnerung an die
königslose Vergangenheit ist immer wachgehalten worden, es hat
immer Widerstand gegen das Königtum gegeben, nach der Aufhebung des Königtums durch die Neubabylonier hat die jüdische
Gemeinde auch ohne ein Königtum weiterexistiert[2].

Wieso haben eigentlich Vorstellungen wie die vom sakralen Königtum in Israel eine geringere Rolle gespielt als in seiner
Umwelt, als z. B. in Ägypten? Wieso gab es in Israel nicht die
Vorstellung einer Menschwerdung Gottes und allenfalls am Ran-
de, wie ich gerade skizziert habe, die Vorstellung einer Vergöttlichung eines Menschen in der Person des Königs? Lassen
sich für diese Besonderheit Gründe aufzeigen?

1. Erster Durchgang durch den Text und seine Probleme

Zur Beantwortung dieser Frage wollen wir einen Text näher betrachten, in dem es um eine "Vergöttlichung des Menschen" geht,

---

1) Vgl. Ps 2 und Ps 110.
2) Es ist ja eine höchst überraschende Eigentümlichkeit Israels, daß es anders als etwa Ägypten und Babylon immer die
   Erinnerung an die königlose Vergangenheit aufbewahrt hat.

nämlich den Sündenfall bericht im 3. Kap. des Buches Genesis.
Es mag vielleicht zunächst so scheinen, als würden wir das
Thema der Ringvorlesung verlassen - aber ich kann versichern,
daß wir schnell wieder bei ihm sein werden.

1 Die Schlange aber war klüger als alle Tiere des Feldes, die
Jahwe-Gott gemacht hatte und so sprach sie zu der Frau: "Gott
hat ja wohl gesagt: Ihr dürft von keinem Baum des Gartens essen!" 2 Da sprach die Frau zu der Schlange: "Von den Früchten
der Bäume des Gartens dürfen wir essen. 3 Nur von den Früchten
des Baumes mitten im Garten hat Gott gesagt: Ihr dürft von
ihnen nicht essen, dürft auch nicht daran rühren, damit ihr
nicht sterbet!" 4 Da sprach die Schlage zu der Frau: "Ihr werdet gewiß nicht sterben, 5 sondern Gott weiß genau, daß an dem
Tage, an dem ihr von ihnen eßt, eure Augen aufgetan werden und
ihr sein werdet wie Gott, indem ihr nämlich Gut und Böse kennt."
6 Da sah die Frau, daß der Baum gut wäre hinsichtlich des Essens und reizvoll anzusehen und begehrenswert hinsichtlich des
Klugwerdens - so nahm sie von seinen Früchten, aß, gab auch
ihrem Mann bei ihr, und der aß (auch). 7 Da wurden ihrer beider Augen aufgetan und sie erkannten, daß sie nackt waren. Da
flochten sie Feigenlaub zusammen und machten sich Schurze.

"Eure Augen werden aufgetan und ihr werdet sein wie Gott, indem ihr nämlich Gut und Böse kennt!" So sagt die kluge (und
keineswegs böse!) Schlange zu der Frau, und damit sind wir bei
unserem Thema und bei dem Thema dieser Vorlesungsreihe. Nur:
was ist hier genau gemeint mit der "Vergöttlichung des Menschen"? Dies ist eine der vielen schwierigen und nach meinem
Urteil noch nicht endgültig gelösten Fragen dieser Erzählung.
Und wir können schnell weitere anschließen: Was ist eigentlich
gemeint mit dem "Gut und Böse kennen", das nach dem Text ja
das Charakteristikum des vergöttlichten Menschen sein soll,
des Menschen, der ist wie Gott? Sie können sich denken, daß es
über diese Frage eine Fülle von Meinungen und entsprechend eine
Fülle von Spezialliteratur gibt. Ich kann und will sie hier
nicht referieren - wir werden schon noch sehen, was hier gemeint sein muß.
Zunächst aber weiter mit den Problemen des Textes. Als die beiden, der Mann und die Frau, von dem Baum gegessen hatten, wurden ihre Augen tatsächlich aufgetan, wie es die Schlange ver-
heißen hatte, "Und sie erkannten, daß sie nackt waren".

Wie ist diese "Erkenntnis" nun zu bewerten? Wie verhält sie
sich zu dem verheißenen Erkennen von Gut und Böse? Hat die
Schlange die Menschen betrogen oder gibt es irgendeinen Zusammenhang zwischen dem Erkennen von Gut und Böse und der Erkenntnis der Nacktheit? Und weiter: Wie ist das mit dem Ster-
benmüssen, das als Strafe für das Essen der Frucht angedroht
war? Hat die Schlange hier nicht gegen Gott Recht behalten?

Der Text beantwortet diese Fragen nicht direkt - etwa durch
eine Feststellung, also habe die Schlange die Menschen hinsichtlich der Erkenntnis von Gut und Böse betrogen oder hinsichtlich
des Sterbenmüssens gegen Gott Recht behalten. Wir müssen also
die Antwort auf diese Fragen aus dem Kontext, aus dem weiteren
Verlauf der Erzählung entnehmen. Und der bringt als nächstes
die Verhörszene V. 8-13:

8 Da hörten sie das Geräusch Jahwe-Gottes, der im Garten beim
Abendwind spazieren ging, und der Mensch und seine Frau verbargen sich vor Jahwe-Gott inmitten der Bäume des Gartens.
9 Da rief Jahwe-Gott nach dem Menschen und sprach: "Wo bist
du?" 10 Er aber antwortete: "Das Geräusch von dir habe ich im
Garten gehört, da fürchtete ich mich, weil ich nackt bin, und
versteckte mich." 11 Er aber sprach: "Wer hat dir mitgeteilt,
daß du nackt bist? Hast du etwa von dem Baum gegessen, von dem
zu essen ich dir verboten hatte?" 12 Da sprach der Mensch: "Die
Frau, die du mir beigegeben hast, die hat mir von dem Baum gegeben - da habe ich (eben) gegessen." 13 Da sagte Jahwe-Gott
zu der Frau: "Was hast du da getan?" Und die Frau antwortete:
"Die Schlange hat mich getäuscht - da habe ich (eben) gegessen."

Wir können diesen Text nicht ausführlich betrachten, können
z.B. nicht bei der wichtigen Erkenntnis verweilen, daß Sünde
gegen Gott und Sünde gegen Mitmenschen hier als eng zusammen-
hängend dargestellt werden: Das Übertreten des göttlichen Ge-
botes hat als Folge, daß die Schuld auf den anderen geschoben
und der als Zu-Bestrafender herausgestellt wird: Der Mann
schiebt die Schuld auf die Frau, die Frau auf die Schlange.
Offenbar soll gezeigt werden: Die Zerstörung des Verhältnisses
zu Gott zerstört auch zwischenmenschliche Verhältnisse.

Doch dies nur als kurze Randbemerkung. Für unsere Fragen nach
dem Zusammenhang von Erkenntnis von Gut und Böse und Nacktsein
gibt der Text den Hinweis, daß das Nacktsein zu (Scham), Furcht

und Sich-Verstecken geführt habe. Wenn die Menschen sich wegen
der Folgen dieser Erkenntnis vor Gott verstecken müssen, können
sie offensichtlich durch sie nicht wie Gott geworden sein. Damit scheint die eben gestellte Frage beantwortet: Die Menschen
sind durch das Erkenntnis der Nacktheit bewirkende Essen der
Frucht nicht wie Gott geworden hinsichtlich der Erkenntnis von
Gut und Böse.

In den V. 14-19 folgen Strafandrohungen:

14 Da sprach Jahwe-Gott zu der Schlange: "Weil du dieses getan
hast, seist du verflucht vor allem Vieh und vor allem Getier
des Feldes. Auf deinem Bauch sollst du gehen und Staub fressen
dein Leben lang. 15 Und Feindschaft will ich setzen zwischen
dir und der Frau und zwischen deinen Nachkommen und ihren Nachkommen. Er soll trachten, dir den Kopf zu zertreten, und du
sollst nach seiner Ferse schnappen."
16 Zu der Frau sprach er: "Ich will deine Beschwerden zahlreich
machen. Was deine Schwangerschaft anlangt: in Schmerzen sollst
du Kinder gebären. Nach deinem Mann soll dein Verlangen sein,
während er über dich herrschen soll."
17 Und zu dem Menschen sprach er: "Weil du auf die Stimme deiner
Frau gehört und von dem Baum gegessen hast, von dem zu essen
ich dir verboten hatte: Verflucht ist der Ackerboden um deinetwillen. In Mühe sollst du dich dein ganzes Leben lang von ihm
nähren! 18 Dornen und Disteln soll er dir sprossen lassen, und
du sollst das Kraut des Feldes essen.
19 Im Schweiße deines Angesichts sollst du Brot essen, bis du
zum Ackerboden ('adama) zurückkehrst, denn von ihr bist du genommen. Ja: Du bist Staub und mußt zum Staube zurückkehren."

Wir nehmen diese Verse jetzt nur zur Kenntnis und stellen lediglich fest, wie sie gegliedert sind:

- in V. 14 eine Strafe für die Schlange allein,
- in V. 15 eine Strafe für Frau und Schlange gemeinsam,
- in V. 16 eine Strafe für die Frau allein,
- in V. 17-19 eine Strafe für den Mann allein.

20 Da nannte der Mensch seine Frau Eva (chawwa), denn sie war
die Mutter von allem Lebendigen (chajja).

V. 20 ist im Kontext einigermaßen rätselhaft. In einem Wort-
spiel (einer Etymologie) soll der Name Eva (im Hebräischen
chawwa) von chajja "das Lebendige" hergeleitet werden. Möglicherweise wird chawwa hier mit der Erde als der großen Mutter,
aus der alles Leben stammt, gleichgesetzt (vgl. Hi 1,21;
Ps 139,13-15; Sir 40,1).

21 Da machte Jahwe-Gott dem Menschen und seiner Frau Fellkleider und ließ sie sie anziehen.

V. 21 ist anscheinend ein Echo auf V. 7: dort flechten die Menschen sich Schurze aus Feigenblättern, hier macht ihnen Jahwe
selbst die sicherlich viel höher einzuschätzenden Fellkleider.

Und nun V. 22:

22 Da sagte Jahwe-Gott: "Siehe, der Mensch ist geworden wie
einer von uns hinsichtlich der Erkenntnis von Gut und Böse! Nun
soll er nicht auch noch seine Hand ausstrecken und von dem Baum
des Lebens nehmen, essen und ewiglich leben!"

Der Vers kommt völlig überraschend. Eben hatten wir aus V. 10
entnommen, die Schlange müsse die Menschen betrogen haben, weil
die Erkenntnis der Nacktheit Furcht und Verstecken bewirkte
und die Menschen dadurch also nicht wie Gott geworden sind,
wissend, was Gut und Böse ist - und nun steht hier das Gegen-
teil! Mehr noch: Jahwe-Gott stellt selber fest, die Menschen
seien nun "wie einer von uns hinsichtlich der Erkenntnis von
Gut und Böse". Das von der Schlange verheißene Ziel der Vergöttlichung des Menschen ist also eingetreten, und zwar nach
dem Urteil Gottes eingetreten! Daran kann gar kein Zweifel bestehen: Aber auf welchem Gebiet ist der Mensch denn gottgleich?
"Hinsichtlich der Erkenntnis von Gut und Böse" kann hier doch
nicht bedeuten "Allwissenheit". Sollte vielleicht gemeint sein
"Unterscheidungsfähigkeit zwischen Gut und Böse, die vorher
nicht vorhanden war, solange es nur das Gute gab"? Wieso aber
wäre die ein Grund, den Menschen ihretwegen aus dem Paradies
zu vertreiben?

Und noch ein erklärungsbedürftiger Tatbestand: Wieso verwendet
Gott hier den Plural "der Mensch ist geworden wie einer von uns
hinsichtlich der Erkenntnis von Gut und Böse"? Gibt es denn
mehrere Götter? Und wenn hier so etwas wie ein göttlicher Hof-
staat gemeint sein sollte analog etwa zu dem Hiobprolog: warum
taucht der hier dann so unvermittelt auf, ohne vorher auch nur
andeutungsweise erwähnt zu sein? - Man kann übrigens das Problem des Plurals nicht mit leichter Hand dadurch abtun, daß man
hier einen pluralis majestatis annimmt ("Wir, Wilhelm, Kaiser

von Gottes Gnaden, haben beschlossen") - den gab es nämlich im
biblischen Hebräisch nicht.

Abschließend wird dann die Vertreibung aus dem Garten geschildert, und zwar wird sie eigenartigerweise zweimal geschildert:
V. 23-24:

23 Da schickte ihn Jahwe-Gott weg aus dem Garten Eden, den
Ackerboden ('adama) zu bebauen, von dem er genommen war.
24 Dann vertrieb er die Menschen und ließ östlich vom Garten
Eden die Cheruben sich lagern und die Flamme des Zickzackschwertes, den Weg zum Baum des Lebens zu bewachen.

In V. 23 findet sich ein deutlicher Rückbezug auf V. 17-19: das
Themawort 'adama (Erdboden) taucht wieder auf und ebenfalls die
Bemerkung, der Mensch sei von der 'adama genommen. (Dies verbindet übrigens diesen Abschnitt mit der Erschaffung des Menschen in Gen 2,7). V. 24 dagegen bezieht sich ebenso deutlich
auf V. 22: auch hier geht es wieder um den Baum des Lebens,
von dem der Mensch nicht essen soll.

2. Der Rahmen für die Lösung der Probleme

Eine erste Lektüre des Textes hat etliche Probleme zutage gefördert, die wir klären müssen, wenn wir den Text verstehen
wollen. Bei diesem Unternehmen müssen wir das berücksichtigen,
was die moderne Bibelwissenschaft über Entstehung und Eigenart
alttestamentlicher Texte im Allgemeinen und der Texte aus der
Urgeschichte im Besonderen herausgefunden hat. Ehe wir uns den
Problemen im einzelnen zuwenden, soll deshalb der Problem-
lösungsrahmen abgesteckt werden.

Die moderne Bibelwissenschaft geht von der Erkenntnis aus, daß
die biblischen Texte ursprünglich von Menschen für Menschen
verfaßt worden sind, und zwar von Menschen mit bestimmten Vorstellungen und einem bestimmten zeitbedingten Sprachgebrauch
für Menschen mit bestimmten Vorstellungen und einem bestimmten
zeitbedingten Sprachgebrauch. Zweifellos haben sich die Vorstellungen und die Eigentümlichkeiten des Sprachgebrauchs in
den zweieinhalb bis dreitausend Jahren, die seitdem vergangen
sind, verändert. Wenn wir die Texte so verstehen wollen, wie
sie ursprünglich gemeint waren und wenn wir nicht dem verbreiteten Fehler verfallen wollen, unsere Denkarten, unsere Probleme, unsere Eigentümlichkeiten des Sprachgebrauchs in den

alten Text hineinzutragen, dann müssen wir versuchen, den geistigen Hintergrund, der zur Zeit der Abfassung die selbstver-
ständliche Folie der Aussagen bildete, zu rekonstruieren. Nur
so können wir den Fehler vermeiden, vorschnell unsere Gedanken
in den Text hineinzulesen.
Zu den Eigentümlichkeiten der Umwelt Israels, die den Israeliten zweifellos bekannt waren und die sich auch in alttestamentlichen Texten spiegeln, gehört, daß Einsichten über von Göttern
verursachte und garantierte Ordnungen in Form von Erzählungen
vorgetragen wurden, von Erzählungen, die die heutige Wissen-
schaft "Mythen" nennt. Ein Mythos hat zwar rein äußerlich die
Form einer "Erzählung", aber er wurde nicht erzählt um der Un-
terhaltung willen, wie das heute bei Erzählungen üblich ist.
Ein Mythos wurde auch nicht so erzählt, wie wir heute historische Novellen oder Romane erzählen: um nämlich Aufschluß über
historische Tatsachen zu geben, wobei die Tatsächlichkeit im
Bereiche des faktisch Geschehenen liegt. Ein Mythos sollte vielmehr eine gegenwärtige Ordnung aus dem Lebenskreis der Erzähler
als unveränderbar, verläßlich, gültig charakterisieren, und
dies geschah dadurch, daß man sie auf göttliches Handeln zurück-
führte - denn Götter können und wissen ja per definitionem mehr
als wir Menschen. Wir werden auf das Problem des Aussagewillens
des Mythos noch zurückkommen.

Eine weitere Erkenntnis der modernen Bibelwissenschaft brauchen
wir noch zur Erklärung unseres Textes.
Das Alte Testament unterscheidet sich, wie allgemein bekannt
ist, dadurch von seiner Umwelt, daß es das Ausschließlichkeitsgebot kennt: Nur Jahwe, der Gott Israels, darf von den Israeliten angebetet werden - einen anderen Gott, andere Götter darf
es für Israel nicht geben. In der gesamten Umwelt Israels dagegen finden wir die Religionsform des Polytheismus, in der ein
Götterensemble, ein Götterpantheon angenommen wird.
Die Ausschließlichkeitsforderung mit dem auf ihr beruhenden Monotheismus hat nun eine ganz bestimmte, in sich logische Konsequenz gehabt: Während im Polytheismus gewissermaßen für jede
als göttlich angesehene Kraft oder Mächtigkeit ein einzelner
Gott oder eine einzelne,bestimmte Göttin zuständig war, mußte
im Monotheismus alles ohne Unterschied auf den einzigen Gott
zurückgeführt werden, von dem ja alles kommt und "ohn' den
nichts ist, was ist". Diese Entwicklung führt dann mit logischer
Konsequenz zum Problem der Theodizee, weil ja auch das Böse
irgendwie mit dem einzigen Gott zusammengebracht werden muß -
polytheistische Religionen haben es da leichter. Doch das soll
uns hier nicht beschäftigen, sondern lediglich die Grundtat-
sache, daß im Monotheismus logischerweise alles, was es in der

Welt an göttlichen Aktivitäten nach der Erkenntnis der Gläubigen gibt, auf eben diesen einzigen Gott und Urheber allen Geschehens zurückgeführt werden muß. Dies führt nämlich in Israel zu einem auf den ersten Blick befremdlichen Phänomen, das aber seine Anstößigkeit verliert, wenn man es als logische und notwendige Konsequenz des Monotheismus erkannt hat. Der Jahweglaube als "Ein-Gott-Verehrung" erweist sich als usurpatorisch. Alles, was nicht innerweltlich, sondern durch göttliches Wirken erklärt werden soll, muß seinen Ursprung in dem einzigen und alleinigen Gott Israels haben.

Ein Beispiel: Die israelitischen Nomaden hatten sich vor ihrer Seßhaftwerdung keine großen Gedanken gemacht, wer denn die Fruchtbarkeit des Kulturlandes gebe - als sie seßhaft wurden und dann von den ansässigen Kanaanäern hörten, die Fruchtbarkeit sei von dem Regengott Baal gegeben worden und werde immer wieder von ihm gegeben, indem er mit dem als seinem Sperma gedeuteten Regen die große Mutter Erde befruchte, haben sie diese Erklärung zunächst teilweise übernommen, dann aber zunehmend von ihrer Ein-Gott-Verehrung her abgelehnt und Aussagen, die ursprünglich von Baal gemacht wurden, auf Jahwe übertragen. Wenn jemand Fruchtbarkeit gibt, dann Jahwe und nicht Baal. Glaubensinhalte wurden so vom Jahweglauben usurpiert - Glaubensinhalte, die ursprünglich typisch waren für den kanaanäischen Regengott Baal und seine Funktionen in dem kanaanäischen Götterpantheon.

Und gleichzeitig mit der Übernahme der Glaubensinhalte wurden auch Vorstellungen und Vorstellungskomplexe übernommen und teilweise auch Mythen, in denen diese Vorstellungen ausgedrückt waren. Freilich wurden die außerisraelitischen "Mythen", in denen bestimmte Gegebenheiten dieser Welt auf göttliches Handeln zurückgeführt werden sollten, nicht unverändert übernommen. Sie wurden vielmehr auf Jahwe bezogen und damit notwendigerweise uminterpretiert und verändert. Denn Jahwe ist ja z.B. kein Regengott in einem Götterpantheon neben z.B. der großen Mutter Erde, sondern er ist der einzige und alleinige Gott. Und nicht nur in veränderter und uminterpretierter Form übernommen wurden religiöse Texte (Mythen) der Umwelt, sondern sie wurden auch polemisch bearbeitet.
Ein bekanntes Beispiel für die interpretierte Übernahme eines außerisraelitischen mythischen Textes haben wir etwa in der Sintflutgeschichte, deren akkadische und sumerische Vorlagen wir inzwischen kennen. Grundsätzlich gilt: nicht das Faktum der

Übernahme eines Textes aus der religionsgeschichtlichen Umwelt
ist heute wissenschaftlich interessant und aufregend, sondern
die Art und Weise der Interpretation durch den Jahweglauben,
die bei dem Vorgang der Usurpation durchweg stattgefunden hat.

Doch ich muß die weitere Beschreibung dieses Vorgangs der Usur-
pation abbrechen. Klar aber ist folgendes:
Bei Texten, die nicht zu dem eigentlichen und charakteristischen
Glaubensbestand Israels gehören, muß der Ausleger heute immer
auch fragen, ob nicht eine Bearbeitung eines außerisraelitischen
Textes vorliegen kann und ob sich dafür Anzeichen finden lassen.
Und noch einmal sei es gesagt: Texte über Schöpfung sind in der
Regel kein ursprüngliches und charakteristisches Glaubensgut
Israels.

3. Überlieferungskritische Erklärung

Damit kommen wir nun endlich wieder zu unserem Text.
Spannungen hatten wir in ihm festgestellt, und wenn wir jetzt
versuchen wollen, eine Erklärung für die Spannungen des Textes
zu finden, so muß auch die Frage geprüft werden, ob sie nicht
entstanden sein können bei der Bearbeitung einer außerisraelitischen Vorlage. Die Fachexegeten nennen das: eine "überlieferungsgeschichtliche Erklärung", weil die Spannungen bei der
"Überlieferung" und selbstverständlich auch "Bearbeitung" des
alten Textes entstanden sind.

Wenden wir uns nun unter dieser Prämisse wieder den aufgezeigten
Schwierigkeiten zu. Die meisten Schwierigkeiten bereitete
V. 22: In ihm wird festgestellt, der Mensch sei gottgleich geworden, indem er wisse, was gut und böse ist. In ihm taucht der
schwierige Plural "wie einer von uns" auf, der mit dem biblischen Monotheismus nur schwer vereinbar ist. Und eine weitere Schwierigkeit bietet V. 22, die jetzt nachgeholt werden
muß. Die übliche Übersetzung lautet: "Da sprach Gott: Siehe,
der Mensch ist geworden wie einer von uns ..." Das Wort "siehe",
mit dem üblicherweise die hebräische deiktische Partikel hen
oder hinne übersetzt wird, ist kein gängiges Wort unserer Alltagssprache; in Übersetzungen wirkt dieser Hebraismus immer

etwas vornehm und gestelzt. Im Hebräischen aber war diese Partikel Bestandteil der Alltagssprache, sie diente dazu, mit Nachdruck auf einen Tatbestand hinzuweisen und drückte fast immer
eine Überraschung aus. Andersen[3], der sich mit den durch hen/
hinne eingeleiteten Sätzen befaßt hat, spricht von "surprise-
clauses", von Überraschungssätzen. In der Tat, die wohl beste
Übersetzung wäre etwa: "Da sprach Gott: Der Mensch ist nun tatsächlich geworden wie einer von uns ...". Wenn wir diese sprachlich korrekte Übersetzung wählen, wird der V. 22 noch schwie-
riger: für eine Überraschung Gottes ist es nach der Verhörszene
V. 8-13 und nach den Strafandrohungen V. 14-19 doch wohl reichlich spät. Einen sinnvollen Platz hätte die Überraschung Gottes
doch wohl nur nach V. 7. Tatsächlich ergibt V. 22 eine sinn-
volle Fortsetzung von V. 1-7, wobei dann auch noch V. 24, der
nach unserer einleitenden Analyse ja die Fortsetzung von V. 22
bildet, hinzuzunehmen ist.

Ehe wir diesen Gedanken weiter verfolgen eine Bemerkung vorweg:
Nach einigen Forschern soll sich die "Erkenntnis von Gut und
Böse" auf den sexuellen Bereich beziehen. Dafür spricht als
starkes Argument, daß das Verb "erkennen" alleine bereits zur
Umschreibung des Geschlechtsverkehrs dienen kann, vgl. z.B. im
folgenden Kapitel "Und der Mensch erkannte Eva, seine Frau,
und sie wurde schwanger und gebar Kain ..." (Gen 4,1). Mit dem
Objekt "Gut und Böse" wird das Verb erkennen an einer weiteren
Stelle im AT in sexuellem Sinn gebraucht: 2 Sam 19,35-36.

Der Greis Barsillai antwortet dort auf das Angebot Davids, mit
ihm an den Hof nach Jerusalem zu kommen: "Wie lange habe ich
denn noch zu leben, daß ich mit dem König nach Jerusalem hinauf-
ziehen sollte? Kann ich denn noch (zwischen) Gut und Böse erkennen? Oder kann dein Knecht noch schmecken, was er ißt und
trinkt? Oder kann er noch mit Freude die Stimme der Sänger und
Sängerinnen hören?" Man hat vermutet, Erkenntnis von Gut und
Böse bedeute hier "den Geschlechtsverkehr vollziehen"; Barsillai
lehne deshalb ab, an den Königshof zu gehen, weil er als alter
Greis keinen Gefallen an Wein, Weib und Gesang mehr habe. Diese

---

3) FRANCIS I. ANDERSEN, The Sentence in Biblical Hebrew (Janua
   Linguarum Series Practica 231), Paris 1974, 94ff.

Deutung scheint in der Tat dem Zusammenhang am besten zu entsprechen; denn daß ein Greis an Klugheit nachgelassen habe,
wäre ein unhebräischer Gedanke.

Ein weiteres Argument taucht gelegentlich in Kommentaren auf,
ohne daß seine volle Tragweite nach meinem Urteil bereits erkannt wäre: Als Folge dessen, daß ihre Augen aufgetan werden,
erkennen sie, daß sie nackt sind und machen sich Schurze -
selbstverständlich zur Bedeckung ihrer Blöße. Man hat in diesem
Schurzflechten das Rudiment einer "Errungenschaftserzählung"
sehen wollen: hier werde von der Errungenschaft der Kleidung berichtet, mit der die Menschen ihre Blöße bedecken. Es taucht
auch die Vermutung auf, hier werde ursprünglich berichtet, wie
die Menschen aus dem Stadium der Kinder in das der Erwachsenen
übergehen, die sich ihrer Geschlechtlichkeit bewußt sind und
deshalb ihre Blöße bedecken.
Doch nun endlich zu dem Text, der sich ergibt, wenn wir ver-
suchsweise einmal V. 22 und 24 mit V. 1-7 verbinden!

Die Schlange aber war klüger als alle Tiere des Feldes, (die
Jahwe-Gott gemacht hatte) und so sprach sie zu der Frau:
"Gott hat ja wohl gesagt: Ihr dürft von keinem Baum des Gartens
essen!" Da sprach die Frau zu der Schlange: "Von den Früchten
der Bäume des Gartens dürfen wir essen. Nur von den Früchten
des Baumes mitten im Garten hat Gott gesagt: Ihr dürft nicht von
ihnen essen, dürft auch nicht an sie rühren, damit ihr nicht
sterbt!" Da sprach die Schlange zu der Frau: "Ihr werdet keineswegs sterben - sondern Gott ist sich klar darüber, daß an dem
Tage, an dem ihr von ihnen esset, eure Augen aufgetan werden
und ihr wie Gott seid, indem ihr nämlich 'Gut und Böse kennt'."
Da sah die Frau, daß der Baum gut wäre hinsichtlich des Essens
und reizvoll anzusehen (und begehrenswert hinsichtlich des
Klugwerdens); so nahm sie von seinen Früchten und aß, gab (dann)
auch ihrem Mann bei ihr und der aß. Da wurden ihrer beider Augen
aufgetan und sie erkannten, daß sie nackt waren. Da flochten
sie Feigenlaub zusammen und machten sich Schurze. Da sprach
(Jahwe-)Gott: "Der Mensch ist doch tatsächlich geworden wie
einer von uns hinsichtlich der Erkenntnis von Gut und Böse! Nun
soll er nicht auch noch seine Hand ausstrecken und von dem Baum
des Lebens nehmen, essen und ewiglich leben!" Dann vertrieb er
die Menschen und ließ östlich vom Garten Eden die Cheruben lagern und die Flamme des Zickzackschwertes, den Weg zum Baum
des Lebens zu bewachen.

Diese Aneinanderreihung der V. 1-7.22.24 aus dem 3. Kap. der
Genesis ergibt überraschenderweise eine in sich geschlossene
Erzählung, und zwar, was noch überraschender ist, eine in sich

geschlossene Erzählung ohne Spannungen und Widersprüche.
Wir erinnern uns daran, daß die Israeliten gerade für den Bereich der Urgeschichte Stoffe von ihren Nachbarn übernommen und
einer interpretatio israelitica unterzogen haben. Sollten wir
hier auf einen solchen vorisraelitischen Stoff gestoßen sein?
Diese Frage läßt sich nur beantworten, indem wir versuchen,
diese Erzählung als Einheit anzusehen und zu interpretieren.
Gibt sie einen Sinn? Sie ist offensichtlich vergleichbar mit
dem Prometheusmythos: Mit Hilfe der klugen und listigen Schlange
lernen die Menschen etwas kennen, was die Götter eigentlich
sich selber vorbehalten und den Menschen nicht geben wollten:
die Erkenntnis des Guten und Bösen. Diese Erkenntnis, die Nacktheit erkennen läßt und die Menschen vergöttlicht, kann in diesem
Kontext nur meinen: Geschlechtlichkeit.

Wir müssen das noch präzisieren. Ein jüdischer Ausleger[4], der
vor etwa 30 Jahren auch schon die Meinung vertreten hat, Erkenntnis von Gut und Böse beziehe sich auf die Geschlechtlichkeit, will die "Vergöttlichung des Menschen", das hier von
ihnen erreichte "Sein-wie-Gott", darin sehen, daß die menschliche Zeugung als Gegenstück zur göttlichen Schöpfung angesehen
werde; durch die Zeugung von Nachkommen kann der Mensch sein
wie Gott. Doch scheint mir dies mindestens zu eng gesehen zu
sein; in dieser Erzählung findet sich nirgendwo ein Hinweis auf
Zeugung und Nachkommen - das wird erst Thema im nächsten Kapitel
bei der Geburt von Kain. Und außerdem dürfte auch in der eben
angesprochenen Parallele aus 2 Sam 19, wo eine Parallele im
Sprachgebrauch vorliegt, die Wendung "Gut und Böse erkennen"
sich keineswegs auf die Zeugung beziehen, sondern vielmehr auf
geschlechtliche Lust. So dürfte Hans Schmidt recht haben, der
bereits 1931 zu dem Schluß gekommen war, die Erzählung in Gen 3

---

4) ROBERT GORDIS, The Knowledge of Good and Evil in the Old
   Testament and the Qumran Scrolls, in: JBL 76 (1967)
   123-138.

handle von "der Entstehung der sinnlichen Liebe"[5]. Er hat sich
zwar mit dieser Ansicht nicht durchsetzen können und hat keinerlei Anerkennung gefunden - aber das liegt nach meiner Überzeugung daran, daß er noch nicht verschiedene Ebenen der Erzählung
überlieferungsgeschichtlich auseinanderhalten konnte. Auch wenn
die jetzt vorliegende Erzählung keineswegs <u>nur</u> "von der Entstehung der sinnlichen Liebe" handelt, wie wir noch sehen werden, gilt dies doch wohl von einer Vorstufe. Schmidt hat hier
ein besseres Gespür bewiesen als viele seiner Kritiker[6].

Mit den Freuden und Möglichkeiten der Geschlechtlichkeit besitzen die Menschen in ihrem Leben ein Element, das sie "ver-
göttlichen" kann, das sie sein läßt wie Götter. Klar ist nun,
daß eine solche Aussage nur möglich ist bei Menschen, die an ein
Götterpantheon glauben, in dem es männliche und weibliche Götter
gibt und in dem es also auch Liebe zwischen männlichen und weiblichen Göttern gibt. Wenn wir in diesen Versen wirklich eine
alte Erzählung oder auch nur das Fragment einer alten Erzählung
greifen können, dann kann sie nicht aus Israel stammen - Jahwe,
der Gott Israels, ist einziger Gott und hat keine Gefährtin
neben sich und steht damit letztlich jenseits des geschlecht-
lichen Bereichs. Von ihm wird zwar immer als von einem masku-
linen Wesen geredet - aber durch das Fehlen eines weiblichen
Gegenparts ist dieses Männliche offenbar nicht signifikant gemeint. Die polemische Aussage "Gott ist nicht Mensch" (Hos 11,9;
Num 23,19) schließt in letzter Konsequenz auch sein "Männlich-
sein" aus.

Mit den Freuden und Möglichkeiten der Geschlechtlichkeit besitzen die Menschen in ihrem Leben ein Element, das sie "ver-
göttlichen" kann, das sie sein läßt wie Götter. Die Wertschätzung dieses Elementes wird nun erzähltechnisch durch das Motiv
des "Götterneides" hervorgehoben: diese schöne Möglichkeit

---

5) HANS SCHMIDT, Die Erzählung von Paradies und Sündenfall,
   (SGV 154), Tübingen 1931, 22.
6) Vgl. z.B. CLAUS WESTERMANN, Genesis 1-11 (BK I), Neukirchen
   1974, 330-334.

wollten die Götter sich selber vorbehalten. Als sie (!) fest-
stellen, daß die Menschen gegen den Willen der Götter mit Hilfe
der listigen Schlange diese schöne Möglichkeit doch erlangt
haben, reagieren sie mit entsprechenden Maßnahmen:
- Das andere göttliche Element, nämlich ewiges Leben, wird den
  Menschen unzugänglich gemacht (V. 24)
- Gegen Schlange und Frau ergehen Strafmaßnahmen, die in
  V. 14-16 geschildert werden:

"Da sprach (Jahwe-)Gott zu der Schlange:
Weil du dieses getan hast, seist du verflucht vor allem Getier
des Feldes.
Auf deinem Bauch sollst du gehen und Staub fressen dein Leben
lang.
Und Feindschaft will ich setzen zwischen dir und der Frau und
zwischen deinem Samen und ihrem Samen.
Er soll trachten, dir den Kopf zu zertreten,
und du sollst nach seiner Ferse schnappen.
Zu der Frau sprach er:
Ich will deine Beschwerden zahlreich machen.
Was deine Schwangerschaft anlangt:
In Schmerzen sollst du Kinder gebären.
Nach deinem Mann soll dein Verlangen sein,
während er über dich herrschen soll."

Es scheint mir außer Frage zu stehen, daß in den Strafandrohungen gegen die Schlange und wohl auch gegen die Frau (die
V. 17-19 dürften sekundäre Ergänzung sein) die ursprüngliche
Fortsetzung der Erzählung vorliegt - wie Prometheus wird die
listige Schlange mit einer fürchterlichen Strafe belegt: sie
muß fortan auf dem Bauch kriechen und Staub fressen. An Stelle
der Komplizenschaft zwischen Schlange und Frau wird in Zukunft
unerbittliche Feindschaft zwischen Mensch und Schlange herrschen, und die Frau wird ebenfalls bestraft: ihre Schwangerschaft soll Schmerzen mit sich bringen, und ihre Sehnsucht nach
dem Mann soll überschattet sein von den Strukturen der Herrschaft.

Die moderne Bibelwissenschaft nennt solche Erklärungen, wie sie
in den V. 14-16 vorliegen, Ätiologien. Eine Ätiologie versucht,
einen Tatbestand aus der Gegenwart der Erzähler, der als schwierig, erklärungsbedürftig, nicht ordnungsgemäß angesehen wird,
durch eine Erzählung über seine Entstehung aufzuklären. Erklärungsbedürftig ist das seltsame Geschick der Schlange, die

auf ihrem Bauch kriechen und Staub fressen muß; erklärungsbedürftig ist, daß die Schwangerschaft, die als höchstes Glück
der Frau galt, so sehr mit Schmerzen verbunden ist; erklärungsbedürftig ist, daß die Sehnsucht der Frau nach dem Mann davon
überschattet wird, daß - entsprechend den damaligen Gesellschafts-
ordnungen - diese Sehnsucht sich auf denjenigen richtet, der
patriarchalisch über die Frau herrscht. Das alles wird als
nicht gut empfunden und darum als Strafe für ein schweres Ver-
gehen erklärt.

Wir wollen und können aber hier nicht länger bei diesen "Stra-
fen" verweilen, so Interessantes es auch noch dazu zu sagen
gäbe. Interessanter für unsere heutige Fragestellung ist nämlich
die andere "Strafe", die in V. 22 und 24 mitgeteilt wird - vielleicht sollte man weniger von Strafe als vielmehr von Vorsichts-
maßnahme sprechen: Damit die Menschen nicht auch noch vom Baum
des Lebens nehmen, essen und ewiglich leben, vertreibt Gott sie
aus dem Garten Eden und versperrt den Zugang zu ihm durch mythologische Ungeheuer.

Viel ist von seiten der Ausleger über die Frage diskutiert worden, ob denn nun in der ursprünglichen Erzählung von einem Baum
oder zwei Bäumen die Rede gewesen sei. In dem gesamten Kap. 3
taucht der Baum des Lebens hier zum ersten Mal auf; vorher
(V. 3) ist nur von dem Baum in der Mitte des Gartens die Rede;
vom Baum der Erkenntnis des Guten und Bösen hören wir nur in
Kap. 2 in den V. 9.17: in 2,9 kommen beide nebeneinander vor,
wobei aber der Baum der Erkenntnis sprachlich wie ein Nachtrag
wirkt:

Da ließ Jahwe-Gott aus dem Ackerboden allerlei Bäume sprossen,
begehrenswert anzusehen und gut zu essen, und den Baum des Lebens mitten im Garten - und den Baum der Erkenntnis von Gut
und Böse.

Ich will jetzt die zu diesem Problem vorgetragenen Meinungen
keineswegs referieren oder auch nur andeuten. Ich meine nämlich,
wenn wir hier einen alten Mythos über die Erlangung der vergöttlichenden Sexualität greifen können, ergibt sich der Sinn des
Baums des Lebens von selber:

Zwei Dinge, sagt der alte Mythos, gibt es für Menschen, die das
Menschliche übersteigen und die den Menschen gottgleich machen:
die Geschlechtlichkeit (Sexualität) mit ihren Möglichkeiten von
Schöpfung und Lust - und die Überwindung des Todes, die Vermei-
dung des Todes, die Möglichkeit des ewigen Lebens.

Die erste göttliche Möglichkeit ist dank der klugen Schlange den
Göttern geraubt worden und den Menschen bekannt. Daraufhin haben
die Götter ein Gleiches für das ewige Leben verhindert. Diese
göttliche Eigenschaft ist den Menschen auf ewig unerreichbar.
Vielleicht hat man sich sogar vorgestellt, die Menschen hätten
vor dem Diebstahl der Sexualität Zugang zum Baum des ewigen Lebens gehabt. Wie dem auch sei - jedenfalls hat der Diebstahl
der Sexualität zur Folge, daß sie nicht (mehr) an den Baum des
Lebens herankönnen, daß sie sterben müssen, daß sie sterblich
sind.

Für die Frage, ob ein Baum oder beide Bäume in der Geschichte
ursprünglich sind, heißt das natürlich, daß beide ihren unauf-
gebbaren Platz in dem ursprünglichen Mythos hatten.

Der an seiner jetzigen Stelle deplazierte V. 22 paßt sinnvoll
hinter V. 7 und ergibt zusammen mit V. 24 eine in sich geschlossene Erzählung, so hatten wir gesehen. Und wir hatten gesagt, die Frage, ob wir hier eventuell einen vorisraelitischen
Text als überlieferungsgeschichtliche Vorstufe des jetzt vorliegenden Textes greifen können, sei nicht zuletzt davon abhängig, ob der hier sichtbar gewordene Text bei einer Interpretation einen Sinn ergebe.
Ich denke, diese Frage können wir jetzt vorbehaltlos mit "ja"
beantworten. Der rekonstruierte Text stammt aus einer polytheistischen Religion, in der Götter offenbar paarweise vorhanden
waren und sexuelle Beziehungen untereinander kannten. Er preist
die Geschlechtlichkeit (Sexualität) als dasjenige Element im
menschlichen Leben, durch das die Menschen ihre normalen Alltags-
grenzen transzendieren und gottgleich werden können. Ob sich
diese "Vergöttlichung" auf die Zeugung oder auf die geschlechtliche Lust bezieht, ist nicht genau dem Text zu entnehmen; möglicherweise (wahrscheinlich) sollte man hier nicht trennen. Die

Wertschätzung der Sexualität wird erzähltechnisch nach typischer
Mythenweise dadurch unterstrichen, daß die Sexualität als ein
Besitz bezeichnet wird, den die Götter ursprünglich für sich
selbst behalten wollten und den die Menschen ihnen nur mit Hilfe
der klugen Schlange entrissen haben, die dann dafür furchtbar
bestraft wurde. Die andere Möglichkeit, das menschliche Leben
zu transzendieren, nämlich die Überwindung des Todes durch
ewiges Leben, ist den Menschen durch die jetzt neidisch han-
delnden Götter verwehrt worden.

Wenn wir diesen hier durchschimmernden alten Mythos ausführlich
auslegen wollten, müßten wir jetzt auf die Rolle der Schlange
im Kult der Umwelt und sogar Israels eingehen. Immerhin erfahren wir ja aus 2. Kön 18,4, daß bis in die Zeit Hiskias im
Tempel von Jerusalem sich eine eherne Schlange mit Namen
Nechuschtan befand - ob sie allerdings wirklich von Mose stammt
und ob wirklich 4. Mose 21,4-9 den historischen Hintergrund für
diese eherne Schlange bildet, ist zumindest zweifelhaft.
Im Bereich der altorientalischen Umwelt Israels finden wir
durchaus Schlangengottheiten, die mit dem Bereich von Erde und
Fruchtbarkeit zu tun haben[7]. In diesem Zusammenhang hier nur
noch eine Beobachtung, die - wenn ich mich nicht täusche - den
Auslegern bisher entgangen ist. Man hat oft gefragt, weshalb
die Schlange sich ausgerechnet an die Frau wende, und die vorgeschlagenen Antworten sind nicht immer schmeichelhaft für das
weibliche Geschlecht. Die richtige Antwort dürfte ganz einfach
sein: Im Hebräischen ist das Wort für Schlange maskulin - es
handelt sich also nicht um eine Schlange, sondern um einen
Schlangerich. Das bei uns so beliebte Bild von der falschen
Schlange geht also an der Erzählung vorbei - es handelt sich
allenfalls um einen falschen Schlangerich! Und da dieser männ-

---

7) Vgl. z.B. K.R. JOINES, The Bronze Serpent in the Israelite
   Cult, in: JBL 87 (1968) 245-256 und neuerdings die sogenannte Schlangenbeschwörung aus Ugarit; vgl. z.B. MATITIAHU
   TSEVAT, Der Schlangentext von Ugarit, in: UF 11 (1979)
   759-778.

liche Versucher nicht homosexuell ist, wendet er sich natürlich
mit seinen Verführungskünsten an die Frau. Vielleicht haben sogar diejenigen recht, die in dem Schlangerich ein Phallussymbol
sehen wollen.
Doch wir können solchen Spuren hier nicht weiter nachgehen. Einige knappe Sätze müssen aber doch noch zu dem allgemein religiösen Hintergrund gesagt werden, auf dem dieser Mythos seinen
Sinn hat. Aus dem Propheten Hosea erfahren wir, daß viele Israeliten die Fruchtbarkeit des Landes nicht auf Jahwe, sondern
auf den kanaanäischen Regengott Baal zurückgeführt haben. Und
sie haben offenbar an kanaanäischen Kulten teilgenommen, in
denen die Befruchtung der Erde durch den Regengott kultisch-ma-
gisch von Menschen nachvollzogen wurde, wo also Sexualität und
sexuelle Riten eine zentrale Rolle spielten[8]. Hosea wendet sich
ganz scharf gegen solche Kultpraktiken; für ihn sind sie Abfall
von Jahwe, der allein als Geber aller Kulturlandgüter anzusehen
ist; er nennt solche Kultpraktiken "Hurerei".
In einem solchen religiösen Umfeld könnte eine Erzählung wie
der rekonstruierte Mythos seinen Platz gehabt haben. Hier könnte
die Theorie gewesen sein, daß man in sexuellen Orgien temporär
göttliches Handeln nachvollzieht, daß man vergöttlicht wird. Ich
habe mich mit der vorsichtigen Behauptung "könnte" bewußt zurückhaltend ausgedrückt - nach meiner Überzeugung stammt der rekonstruierte Mythos aus diesem kanaanäischen Bereich.
Doch ich soll ja hier nicht über Probleme der Religionsgeschichte Kanaans handeln, wo offenbar die Vergöttlichung durch
sexuelle Riten eine wichtige Rolle spielte, sondern über das
Problem der Vergöttlichung des Menschen aus der Sicht des Alten
Testamentes. Deshalb nun abschließend einige kurze Bemerkungen
zu dem uns heute in unserer Bibel vorliegenden Text.

---

8) Dazu vgl. z.B. HELGARD BALZ-COCHOIS, Gomer. Der Höhenkult
   Israels im Selbstverständnis der Volksfrömmigkeit (EHS.T
   191), Frankfurt/M. - Bern 1982.

4. Die israelitische Interpretation

1. Der kanaanäische Mythos ist nicht einfach übernommen, sondern bearbeitet worden. Wie wir noch sehen werden, hatte die Bearbeitung, die interpretatio israelitica, einen eindeutig polemischen Akzent.

2. Die Bearbeitung erfolgt zunächst einmal dadurch, daß der Mythos nicht isoliert überliefert, sondern in einen größeren Zusammenhang gestellt wurde. Und in diesem Zusammenhang wird im 2. Kap. bereits berichtet, daß Jahwe aus freien Stücken, weil es nicht gut sei, daß der Mensch allein ist, dem Manne die Frau zugeführt habe, nachdem er sie aus der Rippe geschaffen hatte. Wenn dort davon die Rede ist, daß beide "ein Fleisch" werden, so ist damit sicherlich die sexuelle Vereinigung gemeint. Nach dem Kontext, in den jetzt der alte Mythos gestellt wird, hat also Jahwe, der Gott Israels, den Menschen von sich aus bereits die Geschlechtlichkeit als eine gute Gabe gegeben, die sie sich nach dem kanaanäischen Mythos erst als eine von den Göttern eifersüchtig gehütete Möglichkeit der Vergöttlichung haben stehlen müssen.

3. Im jetzigen Erzählkontext hat damit die sexuelle Bedeutung der Wendung "Gut und Böse erkennen" ihren Sinn verloren - was Jahwe vorher schon freiwillig gegeben hat, brauchen die Menschen ja nicht mehr durch List zu erlangen. Vermutlich deutet der Jahwist dies bereits durch eine Erweiterung der Eigenschaften von Baum und Früchten an. In dem einleitenden V. 2,9 wurde allgemein von den Früchten der Bäume Aussehen und Geschmack betont ("begehrenswert anzusehen und gut zu essen"); in 3,6 wird diese sinnliche Zweiheit (ansehen und genießen) durch ein drittes Element erweitert, das stärker die intellektuelle Seite betont, in der sprachlichen Konstruktion aber deutlich nachklappt:

Da sah die Frau, daß der Baum gut wäre hinsichtlich des Essens
und daß er begehrenswert wäre für die Augen und daß der Baum
begehrenswert wäre zum Klugwerden.

Durch das vermutlich im Zuge der interpretatio israelitica hinzugesetzte 3. Glied wird das "Sein-Wollen-Wie-Gott" aus dem my-

thisch-sexuellen Bereich in den intellektuellen Bereich des
Klugsein-Wollens transponiert und damit generalisiert. Und bei
diesem Selber-Klug-Sein-Wollen geht es jetzt nicht mehr darum,
daß die Menschen durch List den neidischen Göttern ein kost-
bares Gut entreißen, sondern darum, daß Menschen aus ihrem Plan
heraus eine Grenze überschreiten wollen, die ihnen Gott aus Für-
sorge gesetzt hat - der Gott, der ihnen die guten Gaben samt
und sonders bereits gegeben hat. Diese geänderte Zielsetzung
wird ganz deutlich in der Verhörszene V. 8-13, in der von einem
Götterneid keine Spur zu finden ist. Hier ist Jahwe derjenige,
der Gehorsam fordert und auch zu fordern berechtigt ist; der
Mensch ist derjenige, der Gehorsam schuldig ist und der in dem
Bestreben, selber gottgleich werden zu wollen, die Grenze zwischen Schöpfer und Geschöpf unzulässig zu seinem eigenen Scha-
den überschreitet. Das ist die Grundaussage des Jahwisten
(also der Textschicht, der unser Text angehört): Nur in Respek-
tierung der Grenze zwischen Schöpfer und Geschöpf, d.h. im Gehorsam gegen den Willen Gottes kann der Mensch sein Heil finden.
Wenn er sich dagegen an die Stelle Gottes setzen will, wenn er
seine Einsicht höher wertet als die Gebote Gottes, wenn er also
sein will wie Gott, dann verfehlt er seine Geschöpflichkeit und
damit sein Menschsein.

Es ist anzunehmen, daß den ersten Lesern oder Hörern des jetzt
in Gen 3 vorliegenden Textes der alte kanaanäische Mythos bekannt war. Nur so ist zu verstehen, daß er zwar vollständig
zitiert wird, daneben aber auch durch Umstellungen und inter-
pretierende Einschübe polemisch verändert wird. Durch diese polemische Neuinterpretation sind all die Schwierigkeiten entstanden, auf die wir beim ersten Durchgang durch den Text gestoßen waren.

Die interpretatio israelitica will einschärfen: Die von der kanaanäischen Umwelt angebotene Möglichkeit der Vergöttlichung
des Menschen im Sexualkult ist ein Irrweg, aus dem Unheil folgt.
Schärfer noch: für den Jahwisten wird das "Sein-Wollen-Wie-Gott",
das ihm im kanaanäischen Kult seiner Umwelt begegnet, zum Inbe-
griff der Sünde, zu der Ursünde, aus der die konkreten Einzel-
sünden erst folgen.

Wir hatten als Besonderheit des Glaubens Israels genannt, daß
durch die "Ein-Gott-Verehrung" der Glaube zu dem Phänomen der
Usurpation gedrängt werde. Die Usurpation kann erklären, daß
hier ein kanaanäischer Mythos aufgenommen und auf Jahwe uminterpretiert wurde. Nicht erklären aber läßt sich mit dem Phänomen der Usurpation die Eigenart der polemischen Interpretation. Zu ihr abschließend noch einige kurze Bemerkungen.

In den uns bekannten Mythen des Alten Orients werden in dieser
Welt wirkende Kräfte, die als Fascinosum und Tremendum (um
Termini von R. OTTO zu verwenden) erfahren werden, als göttliche Kräfte gedeutet. Entscheidend ist dabei, daß diese Kräfte
(z.B. die Fruchtbarkeit, der Regen, die Sonne, der Mond, die
Pest, das Meer) Größen dieser Welt sind - hier liegt gewissermaßen eine Transzendierung von Immanentem vor. Fruchtbarkeit
ist eine immanente Größe - wenn sie als Wirken des Gottes Baal
verstanden wird, wird dieses Immanente als im Transzendenten
begründet angesehen. Geschlechtlichkeit ist eine immanente
Größe - wenn sie als Möglichkeit, wenigstens temporär "gut und
böse zu erkennen und dadurch wie Götter zu werden", angesehen
wird, wird die immanente Geschlechtlichkeit transzendiert. Und
diese "transzendierte Geschlechtlichkeit" eröffnet dem Menschen
die Möglichkeit der "Vergöttlichung", des "Sein-wie-Gott".

Jahwe, der Gott Israels aber, ist seinem Wesen nach keine Transzendierung einer immanenten Größe. Er wird konsequent als nicht-
immanent vorgestellt, als immer schon der Welt gegenüberstehend.
Er ist so wenig eine Größe dieser Welt, daß er durch nichts in
dieser Welt darstellbar ist - das Bilderverbot ist neben dem
Ausschließlichkeitsgebot charakteristisch für das Alte Testament. Jahwe ist so wenig eine Größe dieser Welt, daß er durch
nichts in dieser Welt darstellbar ist und nur erkannt werden
kann durch sein Wort, das er durch Menschen äußert.
Deshalb erklärt der Jahwist das in anderen Religionen anzu-
treffende Bestreben der Vergöttlichung, des Sein-Wollens-Wie-
Gott, zu der Ursünde.
Gott ist nicht Mensch. Und kein Mensch kann Gott werden.
Gott ist im Himmel und der Mensch ist auf der Erde.

Anhang

In dem Vortrag konnte natürlich, wie es für eine allgemeinver-
ständliche Ringvorlesung charakteristisch ist, die Auseinandersetzung mit anderen in der wissenschaftlichen Diskussion ver-
tretenen Positionen nur andeutungsweise geschehen. Auf Wunsch
des Herausgebers soll in einem Nachtrag wenigstens kurz etwas
zu einigen Positionen gesagt werden - eine ausführliche Behandlung der Probleme soll an anderem Ort folgen.

1. Für die oben gebotene Auslegung wird natürlich die entscheidende Weiche mit der Annahme gestellt, die im Text erkennbaren
Spannungen seien am sachgemäßesten durch die Annahme der Bearbeitung einer älteren Vorlage zu lösen, also durch das überlieferungsgeschichtliche Modell. Gegen diese vor allem in
Deutschland entwickelte Methode erhebt sich besonders im angel-
sächsischen Bereich zunehmend Widerspruch; man will z.B. versuchen, die Einheit vorliegender Texte mit den Mitteln der
Strukturanalyse darzulegen. Bei dieser Vorgehensweise wird in
der Regel die Voraussetzung gemacht, daß wir mit unseren heu-
tigen Fragestellungen dem nicht gerecht werden, was die alten
Israeliten dachten und ausdrücken wollten: "the Hebrew writer
may have known what he was doing but we do not"[9]. Richtig an
dieser Vorgehensweise ist nach meinem Urteil, daß auch der jetzt
vorliegende Textbestand auf eine bewußte Planung zurückgeht
und daß er deshalb als eine geplante Einheit behandelt werden
muß. Damit ist nach meinem Urteil aber keineswegs gesagt, daß
man auf die Frage nach eventuellen Vorstufen des Textes verzichten kann oder auch nur darf. Eine Entscheidung wird letzten
Endes nur dadurch zu treffen sein, daß man verschiedene Vor-
gehensweisen einmal durchspielt und vergleicht, zu welchen Er-
gebnissen sie jeweils kommen. Das kann hier natürlich nicht
geschehen; ich will mich deshalb mit dem Hinweis zu einem neueren Versuch begnügen, daß mir z.B. mindestens nicht einleuch-

9) ROBERT ALTER, The Art of Biblical Narrative, New York 1981,
136.

tend ist, ob der Text in seinen Einzelheiten durch die Annahme einer Analogie zu Träumen erklärbar ist[10]. Weitere Beispiele sind leicht zugänglich z.B. in Semeia 18 (1980).

2. Von denjenigen, die nach einer eventuellen Vorgeschichte des Textes fragen, wird in der Regel auf Ez 28,11-19 als Parallele hingewiesen, vgl. in jüngerer Zeit z.B. WERNER H. SCHMIDT[11] und CLAUS WESTERMANN[12], die allerdings beide mit dieser "Parallele" sehr behutsam umgehen und auch die Unterschiede zwischen den Texten betonen; ferner ODIL HANNES STECK[13], der allerdings nach meinem Urteil gänzlich unbegründet schreibt: "... die ältere, isolierbare Paradiesesgeschichte kannte nur den Menschen als Akteur, die Einfügung von Frau und Schlange geschah aber nach allem, was der Text erkennen läßt, erst im Zuge der Gestaltung der vorliegenden Erzählung durch J, bei dem die Erkenntnis nicht zur Entdeckung der Geschlechtlichkeit führt, die für ihn zweifellos schon in 2,23f. eingeschlossen ist, sondern zum Aufkommen der Scham (vgl. 2,25b mit 3,7) als des Anzeichens einer Störung ursprünglicher Gemeinschaft." (S. 63, Anm. 109). Wie Steck zu seiner "älteren, isolierbaren Paradiesesgeschichte" kommt, die "nur den Menschen als Akteur" kannte, ist mir unerfindlich - nach meiner Überzeugung verhält es sich genau umgekehrt: in 3,1-7 wird die Handlung von Schlangerich und Frau getragen, der Mann spielt hier keine Rolle und kommt erst in 3,6b in die Erzählung hinein, als das Entscheidende schon passiert ist. Man versuche doch einmal, 3,1-7 ohne Schlangerich und Frau zu erzählen! In den Strafworten 3,14-19 zeigt sich m.E. dasselbe Bild: Frau und Schlangerich werden zunächst bestraft; zwischen beider Nachkommen soll ein ewiger

---

10) Vgl. z.B. DAN E. BURNS, Dream Form in Genesis 2.4b-3.24: Asleep in the Garden: JSOT 37 (1987) 3-14.

11) Die Schöpfungsgeschichte der Priesterschrift. Zur Überlieferungsgeschichte von Genesis 1,1-2,2a und 2,4b-3,24 (WMANT 17) ²1967, 222f.

12) Genesis I (BK I/1) 1974, 334ff.

13) Die Paradieseserzählung (BSt 60) 1970.

Kampf herrschen (V. 15), dann erst wird mit einer neuen Begründung die Bestrafung des Mannes angefügt, die sekundär (d.h. jah-
wistisch) sein dürfte. Am interessantesten ist vielleicht der
Hinweis von Steck, in 3,7 gehe es um das Aufkommen der Scham -
interessant deshalb, weil er demonstriert, wie suggestiv der
vom Jahwisten verfaßte Übergangsvers 2,25 ist! Denn der stammt
natürlich nicht aus der Vorlage, sondern ist ihr vorangestellt,
um die Scham als neues Element einzufügen und damit den Sinn
des alten Mythos umzubiegen; für eine überlieferungsgeschichtliche Rekonstruktion ist er also ohne Wert.

3. Das religionsgeschichtliche Vergleichsmaterial und die Diskussion über die Bedeutung der Erkenntnis von Gut und Böse bedürfen einer ausführlicheren Diskussion, als sie hier im Rahmen
dieses Anhangs möglich ist. Ich will mich deshalb damit be-
scheiden, auf einen Text hinzuweisen, der bisher der Forschung
entgangen ist und auf den mich nach der Vorlesung mein Kollege
Christoph von Campenhausen hingewiesen hat. Im "Physiologus",
einem zwischen dem 2. und 3. Jahrhundert n. Chr. wahrscheinlich
in Alexandrien verfaßten Text[14], heißt es vom Elephanten:
"In diesem Tier ist keine Begierde nach Vereinigung. Wenn es
nun Junge zeugen will, geht es fort ins Morgenland, nahe beim
Paradies. Dort aber ist ein Baum, Mandragora genannt, dorthin
also geht das weibliche und das männliche Tier; und die Ele-
phantin nimmt zuerst von dem Baum, und sogleich wird sie hitzig;
dann gibt sie auch dem Männchen davon, und sie reizt ihn mit
Neckerei so lange, bis er auch davon nimmt, und dann frißt er
davon, und auch er wird hitzig und so vereinigt er sich mit ihr
und sie wird trächtig. ... Nun laßt uns beginnen, das Gleichnis
aufzulösen: Es ist das Abbild von Adam und Eva. Als Adam und
sein Weib im Garten Eden waren vor der Übertretung, da wußten
sie nichts von Vereinigung und dachten nicht an Beisammensein.
Aber als das Weib von dem Baume aß, nämlich von der Mandragora

---

14) Vgl. B.E. PERRY, Physiologus, in: PRE 39. Hlbbd., 1941,
    1074-1129.

im Geiste, und auch ihrem Mann davon gab, da erst erkannte Adam
die Eva, und sie gebar den Kain"[15].

Die Einsicht, daß das Essen vom Baum der Erkenntnis die Entstehung der Geschlechtlichkeit bewirkt, ist also keineswegs
neu, sondern bereits in der Antike bezeugt.

---

15) Der Physiologus, übertragen und erläutert von OTTO SEEL
    (Lebendige Antike) Zürich 1960, 39ff.

HELMUT HUMBACH

Herrscher, Gott und Gottessohn

in Iran und in angrenzenden Ländern

Stefan Borzsák gewidmet

Quidam, ut in licentia vetustatis,
plures deo ortos adfirmant
(Tacitus, Germania II 4)

Inhaltsübersicht

1. Achämeniden

Die Tendenz zur Gleichsetzung eines lebenden oder erst recht
eines verstorbenen Herrschers mit einem Gott oder auch einem
Gottessohn ist zweifellos ein archetypisches Phänomen. In welchem Ausmaß dieses sich nach außen hin manifestiert, hängt
aber sehr weitgehend von den umgebenden Bedingungen ab. Dabei
können selbstverständlich Rücksichten auf die Haltung der
Priesterschaft des betreffenden Gemeinwesens, die unter Umständen zeitbedingt sein kann, eine wesentliche Rolle spielen.
So mag es mit einem durch die Zeitläufe bedingten Wechsel der
Auffassungen zusammenhängen, wenn sich die Achämeniden (bis
330 v. Chr.) in ihren auf uns gekommenen Quellen in dieser
Hinsicht sehr viel zurückhaltender zeigen als später die Sassaniden (226 - 651 n. Chr.), obwohl beide Dynastien derselben
Religion angehörten, nämlich der mazdayasnischen Religion,
die heute meistens, aber nicht ganz korrekt, nach ihrem Propheten Zarathustra (griech. Zōroastrēs, lat. Zoroaster) als
Zarathustrismus oder Zoroastrismus bezeichnet wird. Es handelt

sich dabei um eine Religion, der von Hause aus die Idee der
Vermenschlichung Gottes, also seiner Materialisierung, völlig
fremd ist.

Die Monumentalinschrift des Großkönigs Dareios (522 - 486) am
Felsen von Behistun, die dieser bald nach seiner Thronbesteigung veranlaßt hat, läßt nämlich die Beziehung zwischen Gott
und Herrscher lediglich als die übliche Form des Gottesgnadentums erscheinen. Ahuramazda, der Gott (altpers. baga) der Mazdayasnier, ist der großmächtige Gott (baga vazrka) - anderswo
wird er der größte unter den Göttern (maθišta baganām) genannt -, und Dareios verkündet immer wieder stolz, von ihm Hilfe erfahren zu haben, doch nie versucht er sich in Worten über
sein Menschentum hinauszuheben. Anders als später die Sassaniden läßt er weder sich selbst als Gott (baga) bezeichnen, noch
spricht er in seiner Genealogie von göttlicher Abkunft. Mag
eine solche auch stillschweigend vorausgesetzt werden, so ist
sie doch kein Gegenstand verbaler Proklamation[1].

Die Idee des Gottesgnadentums spricht übrigens auch aus jener
Darstellung, die sich u. a. auf dem großen Felsrelief von Behistun rechts oberhalb des opfernden Darius befindet. Es handelt sich um eine Figur in einer Flügelsonne, die wie eine
Schutzgottheit über dem Großkönig schwebt[2]. Nach üblicher Auffassung, die auch von den modernen Parsi-Zarathustriern in Bom-
bay geteilt wird, handelt es sich um eine Darstellung Ahuramaz-
das. A. SHAHBAZI, gefolgt von P. CALMEYER, interpretierte sie
jedoch kürzlich als eine solche des iranischen Herrschafts-
glanzes (xvarnah)[3].

---

1) Die altpersische Version der altpersisch-babylonisch-ela-
   mischen Keilinschrift von Behistun ist leicht zugänglich
   bei R. G. KENT, Old Persian, New Haven [2]1953.
2) S. z. B. H. H. v. d. OSTEN: Die Welt der Perser, Stuttgart
   [4]1956, Taf 45f. - R. GHIRSHMAN: Iran, Protoiranier, Meder,
   Achämeniden, München 1964, 235, Abb. 283
3) P. CALMEYER: Zur bedingten Göttlichkeit des Großkönigs, in:
   AMI 14 (1981) 55-60.

Im Zusammenhang damit brachte CALMEYER einige weitere wichtige
Argumente zur richtigen Beurteilung der Dinge bei: "Daß der
achämenidische Großkönig kein Gott war, geht ganz simpel aus
zwei Tatsachen hervor: sein Name wird in den babylonischen Versionen der Inschriften nicht mit Gottes-Determinativ geschrieben, wie dies bei Herrschern der Dynastie von Akkade, Ur III
und Esnunna im 3. und 2. Jahrtausend geschah; seine Kopfbe-
deckung enthält keine Hörner, wie die des Naramsin von Akkade,
und ist auch nicht wie der Federpolos der Könige der II. Dynastie von Isin dem von Göttern angeglichen"[4].

Ein etwas differenzierteres Bild ergibt sich aus den griechischen Quellen. Diese machen teilweise einen Unterschied zwischen 'Gott' (θεός) und 'Gottheit' (δαίμων), teilweise gebrauchen sie aber letzteres auch als stilistische Variante des er-
steren, was eine exakte Interpretation erschwert. Der Redner
Isokrates tadelt die Perser, sie betrieben die Proskynesis vor
einem sterblichen Menschen, sprächen ihn als Gottheit (δαίμων)
an und schätzten so die Götter (θεοί) geringer als die Menschen[5]. Plutarch sagt von ihnen, sie führten die Proskynesis
vor dem Großkönig wie vor dem Bild des allerhaltenden Gottes
aus (ὡς εἰκόνα θεοῦ τοῦ τὰ πάντα σώζοντος)[6]. Aus Aischylos
gewinnt man den Eindruck, daß die Perser Dareios zu Lebzeiten
als θεομήστωρ bezeichnet, ihm also ein Epitheton gegeben hätten, das CALMEYER im Anschluß an Frühere durch 'göttlicher
Ratgeber' wiedergibt, das aber eigentlich doch nur bedeuten
kann 'einen Gott als Ratgeber habend' und so einen interessan-
ten Hinweis auf das Vorliegen einer Gottesgnadentumsvorstel-
lung gibt[7]. Unsere aus den altpersischen Inschriften zu ge-
winnenden Informationen werden jedoch durch Aischylos inso-
weit ergänzt, als dieser den zwar den verstorbenen Darius als
Gott (θεός oder δαίμων) gelten läßt[8], seinem lebenden Sohn

4) CALMEYER, a. a. O. 55.
5) Isokrates, Panegyrikos 151. CALMEYER; a. a. O. 56.
6) Plutarch, Themistokles XXVII 3. CALMEYER, a. a. O. 56.
7) Aischylos, Perser 654. CALMEYER, a. a. O. 57.
8) Aischylos, Perser 157, 643 (θεός); 620 f., 641 (δαίμων);
   633 (ἰσοδαίμων); 711 (ὡς θεός).

Xerxes jedoch für den (bereits eingetretenen) Fall seiner Nie-
derlage die Befähigung, ein Gott (θεός) zu sein, abspricht[9].

Das Bild eines sehr viel unverhüllteren Gottkönigtums im iranischen Bereich zeichnen uns Aelian und Arrian, zwei griechische Historiker, in ihren Berichten über die Vergöttlichung
Alexanders des Großen zu Babylon (324 v. Chr.). Bei Aelian ist
zu lesen:

> 'Als Alexander Dareios besiegt und die Herrschaft über die
> Perser gewonnen hatte, ... trug er den Griechen auf, ihn
> durch Abstimmungen zum Gott zu erklären. ... Die Lakedämo-
> nier antworteten, wenn Alexander Gott sein wolle, so möge
> er Gott sein'[10].

Dazu des weiteren bei Arrian:

> 'Gesandtschaften ... kamen aus Griechenland. Ihre Gesandten
> kamen, selbst bekränzt, zu Alexander und bekränzten ihn mit
> goldenen Kränzen, ganz wie religiöse Sendboten, die zur Eh-
> rung eines Gottes gekommen sind'[11].

2. Aschoka und die Diadochen Alexanders des Großen

Die Vorstellung vom iranischen Herrscher als einem Gott oder
Gottessohn wird uns erst in den Jahrhunderten nach Alexander
dem Großen trotz der Dünne der historischen Überlieferung etwas deutlicher faßbar. Dabei zeigt die Entwicklung in Iran bis
zur sassanidischen Periode auffallende Parallelen mit der in

---

9) Aischylos, Perser 157f. Der Chor spricht zu Atossa, der
   Gattin des verstorbenen Darius und Mutter des lebenden
   Xerxes: 'Als Ehegenossin des/eines Persergottes (θεοῦ ...
   Περσῶν) bist du auch Mutter eines Gottes (θεοῦ), wenn nicht
   der alte Daimon das Heer verlassen hat.' CALMEYER, a. a.
   O. 57. Dazu Scholien zu 157:'Die Perser nannten ihre Köni-
   ge Götter (θεούς) oder ehrten sie gleich Göttern (θεοῖς)'.
   In dem von Longinus III 2 als Beispiel schwülstigen Stils
   zitierten Gorgias frgm. 5a heißt es übrigens richtig 'Xer-
   xes, der Zeus der Perser', nicht 'Xerxes, der Gott der
   Perser', wie CALMEYER 59 meint.

10) Aelian, Varia Historia II 19.

11) Arrian, Anabasis VII 23,2.

Indien. Es ist zwar zuzugeben, daß der im 3. Jh. v. Chr. lebende, durch seine inschriftlich festgehaltenen Moraledikte
berühmte indische Kaiser Aschoka sich nicht etwa als 'Gott'
(deva) bezeichnete, sondern sich mit dem Attribut 'Freund der
Götter' (devānāmpriya) begnügte[12] und sogar dieses in der auf
einer Inschrift aus dem aus dem Raum Kandahar (Afghanistan)
belegten griechischen Version seiner Titulatur unübersetzt
ließ[13]. Doch ist das alles vielleicht nur demonstrativer Be-
scheidenheit dieses moralisierenden Puritaners zuzuschreiben.

Die Bezeichnung eines Königs als Gott (deva) und insbesondere
auch seine Anrede als solcher ist jedenfalls schon im Sanskrit-
epos Mahabharata, das als im 4. Jh. v. Chr. abgeschlossen
gilt, sowie in der buddhistischen Paliliteratur wohlbezeugt.
Fraglich muß allerdings bleiben, ob diese Gleichsetzung des
indischen Herrschers mit einem Gott für Iran irgendwie be-
stimmend war. Denn soweit überhaupt ein fremder Einfluß auf
Iran vorlag, war sicherlich der durch Alexander eingeleitete
hellenistische im Vergleich zum indischen sehr viel bedeuten-
der. In der nachalexandrinischen Periode wurde Iran ja von
hellenistischen Königen und Großkönigen beherrscht. So sind
es in erster Linie Zeugnisse des Hellenismus als Gesamterschei-
nung und Zeugnisse des Hellenismus in Iran, die uns zunächst
zu beschäftigen haben.

Als die Feldherren Alexanders des Großen sich nach dessen Tod
(323 v. Chr.) in sein Weltreich teilten, fiel der Osten, nämlich Syrien mit Mesopotamien sowie Iran mit Indien westlich
des Indus, an Seleukos, den Begründer der Seleukidendynastie,
bekannt als Seleukos I. Nikator (312/5 - 281). Wollte man nun
der Liste der seleukidischen Herrscher glauben, die sich auf
einer der Insel Teos entstammenden griechischen Inschrift der
Mitte des 2. Jh. v. Chr. findet, so müßte schon Seleukos selbst
den Beinamen θεός ('Gott') getragen haben. Unter Beziehung auf

---

12) S. z. B. J. BLOCH: Les inscriptions d'Asoka, Paris 1950.
13) S. z. B. G. PUGLIESE-CARRATELLI / G. GARBINI: A Bilingual

ihn beginnt diese Inschrift nämlich mit 'Gott Seleukos' (θεοῦ
Σελεύκου)[14]. Es gibt jedoch sehr plausible Gründe für die Annahme, daß es sich hierbei um eine nachträgliche Konstruktion
handelt.

Vertrauenswürdiger ist jedenfalls eine mehrere Dekaden ältere,
zwischen 212 und 198 v. Chr. entstandene Inschrift aus Seleukia
Pieria. Sie nennt Seleukos mit dem Beinamen 'Zeus Sieger'
(Σέλευκος Ζεὺς Νικάτωρ), setzt ihn also einem bestimmten Gott
gleich, und legt den allgemeinen Beinamen 'Gott' (θεός) erst
seinem Enkel Antiochos II. bei ('Αντίοχος θεός, ca. 266 -
246)[15]. Das entspricht der literarischen Überlieferung. Der
Historiker Appian berichtet, der Beiname θεός sei Antiochos
von der Bevölkerung von Milet zum Dank dafür verliehen worden,
daß er ihre Stadt von der Tyrannei eines Timarchos befreit habe. Von des Antiochos Sohn Seleukos Kallinikos spricht Appian
dann als Seleukos, dem Sohn des Gottes (Σέλευκος υἱὸς τοῦ
θεοῦ). Damit gebraucht er eine griechische Wortverbindung, die
uns im folgenden immer wieder begegnen wird, mag sie auch nicht
immer dem verselbständigten Begriff 'Gottessohn' entsprechen[16].

Die Annahme bzw. Verleihung solcher Beinamen lag natürlich im
Geist der Zeit. Nach der auf uns gekommenen Überlieferung zu
urteilen, bezog dieser seine wesentlichen Impulse aus ägyp-
tisch-hellenistischen Vorstellungen. Bereits 331 v. Chr., also
lange vor seiner Vergöttlichung in Babylon, hatte sich Alexander der Große bei seinem Besuch des Ammon-Orakels in der ägyptischen Wüste zum Sohn des Zeus (Διὸς υἱός), also zum Sohn des
Ammon erklären lassen[17].

Greco-Aramaic Edict by Asoka, Rom 1964. Die aramäische
(aramäoiranische) Version substituiert mr'n 'unser Herr'
für indisch devānāṃpriya 'Freund der Götter'.
14) OGIS Nr. 246.
15) OGIS Nr. 245.
16) Appian, Historia Romana 11 (Syriake), 65f.
17) Kallisthenes in FGH 124 F 14 (= II 645): ῥητῶς εἰπεῖν τὸν
ἄνθρωπον πρὸς τὸν βασιλέα ὅτι εἴη Διὸς υἱός).

Des weiteren waren es die ägyptischen Diadochen, die den Ton
angaben. Ptolemaios I. (306 - 285) trug auf den Inschriften
seiner Zeit u. a. den Titel 'Retter und Gott' (σωτὴρ καὶ θεός),
wobei man für 'Retter' natürlich auch 'Heiland' einsetzen könnte, weckte letzteres nicht bei weiten Kreisen allzu spezifische Assoziationen. Ptolemaios IV. Philopator (221 - 205) be-
reicherte den Schatz der Beinamen durch 'großer Gott' (θεὸς
μέγας) und durch das zum diakritischen Epitheton gewordene
φιλοπάτωρ 'seinen Vater liebend'. Ptolemaios V. Epiphanes
(205 - 281) wird uns u. a. vorgeführt als 'der in Erscheinung/
Epiphanie getretene Gott' (θεὸς ἐπιφανής) und als 'Abkömmling
der vaterliebenden Götter Ptolemaios und Arsinoe' (ἔκγονος
Πτολεμαίου καὶ ᾿Αρσινόης θεῶν φιλοπατόρων)[18]. Die berühmte
hieroglyphisch-demotisch-griechische Trilingue von La Rosette
nennt ihn 'Gott von einem Gott und einer Göttin' (θεὸς ἐκ θεοῦ
καὶ θεᾶς)[19].

Die lange Reihe der ptolemäischen Herrscherephitheta setzt
sich fort in dem Attribut 'Gottessohn' (θεοῦ υἱός), das für
Octavianus Augustus seit 27 v. Chr. in Ägypten nachweisbar
ist[20]. Dabei handelt es sich um die griechische Übersetzung
des lateinischen Titels Divi Filius 'Sohn des Divus (= Julius
Caesar)', den sich Octavian im Jahr 40/39 v. Chr. zugelegt hatte. Die christlichen Theologen trennen diesen Gottessohn (θεοῦ
υἱός) streng von jenem θεοῦ υἱός oder υἱὸς θεοῦ 'Sohn des Gottes, Gottessohn', das im Neuen Testament neben ὁ υἱὸς τοῦ θεοῦ
usw. als Bezeichnung Jesu dient, der sich selbst bekanntlich
immer nur 'der Sohn des Menschen, Menschensohn' (ὁ υἱὸς τοῦ
ἀνθρώπου) nannte[21].

---

18) Vollständiger Index der Nomina Regum usw. bei OGIS II
   613ff.
19) OGIS Nr. 90. Alle drei Versionen bei K. SETHE: Urkunden,
   Berlin o. J. (1933?), II 173. Für θεὸς ἐκ θεοῦ καὶ θεᾶς
   hat die demotische Version ntr šrj(n) ntr ntrt. Die hiero-
   glyphische Version weicht ab.
20) BGU Nr. 543,3.
21) Siehe z. B. C. COLPE; Art. Gottessohn, in: RAC XII, Stuttgart 1983, 31: "Dieser Titel θεοῦ υἱός ist weder Vorbild
   noch Prägehilfe für den christlichen Gottessohntitel gewe-

Daß lateinisch _divus_, nicht weniger als _deus_, 'Gott' bedeutet,
wird meistens verkannt[22]. Beide sind in verschiedener Richtung
aus einem durch lautliche Entwicklungen unregelmäßig gewordenen Paradigma _deus_ - _divi_ abstrahiert[23]. In der allgemeinen
Sprache wurde dieses durch Analogiewirkung zu _deus_ - _dei_ aus-
geglichen, die Dichtersprache jedoch bildete aus metrischen
Bedürfnissen heraus zusätzlich ein Paradigma _divus_ - _divi_. Das
Substantiv _divus_ war also ein ausgesprochen poetisches Wort und
somit hervorragend geeignet zur Bezeichnung eines Menschen, der
nach seinem Tode zum Gott erhoben wurde. In der Tat wird _divus_
nur von verstorbenen Herrschern gebraucht. So bleibt das griechische θεοῦ υἱός als Übersetzung von lat. _divi filius_ in seiner Anwendung auf Octavian ganz in diesem Rahmen. Überschritten
wird dieser Rahmen jedoch auf einer griechischen Inschrift des
Jahres 24 v. Chr., die bezeichnenderweise auch wieder aus Ägypten stammt. Auf dieser wird Octavian selbst zum Gott, und zwar
zum 'Gott von einem Gott' (θεὸς ἐκ θεοῦ)[24]. Diese Formulierung
wird christlicherseits im nicänischen Glaubensbekenntnis (Sym-
bolum Nicaenum) durch die noch anspruchsvollere 'wahrer Gott
vom wahren Gott' (θεὸν ἀληθινὸν ἐκ θεοῦ ἀληθινοῦ, _deum verum_
ex deo vero) überboten[25]. Es ist mir nicht bekannt, ob dieser
Umstand bereits die ihm gebührende Aufmerksamkeit gefunden hat.
Vgl. dazu vielleicht auch schon Mt 27,54 den Ausspruch des
Hauptmanns ἀληθῶς θεοῦ υἱὸς ἦν οὗτος 'in Wahrheit war dieser
der Gottessohn'.

---

sen, doch hat er seine Ausbreitung erleichtert, zumal die
in einzelnen Kaiserinschriften erscheinenden εὐαγγέλια eine verwandte Assoziation gestatten." - Zum wechselnden Gebrauch der beiden griechischen Artikel beim Gottessohn
siehe F. BLASS-A.DEBRUNNER: Grammatik des neutestamentli-
chen Griechisch, Göttingen [8]1949, 113f. Der im Gegensatz
dazu stehende konstante Gebrauch beider Artikel beim 'Menschensohn' sollte m. E. stärker in die Überlegungen einbe-
zogen werden.

22) W. SCHWERING: Deus und divus. Eine semasiologische Studie
als Ergänzung zum Artikel divus im Thesaurus linguae Lati-
nae, in: IGF 34 (1914/15) 1-43.

23) F. SOMMER: Handbuch der lateinischen Laut- und Formenlehre,
Heidelberg [2]1913, 74.

24) OGIS Nr. 655 2.

25) Siehe z. B. BSLK, Göttingen [3]1930, I 26.

3. Seleukiden und Parther

Kehren wir nun nach diesem Blick auf die Verhältnisse im hellenistischen Ägypten wieder zu den Seleukiden zurück. Nachdem
schon Seleukos I. Nikator selbst die Indusgrenze aufgegeben
hatte, löste sich gegen Ende der Regierungszeit des Antiochos
II. Theos die seleukidische Herrschaft über Iran auf. Um 250
v. Chr. finden wir den bereits erwähnten Inder Aschoka in Afghanistan südlich des Hindukusch. Um 248 v. Chr. revoltierte
der makedonische Satrap Diodotos nördlich des Hindukusch in
Baktrien und gründete dort das gräkobaktrische Reich, das bis
um 130 v. Chr. dauerte und sich bis in die Mitte des 1. Jh.
v. Chr. im indogriechischen Reich fortsetzte. Um 247 v. Chr.
riß dann Arsakes, ein aus der Steppe kommender Reiterführer,
die Herrschaft über die Satrapien Parthien und Hyrkanien an
sich. So begründete er die Dynastie der Arsakiden und das Par-
therreich. Dieses erstreckte sich bald über ganz Iran und beschränkte die Herrschaft der Seleukiden auf Syrien, die der
Inder wieder auf Indien. Damit begann Iran wieder eine eigene
Geschichte zu haben[26].

Einheimische Quellen zur parthischen Geschichte sind allerdings nicht gerade in reichem Maß auf uns gekommen. Die wichtigste unter ihnen ist die Münzprägung. Sieht man dabei von
den allerersten Münzemissionen ab, die neben griechischen Legenden teilweise auch einige aramäische Buchstaben zeigen, so
verwandten die Parther auf ihren Münzen bis in die Mitte des
1. Jh. n. Chr. ausschließlich griechische Schrift und Sprache.
Der Herrschaftsantritt der Arsakiden brachte also die hellenistische Tradition keineswegs zum Erlöschen. Nicht umsonst
nennen sich zahlreiche Partherkönige auf ihren Münzen 'Freund
der Griechen' (φιλέλλην), d. h. hier wohl Freund griechischer
Kultur und Bildung'[27].

------

26) Historische Gesamtdarstellungen neueren Datums: E. YARSHA-
TER (Hg.), The Cambridge History of Iran, III, The Seleu-
cid, Parthian and Sassanian Periods, Cambridge usw. 1983.-
R. N. FRYE: The History of Ancient Iran, München 1984.

27) Anders J. WOLSKI: Sur le "philhellénisme" des Arsacides.

Die parthischen Münzen zeigen allerdings auf lange Zeit hin
die Besonderheit, daß sie die Namen der Könige, unter denen
sie geprägt wurden, verschweigen. Jeder König trägt hier den
Namen des Arsakes, des Begründers der Dynastie, bezeichnet
sich also damit einfach als Arsakiden. Das erschwert die chronologische Einordnung ganz erheblich. Diese muß sich deshalb
sehr weitgehend auf typologische Argumente und auf die Paral-
lelisierung mit vergleichbaren syrischen Münzprägungen stützen,
wobei man stets geneigt zu sein scheint, die syrischen Prägun-
gen als Vorbilder zu betrachten.

Die auf den griechischen Legenden der Münzen der ersten Arsakiden repräsentierte Titulatur zeigt noch bescheidenen Umfang.
Neben einfachem 'Arsakes' (griech. Gen. ᾽Αρσάκου) findet man
allerdings auch schon 'Selbstherrscher Arsakes' (᾽Αρσάκου
αὐτοκράτορος): Doch erst Mithridates I. (um 171-138) schreibt
man Legenden mit umfangreicherer Titulatur zu. Neben einfachem
'Arsakes' finden wir nun 'König Arsakes' (᾽Αρσάκου βασιλέως),
'Großkönig Arsakes' (βασιλέως μεγάλου ᾽Αρσάκου), 'König (und)
Gott Arsakes' (βασιλέως θεοῦ ᾽Αρσάκου) und schließlich 'Großkönig Arsakes, dessen Vater ein Gott ist' (βασιλέως μεγάλου
᾽Αρσάκου θεοπάτορος)[28].

Den Beinamen θεός 'Gott' fanden wir bereits bei Antiochos II.
Was nun θεοπάτωρ 'dessen Vater ein Gott ist' betrifft, so
scheint es mir dem oben behandelten θεομήστωρ 'dessen Ratgeber
ein Gott ist' (nicht: 'göttlicher Ratgeber'!) nachgebildet zu
sein, also eine alte gräkoiranische Tradition fortzusetzen[29].

In: Gerión 1 Madrid 1983, 146-156. Dort 156: "ne ... qu'un
instrument politique".

28) W. WROTH: Catalogue of the Coins of Parthia. Reprint Bologna 1964. - D. SELLWOOD: The Coinage of Parthia., London
²1986. - M. ALRAM: Nomina propria Iranica in Nummis, Wien
1987, 162-186. (Österreichische Akademie der Wissenschaften.)

29) Anders H. H. SCHAEDER; OLZ 1938, 598. Nach ihm wurde das
Kompositum von dem syrischen Usurpator Alexander Bala (150-

θεοπάτωρ hatte jedenfalls zunächst die Funktion eines Beina-
mens. Mit der Übernahme durch Mithridates und eine Reihe seiner
Nachfolger entwickelten sich jedoch θεός und θεοπάτως zu Titeln
im eigentlichen Sinn[30]. Soweit es sich aber um Titel handelte,
hatten sie ganz zweifellos iranische Äquivalente, und zwar in
mitteliranischer Sprachform.

4. Herrscher und Gott in iranischen Sprachen

Als zeitgenössische Äquivalente von griech. θεός 'Gott' kommen
die mitteliranischen Fortsetzungen zweier altiranischer Wörter
für 'Gott, Gottheit' in Frage: Erstens die des im Altpersischen
der Achämeniden ausschließlich bezeugten baga, und zweitens
die des im Avesta, in den heiligen Schriften der Mazdayasnier,
dominierenden yazata. Als Ableitung von der Verbalwurzel yaz
'rituell verehren' entstammt letzteres sicherlich der religiösen Sphäre. Die etymologische Verwandtschaft mit slavisch bogŭ
'Gott' (urverwandt oder aus dem Iranischen ins Slavische entlehnt?) macht dasselbe auch für baga wahrscheinlich. Zumindest
im Ergebnis besteht zwischen baga und yazata ein Unterschied
von letztlich dialektgeographischer Natur. In den meisten
Dialekten steht baga im Vordergrund. Es ist durch parthisch
bag, mittelpersisch bay, sogdisch βγ [vaġ], baktrisch βαγο
[vaġ] vertreten[31]. Zwar finden sich auch in diesen eben genannten Sprachen Abkömmlinge von yazata, so z. B. mittelpers.
yazat/yazd. Bei ihnen handelt es sich jedoch um Entlehnungen
aus der Sprache des Avesta. Sie haben ausgesprochen kirchen-
sprachlichen Charakter, was, wie wir sehen werden, zu einer
Bedeutungsdifferenzierung führte.

---

145 v. Chr.) gebildet, um die Legitimität seines anzwei-
felbaren Herrschaftsanspruchs zu unterstreichen.

30) A. MARICQ, La grande inscription de Kaniska, in: JA 246
(1958) 345-446. Zu θεός und θεοπάτωρ s. dort 379-381.

31) Die Persis, die Heimat des Persischen (Altpersisch, Mittelpersisch, Neupersisch) ist das Stammland der achämeni-
dischen und der sassanidischen Könige. Die Satrapie Parthien entspricht etwa der Provinz Chorasan im Nordwesten
der Republik Iran. Die Satrapie Sogdien deckt den Raum von
Buchara und Samarkand. Unter Schapur I galt auch Kaschgar
als Teil von Sogdien. Die Satrapie Baktrien umfaßte Afgha-

Verfolgen wir nun die dünne Überlieferung in einheimischer
Schrift auf den uns erhaltenen Münzen der persidischen Lehensfürsten der parthischen Periode, d. h. der von den Parthern
eingesetzten Lehensfürsten der Persis, die über ein eigenes
Münzrecht verfügten, so ist allerdings auch hier das iranische
Wort __bay__ selbst gar nicht belegt. An seiner Stelle begegnet
uns auf den ersten dieser Münzen vielmehr der aramäische Verwandte des arabischen Allah, nämlich __ʾlhʾ__ 'Gott', verwendet im
Plural des Status determinativus __ʾlhyʾ__ 'Götter' (sprich __elā-
hajjā__)[32].

Die volle aramäische (aramäoiranische) Legende dieser ersten
Münzen lautet __prtrkʾ zy ʾlhyʾ__ 'Statthalter der Götter'. Hier
darf man aber aus der späteren Schrift- und Sprachgeschichte
des Mittelpersischen schließen, daß der Plural __ʾlhyʾ__ ganz einfach als Pluralis Maiestatis für den Singular 'Gott' steht.
Nach Ausbildung des der Wiedergabe der eigenen Sprache dienen-
den mittelpersischen Schriftsystems konnte nämlich die aus dem
aramäischen Plural entstellte Schreibung __ʿrhyʾ__ zur graphischen
Wiedergabe des singularischen mittelpersischen __bay__ verwendet
werden, wobei sie denselben phonetischen Wert hatte wie die
historisch-phonetische Schreibung __bgy/bg__'[33]. Wenn sich also
die frühen persidischen Lehensfürsten der Parther 'Statthalter
der Götter' im Sinne von 'Statthalter Gottes' nannten, so liegt

---

nistan nördlich des Hindukusch bis zum Tal des Oxos (Amu
Darya), wohl unter Einschluß von dessen Nordufer.

32) G. F. HILL: Catalogue of the Greek Coins of Arabia, Meso-
potamia, and Persia, London 1922, Reprint Bologna 1965,
195-244, Taf. 28-37. - Weiteres Material und vorbildliche
Bearbeitung der Münzlegenden der persidischen Münzen bei
ALRAM (s. Anm. 28) 162-186.

33) Vgl. H. H. SCHAEDER (s. Anm. 29) 599. Die mittelpersische
Schreibung __ʿRHYʾ__ (MACKENZIE: ORHYA) 'Gott' ist also aus
dem Plural des Status constructus aram. __ʾlhyʾ__ 'die Götter'
entstanden. Sie steht jedoch für den Singular mittelpersisch __bay__ 'Gott', der seinerseits durch Hinzufügung der
persischen Pluralendung __-ān__ in den Plural __ʿRHYʾn__ [bayān]
verwandelt wird, der im Mittelpersischen wiederum als Pluralis Maiestatis im Sinne von 'Gott' dienen kann. - Die
parthische Singularschreibung __ʾLHʾ__ (MACKENZIE: ALHA) [bag]
geht dagegen geradlinig auf den Singular des Status determinativus aramäisch __ʾlhʾ__ zurück, die Pluralschreibung

die Annahme nahe, daß sie mit 'Gott' ihren parthischen Ober-
herrn meinten[34].

Im weiteren Verlauf der Geschichte nahmen die Lehensfürsten
der Persis den Titel šāh 'König' an, geschrieben mit der dem
Aramäischen entstammenden Schreibung MLK'. Gegen Ende der parthischen Ära bezeichneten sie, die zuerst nur 'Statthalter des
Gottes' gewesen waren, sich schließlich selbst als 'Gott'. Pabag, Nachkomme des Sasan und erster uns historisch faßbarer
sassanidischer König, nannte sich ʿRHYʾ pʾpky MLKʾ oder bgy
pʾpky MLKʾ 'der Gott Pabag, der König', beides gesprochen bay
Pābag šāh. Entsprechend nannte sich auch sein Sohn Ardaschir,
bevor er Großkönig wurde[35].

Nach seiner Krönung zum ersten sassanidischen Großkönig (226 n.
Chr.) legte sich Ardaschir eine noch viel aufwendigere Titulatur zu. Darüber sind wir sehr wohl informiert, denn die frühen
Sassaniden haben uns ausreichendes epigraphisches Material
hinterlassen. Ein guter Teil davon ist dreisprachig, nämlich
mittelpersisch, parthisch und griechisch. So auch die Inschrift
des Ardaschir in Naqsh-e Rostam, der Nekropole von Persepolis.
In deren mittelpersischer und entsprechend in ihrer parthischen
Version nennt sich der Großkönig 'der Gott Ardaschir, der König der Könige ... Sohn des Gottes Pabag, des Königs' (bay Ar-
daxšēr šāhān šah ... pus bay Pābag šāh.). Nun könnte man natürlich behaupten, die alte Bedeutung 'Gott' des altiranischen
baga sei hier ganz einfach zu der Bedeutung 'Herr' abgeschwächt,
wie sie in manchen mitteliranischen Quellen nachweisbar ist
und wie sie sich besonders deutlich im türkischen Lehnwort beg
(osmanisch bey) fortsetzt[36]. Daran ist sicherlich etwas Rich-
tiges, doch kommt man zunächst nicht um die Feststellung herum,

---

'LḤYN (MACKENZIE: ALHYN) [bagān] ebenso auf den Plural des
Status absolutus aramäisch 'lhyn.

34) Anders H. H. Schaeder (s. Anm. 29) 599.

35) E. HERZFELD, Paikuli, Berlin 1924, I 84f.

36) G. DOERFER, Die mongolischen Elemente im Neupersischen,
Wiesbaden 1965, II 389-406, insbes. 402f.

daß die griechische Version der Inschrift an den entsprechenden
Stellen eben doch das Wort 'Gott' (θεός) hat. Sie lautet θεὸς
'Αρταξάρης βασιλεὺς βασιλέον (sic!) ... υἱὸς θεοῦ Παπάκου βασιλέως. Damit ist sie ein recht unverdächtiges Zeugnis dafür, daß
die Zeitgenossen sich unter dem König bzw. Großkönig nicht nur
irgendeinen Herrn und Herrscher vorstellen sollten, sondern
einen Herrscher mit göttlichen Qualitäten.

In der im obigen Zitat offengelassenen Lücke enthält die Titulatur des Ardaschir auch einen Hinweis auf seine göttliche Abkunft, und es ist diese, die uns andererseits zu gewissen vorsichtigen Einschränkungen zwingt. Die griechische Version hat
hier zwar 'aus dem Geschlecht der Götter' (ἐκ γένους θεῶν),
verwendet also auch hier θεός 'Gott'. Anders jedoch die mittelpersische Version (und entsprechend die parthische). Mit ihrem
kē cihr az yazdān 'der seine Herkunft von den Göttern (ablei-
tet)' gebraucht sie in diesem Fall nicht mehr das aus altpersisch baga entstandene mittelpersische bay 'Gott' (parthisch
bag), sondern das auf das avestische, also kirchensprachliche
yazata zurückgehende yazat/yazd 'Gott'. Für die Menschen der
sassanidischen Epoche gibt es hier also zwei Arten von Göttern:
Erstens den Großkönig und seinen königlichen Vater, gleichgültig ob lebend oder verstorben, also Gottmenschen und mithin ma-
terielle Wesen. Zweitens aber die fernen Vorfahren, die Götter
im eigentlichen Sinn, die also als spirituelle Wesen zu denken
sind.

4. Gottessöhne in iranischen Sprachen

Nun zu dem griechischen θεοπάτωρ 'dessen Vater ein Gott ist',
das uns bereits auf den Münzen von Mithridates I. begegnet war.
Dieses Kompositum wurde möglicherweise zu dem Zweck gebildet,
einen Begriff wie 'Sohn des/eines Gottes' durch ein einziges,
unserem 'Gottessohn' entsprechendes Wort wiederzugeben, was
nach griechischen Wortbildungsregeln sowohl auf der Basis des
damals schon bezeugten ἐκ θεοῦ 'von einem Gott abstammend' als
auch auf der des erst später nachgewiesenen θεοῦ υἱός 'Sohn

des/eines Gottes' im Griechischen schwierig gewesen wäre[37].

Da, wo dem griechischen θεός 'Gott' die Fortsetzungen des altiranischen baga 'Gott' entsprechen, müssen dem griechischen
θεοπάτωρ 'dessen Vater ein Gott ist' Fortsetzungen eines altiranischen bagapuθra 'Gottessohn' gegenüberstehen. Im Gegensatz
zu dem schon im Altiranischen gut bezeugten baga können wir
dieses bagapuθra allerdings erst in der mitteliranischen Periode fassen. Da finden wir dann parthisch bagpuhr, das auch ins
Mittelpersische entlehnt ist, sogdisch βγpwr [vaγpūr] und
βγpš [vaγpiš], ferner baktrisch βαγοπουρο [vaγpuhr] und dazu
neupersisch faġpūr, faġfūr, baġbūr[38]. Die mitteliranischen Belege stammen zum Teil aus Handschriftenfunden von der zentral-
asiatischen Seidenstraße, d. h. Funden, die zu Beginn unseres
Jahrhunderts von preußischen Expeditionen im Raum von Turfan
(Region Xinjiang = Sinkiang), und von britischen und französischen in Dunhuang (Provinz Gansu = Kansu) gemacht wurden. Dabei handelt es sich um Texte manichäischen, christlichen, buddhistischen und weltlichen Inhalts. Insgesamt ist der 'Gottessohn' folgendermaßen belegt:

1. Als Bezeichnung für Jesus und für andere himmlische Wesen.
2. Als Bezeichnung des chinesischen Kaisers und seines Volks.
3. Als Titel des Herrschers des Kuschanreichs.

5.1. Der christliche und der manichäische Jesus

In dreien der bisher publizierten manichäischen Handschriften-
Fragmente des iranischen Teils der Turfansammlung der Akademie

---

37) Außerhalb der seleukidisch-syrischen und der parthischen
   Münzprägung ist θεοπάτωρ in der Bedeutung 'dessen Vater
   ein Gott ist' allenfalls in der Inschrift Nr. 21 des Hera-
   ions von Samos belegt. Siehe P. HERRMANN, Athenische Mit-
   teilungen 75 (1960) 121f. - Ganz anders die beiden merk-
   würdigen θεοπάτωρ 'father, or ancestor of God' (z. B. von
   Joseph) und θεομήτωρ 'the mother of God' in E. A. SOPHOKLES:
   Greek Lexicon of the Roman and Byzantine Periods, New York,
   575f.
38) W. B. HENNING, BSOS 10 (1939) 94.

der Wissenschaften der DDR erscheint das Wort für 'Gottessohn'
etwa im Sinn von 'Engel'. Eines unter ihnen ist parthisch und
bietet den Plural bagpuhrān 'Gottessöhne'[39]. Die anderen beiden sind sogdisch und weisen nicht nur Genusunterscheidung auf,
sondern zeigen auch verschiedenartige Dialektkennzeichen. Das
maskuline βγpš [vaġpiš] hat original-sogdische Lautung[40], während das feminine βγpwrc [vaġpūrič] in seinem Grundwort βγpwr
[vaġpūr] offensichtlich aus dem Parthischen (oder dem Baktrischen?) entlehnt ist[41].

Von größerem Interesse für uns Abendländer sind einige mani-
chäisch-parthische Fragmente, in denen Jesus als bagpuhr bezeichnet wird. Der erste der Belege entstammt einem manichäischen Kreuzigungshymnus. Dieser enthält den schon oben aus
Matthäus zitierten Ausspruch des Hauptmanns ἀληθῶς θεοῦ υἱὸς
ἦν οὗτος 'in Wahrheit war dieser der Gottessohn' in der Form
'in Wahrheit ist er der Gottessohn'[42].

Ein anderes manichäisch-parthisches Fragment spricht von der
Herabkunft des Gottessohns Jesus auf die Erde: 'gesegnet sei
der Tag unter den Tagen, an dem der Gottessohn zur Erde

---

39) Manichäisch-parthisch M 7, Z. 18 hw'rmyn syynd bgpwhr'n pd
ʿym wcn nw'g rmnyg 'auf die liebliche Melodie ihres Tones
kommen freudig die Göttersöhne'. W. HENNING in F. C. AN-
DREAS/W. HENNING: Mitteliranische Manichaica, Berlin 1934,
III 25.

40) Manichäisch-sogdisch M 178 II R 15 (= 80) und V. 31 (= 128)
'rty ʿyw βγpšyy wδyδ p'šyy nyšyδ'nd ... 'tyyh II βγpšyy
p'šyynd w'stynd 'there they seated a Son of God as a watcher
... two Sons of God were placed by them (there) as watchers'.
W. B. HENNING, in: BSOAS (1947/8) 311-313. I. GERSHEVITCH:
A Grammar of Manichean Sogdian, London 1954, 162 übersetzt
'angels'.

41) Manichäisch-sogdisch T II D 66-2 R 10 βγpwryc 'Göttermäd-
chen (von der Lichtjungfrau)'. Siehe E. WALDSCHMIDT/W.
LENTZ: Manichäische Dogmatik in chinesischen und iranischen Texten, Berlin 1933, 69. Vgl. GERSHEVITCH, a. a. O.
41 'divine virgin'.

42) Manichäisch-parthisch M 18, Z. 1 [p]d r'styft bgpwhr 'st.
F. W. K. MÜLLER: Handschriftenreste in Estrangelo-Schrift
aus Turfan, Berlin 1904, 34.

herabkam'[43]. Ein weiteres spricht von seinem Eingang ins Paradies, hier mit dem buddhistischen Terminus Parinirvana bezeichnet: 'als ins Parinirvana einging Jesus, der Gottessohn, der Sohn des Menschen'[44]. Man beachte hier den feinen Unterschied zwischen dem Kompositum bagpuhr 'Gottessohn' und der Genetivverbindung mard puhr 'Sohn des Menschen'. Unter diesen beiden vertritt das Kompositum einen Begriff, der sehr viel fester im sprachlichen Bewußtsein verankert ist und als sehr viel weniger komplex empfunden wird als der durch die Genetivverbindung vertretene.

Anders verfahren wird allerdings in den christlich-sogdischen Fragmenten. Auf Jesus angewendet wird dort nicht nur der Begriff mrtxmy z'ty [martoxmē zātě] 'Menschensohn' durch eine Genitivverbindung ausgedrückt, sondern auch der Begriff βγγ z'ty [vaɣe zātě] 'Gottessohn'[45]. Dabei ist das obsolete pš [piš] 'Sohn' (aus altiranisch puθra), das nur im Kompositum βγpš [vaɣpiš] bewahrt ist, durch das inzwischen gängig gewordene z'ty [zātě] 'Sohn' (aus altiranisch zātaka, von zāta 'geboren') ersetzt[46].

5.2. Der chinesische Gottessohn

Parthisch bagpuhr 'Gottessohn' ist nicht nur eine Bezeichnung

---

43) Manichäisch-parthisch M 39 R II, /. 13 (=39= ʾfryd ꜥym rwc pt rwcʾn kd bgpwhr ʾw zmyg ʾwsxt. Mitteliranische Manichaica III, 39.

44) Manichäisch-parthisch M 104 V, Z. 1-4 (= 22-25) p[rnybrˑd] yyšwꜥ bgpwhr ... mrd pwhr. Mitteliranische Manichaica III, 37.

45) Christlich-sogdisch T II B 34, Z. 15-16 tγw wrnysqn pr bγγ z'ty 'glaubst Du an Gottes Sohn?' Ähnlich T II B 28, Z. 1-5. Sogdische Texte I, Berlin 1913, 70 und 86.

46) Die gleiche Substitution von sogdisch pš [piš] 'Sohn' durch zātě 'Sohn' finden wir bei sogd. βγ'nyps [vaɣānīpiš] 'Bräutigam', dessen etymologische Bedeutung 'Sohn eines Göttlichen' durch das als Ehrentitel dienende βγ'ny BRY [vaɣānī zātě] übernommen wurde. Dieses ist bezeugt in der Adresse des Alten sogdischen Briefs Nr. 3, die ein gutes Beispiel für allmähliche Profanierung der Bedeutung des alten baga 'Gott' darstellt. Text bei H. REICHELT, Die sogdischen Handschriftenreste des Britischen Museums, Hei-

Jesu, sondern auch die des chinesischen Kaisers. Das hat man
schon lange aus armenisch Cen-bakur 'Kaiser von China' geschlossen. Dieses kann nur aus parthisch Cīn-bagpuhr kommen,
das aber im Parthischen selbst nicht belegt ist.[47] Bislang
unbekannt ist jedoch, daß die parthische Form außer ins Armenische auch ins Mittelpersische entlehnt wurde. Den ersten Beleg hierfür konnte ich kürzlich auf der im Jahr 874 n. Chr.
entstandenen mittelpersisch-chinesischen Bilingue von Xian
(= Sian, Prov. Shaanxi = Shensi) ausmachen.[48] Eine nicht ganz
ungewöhnliche Erweiterung der Bedeutung zeigt das ebenfalls
aus dem Parthischen (oder dem Baktrischen?) entlehnte sogdische βγpwr [vaɣpūr] in den Alten sogdischen Briefen, wo es als
Ethnikon 'Chinese' verwendet wird.[49] Ähnlich trägt das Land
China in einem buddhistisch-sogdischen Text aus Dunhuang den
Namen βγpwrstn [vaɣpūrestan] 'Land des Vagpur'.[50] Dieses sogdische βγpwr [vaɣpūr] gilt als die Ursprungsform von faɣpwr/
faɣfūr/baɣpūr, das im frühen Neupersischen als Bezeichnung des
Kaisers von China verwendet wird.[51]

Niemand wird ernstlich bezweifeln, daß das Wort für 'Gottessohn' in all diesen auf den chinesischen Kaiser bezüglichen
Belegen als Entsprechung des chinesischen 天子 tiānzǐ (= tⁱien-
tzŭ) zu verstehen ist, das wir gewöhnlich durch 'Himmelssohn'
übersetzen. Ein wenig störend wirkt allerdings für uns dabei
die vorauszusetzende Gleichung Himmel = Gott. Die Übersetzung
'Himmelssohn' suggeriert nämlich eine sehr philosophisch-ab-
strakte Vorstellung vom Himmel, was gerade im vorliegenden
Zusammenhang irreführend wirken kann. Sehen wir aber vom spe-

delberg 1931, II 22f. Zur Sache [H. HUMBACH bei] A. DIETZ
in Études Mithriaques, Leiden 1978, 111-114.

47) H. HÜBSCHMANN: Armenische Grammatik, Leipzig 1897, I, 49.

48) H. HUMBACH: Die mittelpersisch-chinesische Bilingue von
Xian. (Im Druck).

49) S. Index bei REICHELT.

50) Buddhistisch-sogdisch 'my βγpwrstny 'kw δrw'ncknδyh 'in
Vagpurestan, in der Stadt Dunhuang'. W. B. HENNING, BSOS 11
(1943/6) 735f.

51) S. o. Anm. 37.

zifisch philosophischen Verständnis ab, so dürften die Chinesen zu allen Zeiten den Himmel als mehr oder weniger persönlichen Gott aufgefaßt haben. Für die Periode der klassischen Werke des konfuzianischen Kanons sei angeführt, was J. LEGGE in seinem Wörterverzeichnis zum Shujing (= Shu-ching/Shuking) über tiān 'Himmel' sagt: "Its most common use is for the supreme governing Power, understood to be omniscient, omnipotent, and righteous. In this sense it is always interchanged with the names God and Supreme God."[52] Demnach liegt ein stilistischer Wechsel vor, der im Prinzip dem zwischen unserem 'Gott sei Dank' und 'dem Himmel sei Dank' entspricht. Ein vergleichbarer Tatbestand ergibt sich bei der Betrachtung der um viele Jahrhunderte späteren Praxis der buddhistischen Übersetzer. Diese geben sanskrit deva 'Gott' stets durch chinesisch tiān 'Himmel' wieder.[53]

Das chinesische tiānzi bedeutet also einfach soviel wie 'Sohn Gottes/Gottessohn'. Auch hierfür läßt sich wieder ein ganz unverfänglicher Zeuge beibringen: Theophylaktos Simokattes, ein byzantinischer Geschichtsschreiber des 7. Jahrhunderts, kommt in seinem Geschichtswerk auch auf das Land Taugast zu sprechen, das von den Türken Tabgac genannte Nordchina unter den Toba oder nördlichen Wei. Von ihm sagt er: 'Der Herrscher von Taugast wird taisan genannt, was auf griechisch soviel wie 'Sohn Gottes' (υἱὸς θεοῦ) heißt.' Dabei spielt es nur eine unwesentliche Rolle, daß der griechische Ausdruck nicht die Übersetzung des von Theophylaktos genannten Kaisertitels 大上 tàishàng 'Allerhöchster' ist, sondern die des ungleich geläufigeren tiānzǐ 'Himmelssohn'.[54]

52) J. LEGGE: The Chinese Classics, III, Repr. Taipei 1983.

53) W. E. SOOTHILL/L. HODOUS: A Dictionary of Chinese Buddhist Terms, London 1937, 143a.

54) Theophylaktos Simokattes, p. 285, Z. 7-9. Siehe dazu H. W. HAUSSIG, Byz. 23 (1953) 396.

5.3. Der kuschanische Gottessohn

Die Dynastie der Kuschan ist aus einem Volksstamm hervorgegangen, den die Chinesen Yuezhi (= Yüeh-chih) nannten. Dieser
war ursprünglich in der Provinz Gansu (= Kansu) seßhaft gewesen, war aber durch die Hunnen von dort vertrieben worden und
hatte sich nach Eliminierung der Gräkobaktrer gegen 130 v.
Chr. in Baktrien festgesetzt. Um die Mitte des 1. Jh. v. Chr.
nahmen die Kuschan das bis dahin von den Indogriechen be-
herrschte Gebiet in Besitz, und in der Mitte des 2. Jh. n.
Chr. sehen wir Mathura in Nordindien, etwa 150 Kilometer südlich von Delhi, die Rolle eines ihrer wichtigsten Zentren
spielen.

In Baktrien hinterließen uns die Kuschan neben sehr bescheidenen Resten griechischer Inschriften auch einige, die in dem
von uns Baktrisch genannten, epichorischen mitteliranischen
Dialekt abgefaßt und in griechischer Schrift geschrieben sind.
Die bedeutendste unter ihnen ist die in drei Versionen erhal-
tene Gründungsinschrift des großen Heiligtums von Surkh-Kotal
in Afghanistan nördlich des Hindukusch.[55] Nach dieser Inschrift wurde besagtes Heiligtum von einem König namens Ka-
nischka gegründet, der den an den des Sassaniden Pabag erin-
nernden Titel 'Gott und König' (βαγο þαο [vaġ šāw]) trug. Das
Heiligtum verfiel, wurde aber dann von dem Untergebenen eines
Markgrafen (oder von einem Untergebenen im Range eines Markgrafen) im Jahre 31 einer unbekannten Ära wiederhergestellt.
Von diesem Wiederhersteller wird nun berichtet, er sei besonders ergeben einem 'König und Gottessohn' (þαο ι βαγο-πουρο
[šāw ι vaġpuhr]), der im übrigen eine weitere, sehr lange und
eulogistische Titulatur trägt. Dabei ist merkwürdig, daß der
Name des Wiederherstellers zwar nicht hier, aber doch wenig-

---

55) Erstpublikation von A. MARICQ (s. o. Anm. 30). - Kritische Ausgabe der drei Versionen bei H. HUMBACH: Baktrische Sprachdenkmäler, Wiesbaden 1966; I 76-89 (mit sehr
irriger Interpretation). Zum Inhalt siehe zuletzt: G.
LAZARD, Studia Iranica 13 (1984) 226-231

stens im Kolophon der Inschrift genannt wird, während der Name
des 'Königs und Gottessohns' selbst unerwähnt bleibt.[56] Das
hat entweder den Grund, daß der ungenannte König mit dem Grün-
der identisch ist und sich nur inzwischen eine abgewandelte
und umfangreichere Titulatur zugelegt hat.[57] Oder es ist darauf zurückzuführen, daß sich seine Identität allein schon aus
seiner eine großkönigliche Devise repräsentierenden Titulatur
ergibt. Jedenfalls ist anzunehmen, daß das Epitheton 'Gottessohn' hier nicht im Sinn einer expliziten Filiation ('Sohn des
Gründers, der den Titel 'Gott' trug') zu verstehen ist, sondern als Titel. In der Tat berichtet eine chinesische Quelle
des 3. Jh. n. Chr., also einer nur wenig späteren Epoche, daß
der König der Yuezhi, also der Kuschankönig, den Titel tiānzĭ
'Himmelssohn/Gottessohn' trage.[58] Die Gleichung baktrisch
βαγοπουρο [vaǧpuhr] = chinesisch tiānzĭ legt überdies die Vermutung nahe, daß die Kuschan den Titel 'Gottessohn' gerade im
Hinblick auf den chinesischen Titel angenommen haben, um Anspruch auf Gleichberechtigung und Ebenbürtigkeit mit dem chinesischen Kaiser zu erheben.

Im indischsprechenden Herrschaftsgebiet der Kuschan trat für
das baktrische βαγοπουρο [vaǧpuhr] 'Gottessohn' sein indisches
Äquivalent sanskrit devaputra 'Gottessohn' ein. In buddhistischen Texten wird dieses im Sinn des Grundworts deva 'Gott'
verwendet und dann ins Chinesische einfach durch tiān 'Himmel/
Gott' übersetzt.[59] Als Herrschertitel, und zwar als typischer
Titel der Kuschan, muß jedoch sanskrit devaputra nicht weniger
als sein baktrisches Gegenstück βαγοπουρο [vaǧpuhr] in seiner

---

56) Der Kolophon besagt m. E.: 'Verfertigt von Burzmihr, dem
Sohn des Kozgaschk, Untergebenem des Markgrafen (oder:
Untergebenem im Rang eines Markgrafen), aus Astilogan. Ge-
schrieben von Mihraman, dem Sohn des Burzmihr.'

57) Das ist nur dann möglich, wenn die auf der Inschrift verwendete unbekannte Ära nicht mit der Ära der indischen
Kuschaninschriften identisch ist.

58) O. FRANKE bei P. PELLIOT, TP 22 (1923) 123.

59) F. EDGERTON, Buddhist Hybrid Sanskrit, Dictionary, New
Haven 1953, II 270.

Eigenschaft als Pendant des chinesischen tiānzǐ 'Himmelssohn/
Gottessohn' betrachtet werden.

5.4. Die vier Gottessöhne

Auf den aus der Zeit zwischen 130 und 230 stammenden Sanskrit-
inschriften der Kuschangroßkönige, von denen der größte Teil
in Mathura gefunden wurde, begegnen uns immer wieder insbesondere vier Königstitel. Im Idealfall handelt es sich um die
Viererserie mahārāja, rājātirāja, devaputra, ṣāhi.[60] Mahārāja
'Großkönig' ist ein einheimischer indischer Titel. Rājātirāja
'König über die Könige' ist eine Übersetzung des griechischen
βασιλεὺς βασιλέων 'König der Könige'. Devaputra 'Gottessohn'
ist ein Pendant des chinesischen tiānzǐ. Sāhi 'Schah', die Ab-
kürzung des auf einer späteren Inschrift belegten ṣāhānu ṣāhi
'Schah der Schahs', stammt aus dem Parthischen.

Mit diesen vier Titeln wird praktisch ein Herrschaftsanspruch
gegenüber den übrigen Herrschern von Indien sowie ein Ebenbür-
tigkeitsanspruch gegenüber den Herrschern von Syrien, China
und Parthien erhoben. In engem Zusammenhang damit steht die
Theorie von den vier Himmelssöhnen/Gottessöhnen, die sich in
einem chinesischen buddhistischen Text findet, der am Ende des
4. Jh. aus einem heute verlorenen Sanskritoriginal übersetzt
wurde und auf den vor 90 Jahren S. LÉVI aufmerksam machte.
Dort heißt es:

> Im Jambudvipa (d. h. auf der Welt) gibt es sechzehn große
> Königreiche mit 84 000 ummauerten Städten. Es gibt acht Kö-
> nige und vier Himmelssöhne/Gottessöhne. Im Osten befindet
> sich der Himmelssohn/Gottessohn der Jin (= Chin) 'Chinesen',
> ... im Süden befindet sich der Himmelssohn/Gottessohn von
> Tianzhu (= T'ien-chu) 'Indien', ... im Westen befindet sich
> der Himmelssohn/Gottessohn von Daqin (= Ta Ch'in) 'Syrien'
> (d. h. praktisch der römische Kaiser), im Nordwesten befin-
> det sich der Himmelssohn/Gottessohn der Yuezhi (also der
> Großkönig der Kuschan).[61]

60) MARICQ (s. Anm. 30) 383-394. - H. LÜDERS/K. JANERT: Mathura
    Inscriptions, Göttingen 1961.
61) S. LÉVI, in: JA 1897, I 24.

Den weiteren Weg dieser Theorie verfolgte P. PELLIOT 1923 in
einem Aufsatz des Titels 'Les quatre fils du ciel'[62]. Wie man
an diesem Aufsatz sieht, bleibt unser Thema auch weiterhin in-
terdisziplinär: ein Thema zwischen dem fernen Osten, Indien
und dem nunmehr byzantinischen griechischen Westen. In dem 851
abgefaßten Bericht des arabischen Kaufmanns Suleiman über seine
Reise nach Indien werden folgende vier Weltkönige in der ihnen
zukommenden Reihenfolge genannt: Der König der Araber (d. i.
der Kalif von Baghdad); der König von China; der König von Rum
(= Ostrom); der Ballahra, König derer mit den durchstochenen
Ohren (d. i. der Vallabhiraja, König der Vallabhi-Dynastie in
Indien)[63].

Mit Suleiman haben wir uns natürlich von unserem eigentlichen
Gegenstand entfernt. Kehren wir doch noch einmal zu ihm zurück
und versuchen wir, in etwa die Gefühle nachzuempfinden, die
all diese regierenden Götter und Gottessöhne der alten Zeit
gegenüber ihren Untertanen (und ihre Untertanen ihnen gegenüber) empfunden haben. Hilfreich ist bei diesem Versuch, daß
zwei solcher göttlicher Herrscher bis in unsere Gegenwart her-
einragten bzw. hereinragen. Der eine ist Bu Yi (= Pu Yi), der
letzte Kaiser der chinesischen Qing-(= Ch'ing-)Dynastie, später von Japans Gnaden Kaiser von Mandschukuo (1906-1967). In
seiner hierzulande in deutscher Übersetzung leicht erhältlichen
Autobiographie schildert er in anschaulicher und selbstkriti-
scher Weise, aber auch nicht ohne Humor und Selbstironie, seinen Lebensweg vom Himmelssohn/Gottessohn zum überzeugten Kom-
munisten[64]. Der andere ist Hirohito, Kaiser von Japan, dessen
Titel tenno dem chinesischen tiānhuáng (= t'ien-huang) 'Him-
melsmajestät' entlehnt ist, einem Namen des ersten der drei

---

62) P. PELLIOT, in: TP 22 (1923) 97-123.

63) Siehe auch S. LEVI, JA (1934) I 1-21.

64) Pu Yi: Ich war Kaiser von China. Vom Himmelssohn zum neuen
    Menschen. München, 1973. Taschenbuchausgabe: Fischer Ta-
    schenbuch Nr. 1637.

mythischen chinesischen Urkaiser. Nach dem Vorbild seiner Vorfahren hatte er seine Herkunft in einer derjenigen der Sassaniden nicht unähnlichen Weise auf die Sonnengöttin Amaterasu
zurückgeführt. Unter dem Druck der US-amerikanischen Sieger
unter General Mac Arthur mußte er in einer am 1.1.1946 gehal-
tenen Rede seine Göttlichkeit widerrufen.

P E T E R   H E R Z

Der römische Kaiser und der Kaiserkult

Gott oder primus inter pares?

Ein komplexes historisches und soziales Phänomen

Was wir heute als römischen Kaiserkult in der Literatur diskutiert finden, ist, um dies gleich zu Beginn nachdrücklich festzustellen, ein historisches Phänomen, das sich einer griffigen
Beschreibung, der etwa die Eindeutigkeit einer mathematischen
Formel eigen wäre, hartnäckig entzieht[1].

Die Gründe dafür sind verschiedener Art. Ebenso wie sich das
römische Kaisertum erst über längere Zeit zu der Form entwickelte, in der wir es kennen, ist auch der Kaiserkult etwa
zur Zeit der Antonine und Severer, also im 2. und 3. Jh. n.Chr.,
Produkt einer längeren historischen Entwicklung. Weiterhin ist
eine deutliche Abhängigkeit von den lokalen Bedingungen zu kon-
statieren, d.h. Kaiserkult in den griechischen Städten Kleinasiens präsentiert sich in anderer Form und auch mit einer ab-
weichenden Beteiligung sozialer Gruppen wie etwa in italischen
Städten oder den neuen Provinzen des Westens, die erst durch
die römische Eroberung und Besiedlung dem mediterranen Kulturkreis angeschlossen wurden.

Auch die soziale Stellung innerhalb der römischen Gesellschaft
ist von Bedeutung[2]. Ein Angehöriger des ordo senatorius in Rom
ist in ganz anderer Art am Kaiserkult beteiligt wie etwa ein
Mann, der zu den liberti in Italien oder den westlichen Provinzen gehört. Ein ägyptischer Fellache partizipiert mit ganz

---

1) Vgl. für die letzten Jahre P. HERZ, Bibliographie zum römischen Kaiserkult (1955-1975), in: ANRW II 16,2 (1978)
   833-910. Eine zusammenfassende Behandlung des römischen
   Kaiserkultes mit seinen verschiedenen Aspekten existiert bis
   heute nicht. Die Arbeit von F. TAEGER, Charisma. Studien zur
   Geschichte des antiken Herrscherkultes I-II, Stuttgart
   1957-1960 kann nur partiell diesen Anspruch erfüllen, da sie
   lediglich die großen Linien der Entwicklung nachzeichnet.
   Einen gewissen Ersatz bietet die Einleitung von A. WLOSOK,
   in: A. WLOSOK (Hg.), Römischer Kaiserkult, Darmstadt 1978,
   1-52.
2) Vgl. die Bemerkungen von G. ALFÖLDY, Römische Sozialge-
   schichte, Wiesbaden ³1984, 85ff zur Gesellschaftsordnung der
   Prinzipatszeit.

anderen kultischen Zeremonien am Kaiserkult wie etwa ein römischer Soldat. Ich habe dabei bewußt Gegensatzpaare gewählt,
die die Spannweite und zugleich Varianz des Kaiserkultes zu
dokumentieren suchen. Es wäre aber jetzt wissenschaftlich un-
redlich, würde man die Hände in den Schoß legen und sich den
Standpunkt zu eigen machen: Dieses Problem entzieht sich einer
eindeutigen und präzisen Darstellung, also verzichten wir auf
eine eingehende Erörterung.

Doch was verstehen wir eigentlich unter Kaiserkult? Damit meine
späteren Ausführungen zu diesem Punkt etwas verständlicher werden,möchte ich hier zunächst einige grundsätzliche Fakten festhalten. Kaiserkult ist zunächst eine spezielle Form des antiken
Herrscherkultes im allgemeinen, d.h. er steht damit in einer
längeren Tradition, die bereits für die Jahrhunderte vor der
Ausbildung des römischen Kaisertums nachweisbar ist.

Unter Kaiserkult verstehe ich

1. die Errichtung von Altären und Kultgebäuden für den Herrscher und seine Familie;
2. die damit verknüpfte Ausbildung einer kultischen Organisation mit Priestern und Festen[3];
3. die Erhöhung von Eigenschaften und Handlungen des Herrschers
in religiöse Formen. Dies etwa zu erkennen an der späteren Entwicklung, die alles, was mit dem Herrscher verbunden war, als
sacer oder sanctus bezeichnete, z.B. sacrum consistorium[4].
Hier wären auch Phänomene einzuordnen, die bestimmte Gottheiten
oder göttliche Kräfte durch das Epitheton 'Augustus' bzw. 'Au-

---

3) Vgl. die Zusammenstellung bei P. HERZ, Kaiserfeste der Prinzipatszeit, in: ANRW II 16,2 (1978) 1135-1200. Neuere Arbeiten zeigen eine durchaus bemerkenswerte Beachtung von
   Kaiserfesten, vgl. etwa N. EHRHARDT, Ein milesischer Festkalender aus severischer Zeit, in: IstMitt 34 (1984) 371-404.
   Zu den verschiedenen Kultorganisationen fehlen zusammenfassende Arbeiten. Für einzelne Gruppen vgl. die weiteren
   Hinweise.
4) Diese Entwicklung läßt sich bereits im 2. Jh. namhaft machen.
   Vgl. auch ILS 9098 aus Lambaesis, wo die Kaiserbilder als
   imagines sacrae bezeichnet werden.

gusta' herausheben. Dabei könnte man etwa die Fortuna Augusti,
das Glück des Herrschers, die Providentia Augusti, die Voraus-
sicht des Kaisers, u.ä. nennen[5];
4. die Angleichung des Herrschers an Götter, indem man etwa bei
der statuarischen Darstellung des Herrschers oder der Kaiser-
familie bekannte Kultstatuen als Vorbild nahm und dann etwa
Kaiser Claudius als Zeus mit dessen Attributen abbildete[6];
5. die Übertragung von Ritualen, die den Göttern vorbehalten
waren, auf den Kaiser, wobei ich nur zwei Aspekte nennen
möchte[7]:

a) Die Erweiterung bzw. Neugründung von Spielen, die in dieser
Form speziell auf den Herrscher ausgerichtet waren, wie etwa
die ganze Fülle der dem Kaiser gewidmeten Agone im griechisch
geprägten Osten[8];
b) die Bedeutung des Kaiserbildes im öffentlichen Leben[9]. Das
Kaiserbild übernahm dabei für die Bevölkerung, die bei ihm
Schutz vor Verfolgungen suchte, die Aufgabe älterer Götterbil-

---

5) Vgl. die Arbeit von J.-P. MARTIN, Providentia Deorum.
   Recherches sur certains aspects religieux du pouvoir impérial
   romain, Paris-Rom 1982.
6) Nur partielle Arbeiten im Bereich der Archäologie vorhanden.
   Nützlich für Augustus die Bemerkungen bei R. ALBERT, Das
   Bild des Augustus auf den frühen Reichsprägungen, Speyer
   1981.
7) Ich folge hier der Terminologie von S. PRICE, Rituals and
   Power. The Roman imperial cult in Asia Minor, Cambridge
   1984, der sich zur Verdeutlichung der Problematik auf die
   Terminologie der social anthropology stützt.
8) Da das große Werk von L. ROBERT zu diesem Thema niemals erschienen ist und sich Robert auf kurze Hinweise beschränkte,
   gibt es leider nur lokal beschränkte Vorarbeiten. Dabei
   wären in neuester Zeit vor allem die Arbeiten von P. WEISS,
   Ein agonistisches Bema und die isopythischen Spiele von
   Side, in: Chiron 11 (1981) 315-346 und R. ZIEGLER, Städ-
   tisches Prestige und kaiserliche Politik. Studien zum Fest-
   wesen in Ostkilikien im 2. und 3. Jahrhundert n.Chr.,
   Düsseldorf 1985 zu nennen. Eine umfassende Arbeit zumindest
   für den Osten ist ein großes Desiderat.
9) Allgemeine Darstellung bei Th. PEKÁRY, Das römische Herr-
   scherbild in Staat, Kult und Gesellschaft dargestellt anhand der Schriftquellen, Berlin 1985.

der, in deren Umfeld Asylie herrschte[10]. Zum anderen trat das
Kaiserbild in festlichen Umzügen gleichberechtigt neben die
Götterbilder[11]. Und zuletzt vertrat das Bild des Herrschers
in vielen Belangen den abwesenden Kaiser, was etwa beim diplo-
matischen Verkehr bedeutsam war, wenn sich fremde Fürsten vor
dem Kaiserbild niederwarfen und ihm ihr Diadem zu Füßen leg-
ten[12]. Die dabei verwendeten Formulierungen unterstreichen
die religiösen Formen, die hierbei vorherrschten.

Wir sehen also deutlich, daß sich hinter dem so eingängigen Begriff 'Kaiserkult' eine Vielzahl verschiedener Aspekte verbergen kann, was unsere Aufgabe nicht leichter macht.

Der offizielle Charakter des Kaiserkultes

Wir müssen also nach Leitlinien suchen, die es uns erlauben,
einige Charakteristika von allgemeiner Verbindlichkeit heraus-
zuarbeiten. Ein erster und zugleich bedeutungsvoller Schritt
auf diesem Weg ist die Feststellung, daß die Beteiligten am
Kaiserkult dies nicht auf Grund einer persönlichen Entscheidung
tun müssen, sondern im Rahmen ihrer Pflichten als Bürger oder
Untertan des römischen Imperiums[13]. Ein römischer Ritter, der
als kommandierender Offizier einer römischen Auxiliareinheit
Dienst tat, rief vielleicht, wenn es um seine ureigensten re-

---

10) Allgemeines bei F. VON WOESS, Das Asylwesen Ägyptens in der
    Ptolemäerzeit und die spätere Entwicklung. Eine Einführung
    in das Rechtsleben Ägyptens besonders der Ptolemäerzeit,
    München 1923.

11) Größere Untersuchung von P. HERZ, Kaiserbild und Bildträ-
    ger. Studien zum Kaiserbild im Zeremoniell befindet sich
    in der Vorbereitung.

12) Vgl. dazu die Begegnung zwischen Tiridates und Corbulo (Dio
    62,23,3), wo die Kaiserbilder die Position des abwesenden
    Herrschers übernehmen.

13) Zu diesem Problemkreis vgl. zuletzt F. VITTINGHOFF, "Chri-
    stianus sum" - Das "Verbrechen" von Außenseitern der rö-
    mischen Gesellschaft, in: Hist 33 (1984) 331-357. Nützlich
    ist daneben P.M. GRANT, Christen als Bürger im Römischen
    Reich, Göttingen 1981.

ligiösen Probleme ging, den orientalischen Mithras an, dennoch
gehörte es zu seinen Pflichten als civis Romanus und Offizier,
maßgeblich am Kaiserkult zu partizipieren.

Dies konnte in sehr vielfältiger Form geschehen, etwa durch ein
Opfer 'ture ac vino' (mit Weihrauch und Wein) vor dem Bild des
Kaisers oder durch ein Tieropfer, das er stellvertretend für
die ihm unterstellte Einheit darbrachte. Die Modalitäten dieser
kultischen Handlungen sind uns u.a. durch das sogenannte Feriale
Duranum, einen für den Dienstgebrauch bestimmten Festkalender
aus dem römischen Lager von Dura-Europos in der Provinz Mesopotamien, hinreichend bekannt[14].

Es handelt sich dabei um die pflichtgemäße Erfüllung einer Aufgabe, die untrennbar mit dem Amt als Offizier verknüpft war.
Eine individuelle religiöse Entscheidung, also etwa der Glaube
an die Göttlichkeit des Kaisers, war für die Durchführung
solcher ritueller Handlungen nicht notwendig, ebenso wurde die
spezifische religiöse Bindung des einzelnen Bürgers durch eine
Teilnahme an den Zeremonien des Kaiserkultes nicht berührt.
Solange man sich nicht offensichtlich oder sogar in provozie-
render Art diesen Verpflichtungen entzog, bestand für den römischen Staat keinerlei Veranlassung, sich um die privaten religiösen Bindungen des einzelnen Bürgers zu kümmern[15].

---

14) Vgl. neben R.O. FINK/A.S. HOEY/W.F. SNYDER, The Feriale
Duranum, in: YCS 7 (1940) 1-222 auch P. HERZ (s. Anm. 3)
und zuletzt Th. PEKÁRY, Das Opfer vor dem Kaiserbild, in:
BJbb 186 (1986) 91-103. Die handlichste Ausgabe des Feriale
Duranum findet sich in R.O. FINK, Roman Military Records on
Papyrus, Ann Arbor 1971, Nr. 117 (Lit.).

15) Die decianische Periode mit dem allgemeinen Opfergebot und
den Quittungen (libelli) ist ebenso eine Ausnahme wie die
allgemeine Verfolgung unter Diokletian, die sich gegen die
Kirche als Organisation richtete. Die vorhergehenden Chri-
stenverfolgungen sind zumeist spontan und gehen zu einem
großen Teil auf Denunzierungen der heidnischen Mitbürger
zurück. Die lokale Beschränkung und das sporadische Auftreten beweisen, daß keinerlei Konzept hinter solchen
'Pogromen' stand.

Die Christen, die sich selbst einer nur formellen Teilnahme am
Kult grundsätzlich versagten, versündigten sich daher weniger
an einer göttlichen Kraft, die sich in der Gestalt des Kaisers
manifestierte, sondern sie stellten sich vor allem außerhalb
der bürgerlichen Gesellschaft, für die die Zeremonien des Kaiserkultes eines der wichtigsten Betätigungsfelder staatsbürger-
licher Aktivitäten war[16].

Die Machtfülle des Kaiseramtes als Voraussetzung

Was waren aber die Voraussetzungen, die den Kaiser zum Objekt
dieser kultischen Verehrung machten? Dazu lassen sich sicherlich mehrere Gründe anführen, deren Gewicht man je nach der
Person des einzelnen Kaisers sehr unterschiedlich zu bewerten
hat.

Der erste und auf jeden Fall wichtigste Grund ist die Tatsache,
daß er der Kaiser ist. Das Amt hebt ihn durch seine überwälti-
gende Fülle an Kompetenzen und Macht sofort aus der Masse der
übrigen Menschen heraus, wodurch eine Beobachtung, die der eng-
lische Althistoriker Simon PRICE für die Anfänge des Herrscherkultes im griechischen Bereich machte, eine zentrale Bedeutung
gewinnt[17]. PRICE interpretierte den Herrscherkult als Versuch,
mit einer neuen Art von übermächtiger politischer Macht einen
Kompromiß zu schließen. Der Herrscherkult war demnach ein Mit-
tel, Mächte, deren Dimensionen den Rahmen einer festgefügten
griechischen polis zu sprengen drohten, dennoch in diese Welt
zu integrieren[18]. Der Kult des Kaisers erlaubte durch seine
personalisierte Form im Gegensatz zur römischen Republik, die
keine an eine Einzelperson geknüpfte Machtstruktur besaß, ohne
Schwierigkeiten die Übertragung dieses Konzeptes vom helleni-

---

16) Zuletzt die Bemerkungen von VITTINGHOFF und GRANT (s. Anm.
    13).
17) S. PRICE, Rituals and power. The Roman imperial cult in
    Asia Minor, Cambridge 1984. Vgl. P. HERZ, in: Gn 58 (1986)
    38-43.
18) PRICE, a.a.O. 25ff.

stischen Herrscherkult auf den römischen Kaiser. Dies allerdings mit einem grundsätzlichen Unterschied.

Während die hellenistischen Königskulte greifbare Danksagung
einer Stadt für Leistungen des Herrschers für diese Gemeinde
waren, sind die lokalen und auch überregionalen Kulte der Kaiserzeit nicht unbedingt an individuelle Leistungen gebunden[19].
Hier muß man den Kult des Kaisers als Anerkennung und Respek-
tierung für seine alles bisher bekannte übertreffende Macht
interpretieren. Nicht die konkrete Tat, sondern seine Fähigkeit,
Dinge zu bewirken, ist der Auslöser für den Kult. Ebenso wie
man eine Gottheit durch kultische Handlungen der Gemeinde ge-
wogen machte, zollte man durch das Ritual des Kaiserkultes der
allumfassenden Macht des Kaisers und auch seiner Familie Tri-
but[20].

Die Macht des Kaisers, die für einen einfachen Menschen kaum
begreiflichen Möglichkeiten und Kompetenzen, die eine einzelne
Person in sich vereinen konnte, dies alles hob ihn aus der
Sphäre des gewöhnlichen Menschentums heraus und näherte ihn im
starken Maße der Sphäre der Götter an. Wie stark die konkrete
Handlungsmöglichkeit des Kaisers die kultischen Ehren beein-
flußte, zeigt sich an der Tatsache, daß die Kulte verstorbener
Kaiser in ihrer Bedeutung stark reduziert sind, manchmal sogar
in Vergessenheit geraten oder offiziell aufgehoben werden[21].
Während die Macht der großen Götter praktisch zeitlos ist, gilt
für den toten Kaiser, daß er seiner Kräfte beraubt ist, er war
nicht länger der unumschränkte Herr mit praktisch grenzenlosen

---

19) Immer noch zentral ist Ch. HABICHT, Gottmenschentum und
    griechische Polis, München ²1970, obwohl nur bis zum Jahr
    200 herabgeführt. Die Periode bis zum Aufgehen der helleni-
    stischen Staaten im römischen Reich entbehrt einer ad-
    äquaten Bearbeitung, obwohl reichlich Material vorhanden
    ist (Attaliden, Seleukiden, auch Mithradates).
20) Richtig gewertet von PRICE, a.a.O. 54ff, vgl. die Rez. von
    P. HERZ (s. Anm. 17).
21) Erkennbar etwa am Festkalender der jeweiligen Regierungen,
    vgl. HERZ (s. Anm. 3).

Kräften, der über den Menschen thronte.

Konkrete Formen des Kaiserkultes in den verschiedenen Teilen des Reiches

Betrachten wir jetzt einmal nach diesen eher theoretischen Ausführungen die praktische Seite des Kaiserkultes, wobei ich zunächst die östlichen Teile des Imperiums stärker berücksichtigen möchte. Die Anfänge des Kultes lassen sich am besten in den Provinzen Asia und Bithynia-Pontus verfolgen[22]. Hier wurden von den Landtagen (koiná) der beiden Provinzen ganz zu Beginn der Alleinherrschaft des Augustus zwei Tempel errichtet, die allerdings nicht für Augustus allein bestimmt waren. Der Kaiser tritt in einer kultischen Gemeinschaft mit der Göttin Roma auf, wobei er selbst nur an zweiter Stelle stand, also ein Kultgenosse der Göttin war: in der lateinischen Formulierung 'aedis Romae et Augusti'[23].

Auch die mit dem Kult verknüpften Spiele, die Rhomaía Sebastá, die von einem speziellen Priester und Agonotheten, dem archiereús tēs Asías, geleitet wurden, zeigen deutlich die Koppelung der Göttin Roma und des Kaisers[24]. Warum hat man diese Lösung gewählt? Der Historiker Cassius Dio, der aus einer Distanz von mehr als 200 Jahren von diesem Ereignis berichtet, erklärt dazu, daß selbst diese reduzierte Art der Ehrung nur in den Provinzen gewählt wurde, "denn weder in der Hauptstadt

---

22) Den immer noch besten Überblick zu den Anfängen des provinzialen Kultes bietet J. DEININGER, Die Provinziallandtage der römischen Kaiserzeit von Augustus bis zum Ende des dritten Jahrhunderts n.Chr., München 1965.

23) A.D. NOCK, Synnaos theos, in: HSCP 41 (1930) 1-62 = Essays on religion and the ancient world, Oxford 1972, 202-251 zum Prinzip. Zur Dea Roma: R. MELLOR, Thea Rome. The worship of the goddess Roma in the Greek world, Göttingen 1975; C. FAYER, Il culto della dea Roma. Origine e diffusione nell'impero, Pescara 1976.

24) Neben den verstreuten Arbeiten von L. ROBERT vgl. vor allem für die provincia Asia die Arbeit von M. ROSSNER, Asiarchen und Archiereis Asias, in: Studii Clasice 16 (1974) 101-141.

selbst noch im übrigen Italien hat je ein Kaiser, mochte er auch noch so große Anerkennung finden, einen derartigen Schritt gewagt; nach ihrem Heimgang freilich werden auch dortzulande Kaiser, die gerecht regiert haben, neben anderen göttlichen Ehrungen tatsächlich auch Tempel erbaut"[25].

Es handelt sich also um eine bewußte Zurückstufung der Ehren (keine Kulte in Rom und Italien, außerhalb Italiens nur eine Kultgemeinschaft), die von Augustus selbst ausging, während der ganze Kontext der Nachricht mehr als deutlich zeigt, daß nicht nur die Griechen, sondern auch breite Schichten der Bevölkerung in Italien dem Kaiser spontan solche göttlichen Ehren antrugen[26]. Die Gründe dafür müssen wir noch etwas später im Detail bedenken.

Die Griechen Kleinasiens schufen aber diese Ehrungen nicht völlig neu, sondern sie übertrugen bereits eingeführte Typen von Ehrungen auf Augustus, also Variationen zu einem bekannten Thema[27]. So stehen Agone wie die Rhomaîa Sebastá gleichberechtigt neben Spielen, die etwa dem Zeus, der Hera oder den Ptolemaiern gewidmet gewesen waren. Auch in der Kultorganisation des Ostens lehnte man sich deutlich an bereits vorhandene Vorbilder an: Die Oberpriester des Provinzialkultes etwa der Provinz Asia finden ihre Vorläufer in ähnlichen Ämtern, die bereits unter den Seleukiden und Ptolemaiern nachweisbar sind[28].

---

25) Dio 51,20,6ff. Vgl. auch H. HÄNLEIN-SCHÄFER, Veneratio Augusti. Eine Studie zu den Tempeln des ersten römischen Kaisers, Roma 1985.

26) Vgl. die Zusammenfassung im Werk von D. KIENAST, Augustus. Prinzeps und Monarch, Darmstadt 1982, 202ff mit guter Literaturübersicht.

27) Gute Zusammenfassung der kultischen Möglichkeiten im Werk von PRICE (s. Anm. 17).

28) Für die Seleukiden vgl. neben HABICHT (s. Anm. 19) auch die Angaben bei E. WILL, Histoire politique du monde hellénistique II, Nancy 1982, 112ff, der einen guten Literaturüberblick bietet.

Die Einzigartigkeit des kaiserlichen Amtes führte allerdings zu
einer gewissen Unzufriedenheit bei den maßgeblichen Kreisen gerade des griechischen Ostens, die sich mit dem gekürzten Kanon
an Ehren nicht zufrieden geben wollten, da er der Bedeutung des
Augustus nicht gerecht wurde, und die sich daher um eine zu-
sätzliche Erhöhung des Kaisers bemühten. So wurde Augustus als
Ergebnis eines Wettbewerbes von der Provinz Asia geehrt, indem
man seinen Geburtstag, den 23. September, zum Neujahrstag einer
neuen Jahreszählung machte, die auch in den folgenden Jahrhunderten verwendet wurde[29].

Im italischen und westlichen Teil des Imperiums knüpfen die
Formen der kultischen Organisation ebenso deutlich an republi-
kanische Vorformen an. So wurde das Kollegium der sodales Augustales, der senatorischen Priesterbruderschaft für den Kult
des vergöttlichten Augustus, am Beispiel der sodales Titiales
früherer Zeiten orientiert. Lediglich in Gebieten, die zuvor
weder eine ausgeprägte kultische Tradition im Herrscherkult aufweisen konnten noch organisatorische Vorformen besaßen, stellten
sich den Römern Probleme. Zu diesen Gebieten wären etwa die
gallischen, hispanischen und afrikanischen Provinzen zu zählen[30]. Doch hier fand man eine gewisse Mischform aus östlichen
und italischen Formen, die gerade von der bereits romanisierten
Oberschicht und den dort lebenden Bevölkerungsteilen italischer
Herkunft recht bereitwillig übernommen wurden. Die Kultformen
entstammten deutlich der italischen Tradition, während der Ausrichtung an den Landtagen (concilia) m.E. an die Tradition der
östlichen koiná anknüpft[31].

---

29) U. LAFFI, Le iscrizioni relative all'introduzione nel 9 a.C.
    del nuovo calendario del Provincia d'Asia, in: SCO 16
    (1967) 5-98.

30) Vgl. die zusammenfassenden Untersuchungen von D. FISHWICK
    zum römischen Provinzialkult im Westen (im Erscheinen). Es
    handelt sich dabei um die überarbeitete Vorlage einer Reihe
    von älteren Untersuchungen zu diesem Themenkreis.

31) Hier stärker gesteuert, vgl. das Beispiel der Tres Galliae,
    die im Anschluß an den augusteischen census ihr Kaiserkult-
    zentrum mit der ara Romae et Augusti bei Lyon erhielten, um
    so die führenden Schichten in das römische Herrschafts-
    system einzubinden.

Entscheidend ist auf jeden Fall, daß man den lokalen Gegebenheiten deutlich Rechnung trug. Lokale Gegebenheiten bedeutet:
Man versuchte in der Kultorganisation für eine möglichst breite
Einbeziehung aller gesellschaftlich relevanten Gruppen zu sorgen. Dies heißt: Die lokale Oberschicht war auf jeden Fall in-
volviert, während in den Gebieten, die einen hohen Anteil von
Freigelassenen römischen Rechtes aufweisen konnten, man auch
für diese eine kultische Organisation schuf, die sogenannten
seviri Augustales, die deutlich an republikanischen Kultformen
der Unter- und Mittelschicht italischer Städte orientiert
war[32].

Während sich für den Kult des Kaisers in dieser reduzierten
Form in den Provinzen kaum Probleme ergaben, sieht die Situation in Rom und Italien etwas anders aus, da, wie Cassius Dio
mit Nachdruck feststellte, dort solche Ehrungen unmöglich waren. Um dies verstehen zu können, müssen wir uns einige Tatsachen, die an sich der Sphäre des römischen Staatsrechts ange-
hören, ins Gedächtnis zurückrufen. Ich verwende hier den Begriff Staatsrecht, obwohl Rom über keine ausformulierte Ver-
fassung wie moderne Staaten verfügte. Am Ende seines Lebens be-
schrieb Augustus in seinem Tatenbericht seine Stellung im Staat
mit den Worten, er habe an Amtsgewalt (potestas) keinen über-
ragt, lediglich an auctoritas, an persönlichem Gewicht[33].

Diese rechtliche Fiktion, die gerade im Hinblick auf eine doch
sehr starke Opposition im Senat notwendig war, lebte von der
Vorstellung, daß der Kaiser, also der princeps, nur der erste
unter gleichen war[34]. Die politische Realität strafte zwar

---

32) R. DUTHOY, Recherches sur la répartition géographique et
    chronologique des termes sevir Augustalis, Augustalis et
    sevir dans l'Empire romain, EpigrStud 11 (Bonn 1976)
    143-214; P. KNEISSL, Entstehung und Bedeutung der Augu-
    stalität. Zur Inschrift der ara Narbonensis (CIL XII 4333),
    in: Chiron 10, 1980, 291-326.

33) Res gestae 34.

34) KIENAST (s. Anm. 26) 126ff zum Verhältnis zwischen Augustus
    und dem Senat, der jetzt durch die augusteische Gesetz-
    gebung als ordo konstituiert wurde. Vgl. zuletzt R. SYME,
    The Augustan aristocracy, Oxford 1986.

- 128 -

diese Vorstellung Lügen, aber man hielt um des inneren Friedens
willen lange an dieser politischen Konstruktion fest. Die Konsequenzen für den Kaiserkult sind daraus unmittelbar abzuleiten.
Ehrungen, die den Kaiser zu sehr aus der Sphäre seiner aristo-
kratischen Standesgenossen heraushoben, mußten dieses empfind-
liche Gleichgewicht stören und wurden, selbst wenn sie ihm offiziell von Senat und Volk angetragen wurden, entweder generell
abgelehnt oder deutlich reduziert[35].

Erst als toter Kaiser, wenn man die politische Macht nicht mehr
ausüben konnte, durfte man Ehrungen empfangen, die der griechische Osten bereits auf den lebenden Kaiser gehäuft hatte.
Selbst in einem solchen Fall war ein formeller Beschluß des Senates notwendig, durch den der tote Herrscher in die Reihe der
römischen Staatsgötter ausgenommen wurde, er wurde zum divus[36].

Die breite Masse der Bevölkerung, die nicht von den staats-
rechtlichen Skrupeln des Senats und des princeps belastet wurde, wäre, wenn man dem Zeugnis der Quellen glauben darf, gern
bereit gewesen, auch den lebenden Herrscher in Formen zu ehren,
die für andere Weltteile zur kultischen Routine gehörten. Allein die deutliche Rücksichtnahme auf die Meinung des Senates

---

35) Vgl. die augusteische Entwicklung, die bei Dio, der ein
    durchaus feines Gespür für solche Dinge besitzt, aufmerk-
    sam registriert wird. Zwar nicht immer in den Details kor-
    rekt, aber für die Tendenz aufschlußreich: Vgl. B. MANUWALD,
    Cassius Dio und Augustus. Philologische Untersuchungen zu
    den Büchern 45-56 des Dionischen Geschichtswerkes, Wies-
    baden 1979.

36) St. WEINSTOCK, Divus Julius, Oxford 1971 mit einer Fülle
    an Material für Caesar. Vgl. für nicht divinisierte Mit-
    glieder des Kaiserhauses (Germanicus) die Tabula Hebana
    (V. EHRENBERG/A.H.M. JONES, Documents illustrating the
    reigns of Augustus & Tiberius, Oxford 1955 Nr. 94 a) und
    die Tabula Siarensis, die in einer ersten Edition von
    J. GONZÁLEZ, Tabula Siarensis, Fortunales Siarenses et
    Municipia Civium Romanorum, in: ZPE 55 (1984) 55-100 vor-
    gelegt wurde. Einige Verbesserung zur Tabula Siarensis
    bietet W.D. LEBEK, Schwierige Stellen der Tabula Siarensis,
    in: ZPE 66 (1986) 31-48; DERS., Die drei Ehrenbögen für
    Germanicus: Tab. Siar. frg. I 9-34; CIL VI 31199 a 2-17,
    in: ZPE 67 (1987) 129-148.

erlaubte es nicht, solchen Trends zu offensichtlich nachzugeben.

Ich habe bewußt 'zu offensichtlich' gesagt, denn eine genauere
Prüfung vor allem des Materials für die frühe Kaiserzeit zeigt
einige Entwicklungen des Kultes in Rom und Italien, die man als
staatsmännische Gratwanderung zwischen den Wünschen der Bevölkerung und der Meinung des Senats charakterisieren könnte.

Das 1. Beispiel: Natürlich empfing der Kaiser keine göttlichen
Ehren, aber man konnte ohne Bedenken einzelne Aspekte der kaiserlichen Person in eine göttliche Sphäre erheben. Das numen
eines Gottes gehört zu den typischen Begriffen des religiösen
Vokabulars bei den Römern, wobei numen die dem Gott innewohnende
Kraft, seine Fähigkeit, Dinge zu bewirken, meint[37]. Und für
eben dieses numen des Kaisers wurde am 17. Januar 12 n.Chr. in
Rom ein großer Altar eingeweiht[38]. Allein die Tatsache, daß
man dem Kaiser eine göttliche Kraft zubilligte, ist schon be-
merkenswert, und auch die Person des Dedikanten verdient Beachtung, denn es ist kein geringerer als Tiberius, der Adoptivsohn des Augustus und präsumptive Thronfolger[39].

Das 2. Beispiel: Ebenso interessant für die Modalitäten des Kaiserkultes und auch die Person des Kaisers ist eine weitere Episode aus der Regierungszeit des Augustus, nämlich die Einführung des Kultes der Lares Augusti und der Genius Augusti[40].
Der Kult der Lares compitales, der Schutzgötter von Wohnblocks
und kleinen Nachbarschaften innerhalb der Stadt Rom, war den
Herrschenden in der späten Republik stets ein Dorn im Auge gewesen, da sich unter dem Deckmantel einer Verehrung diesen
Laren in der kleinen Kultstätte, dem compitum, allzu oft poli-

---

37) Vgl. P. HERZ, Untersuchungen zum Festkalender der römischen
    Kaiserzeit an Hand datierter Weih- und Ehreninschriften,
    Diss. Mainz 1975, I 72ff.
38) IIt XIII,2 p. 115 (F.Praen.) mit Kommentar (p. 401).
39) Tiberius wurde am 26. Juni 4 n.Chr. von Augustus adoptiert.
40) Beste Darstellung bei A. ALFÖLDY, Die zwei Lorbeerbäume des
    Augustus, Bonn 1973.

tisch unerwünschte Gruppierungen verbargen[41]. Die Vereine wurden zwar mehrfach verboten, die Hartnäckigkeit, mit der die einfachen Leute an diesem Kult festhielten, bewies den entscheidenden Personen aber, daß mit diesem Kult und dem damit verknüpften sozialen Leben ein entscheidender Teil der Interessen dieser wichtigen Bevölkerungsschicht angesprochen wurde[42].

Die Lösung, die sicherlich auf Augustus selbst zurückging, muß als staatsmännisches Meisterstück verstanden werden. Man ersetzte die alten Lares compitales durch die Lares Augusti, also die Schutzgötter des kaiserlichen Haushaltes, und gesellte ihnen den Kult des Genius Augusti hinzu. Ich verstehe hier den Genius als persönlichen Schutzgott des Kaisers, denn die etymologische Herleitung des Wortes 'genius' von 'gignere' = 'hervorbringen' und die konsequente Wiedergabe von 'genius' als Zeugungskraft etwa des Kaisers ist m.E. überspitzt und stellt uns u.a. vor das interpretatorische Problem, wie man sich die Zeugungskraft eines Getreidespeichers vorzustellen hat, denn wir kennen aus Inschriften auch einen genius horreorum[43].

Man gab also den Leuten den gewünschten Bezugspunkt für ihr soziales Leben, bezog aber ihre religiöse Loyalität jetzt auf den Kaiser, dem ja letztendlich der Kult galt, und eröffnete zugleich den Bestrebungen, den Herrscher zusätzlich zu ehren, einen Ausweg. Die organisatorische Durchführung wurde in die Hände der zahlreichen liberti gelegt, denen sonst die Möglichkeiten fehlten, ihrem Vermögen entsprechende Ämter im öffentlichen Leben zu übernehmen[44]. Die nach vici organisierte plebs

---

41) Gute Zusammenfassung des Forschungsstandes für die späte Republik bei J.-M. FLAMBARD, Clodius, les collèges, la plèbe et les esclaves, in: MEFRA 89 (1977) 115-156.
42) Vgl. dazu die Darstellung von ALFÖLDY (s. Anm. 40).
43) ILS 3663ff zum genius horreorum.
44) G. FABRE, Libertus. Recherches sur les rapports patron-affranchi à la fin de la république romaine, Rom 1981, der trotz einiger Mängel für die Situation der liberti eine gute Zusammenfassung bietet.

Romana wurde damit kollektiv zur Klientel des Herrschers, der
nunmehr als patronus fungierte und zumindest theoretisch die
wichtigsten Patronatsrechte in seiner Person konzentrierte[45].
Diese Lösung war durch Beispiele aus republikanischer Zeit
durchaus vorgegeben, bedeutete aber keine religiöse Erhöhung
des Herrschers selbst. Augustus verließ nicht den Rahmen, den
er sich selbst im Verhältnis zur republikanischen Tradition gesetzt hatte, denn die Trennung zwischen Person und Genius war
wohl eingerichtet und verletzte nicht den stillschweigenden
Kompromiß[46]. Hier ist Augustus wirklich primus inter pares.

Die Bestimmung zum Herrscher

Wir haben bisher gesehen, daß das Amt des Kaisers der wichtigste Grund für all diese Ehrungen war, und müssen uns nunmehr
der Frage zuwenden, welche Eigenschaften jemand für die Position des Kaisers prädestinierten? Gibt es im Vorfeld der Erhebung zum Kaiser Indizien, die eine bestimmte Person hervorheben,
gewissermaßen ihre Vorbestimmung anzeigen?

Dazu muß man feststellen, daß generell der einfachste Weg zum
Amt des Kaisers - von den jeweiligen politischen Intrigen einmal abgesehen - war, als Mitglied des Kaiserhauses geboren zu
werden. Besonders in den Fällen, in denen man auf bereits divi-
nisierte Vorfahren verweisen konnte, gaben die Berufung auf die
bereits aus der Masse hervorgehobenen Ahnen und die Herkunft
aus einer solchen Familie eine kaum in Frage gestellte Berechti-
gung auf die Herrschaft. Ohne solche Voraussetzungen wäre ein
Herrscher wie Caligula ein etwas skurriles Mitglied des ordo
senatorius geblieben, er hätte aber niemals das Imperium Roma-
num beherrschen können[47]. Das deutlich gentilizisch ausge-
richtete Gesellschaftssystem Roms, das von den Vorfahren er-

---

45) Z. YAVETZ, Plebs and princeps, London 1969.
46) Für den Genius vgl. die Bemerkungen bei WEINSTOCK (s. Anm.
36) 205ff.
47) Trefflich bemerkt von Tac., hist. 2,76,2.

erbte Recht gaben dem gesamten Klan der Herrscherfamilie seine
herausragende Stellung, die sich u.a. in der Bezeichnung domus
divina, göttliches Haus, und entsprechenden kultischen Ehren
greifbar manifestierte[48].

Nur in Fällen, in denen eine neue Dynastie an die Macht dräng-
te, finden sich Indizien, die eine göttliche Vorbestimmung des
künftigen Herrschers andeuten[49]. So wird eine ganze Anzahl von
Vorzeichen für Vespasian, den ersten Herrscher aus der Familie
der Flavier, genannt, und man erwähnt auch im Umfeld seines
Herrschaftsbeginns Heilungswunder, wie etwa die Heilung eines
Blinden in Alexandria, wodurch natürlich das Charisma und die
göttliche Auswahl des neuen Kaisers nachdrücklich bewiesen wurden[50]. Sein unmittelbarer Nachfolger Titus benötigte keinerlei
'göttliche' Hilfen dieser Art, er war Sohn eines unter die Götter versetzten Kaisers[51].

Eine solche Art der göttlichen Vorbestimmung ist aber, wie bereits das Beispiel des Titus beweist, relativ selten und konnte
offensichtlich in den Augen der Masse die Abstammung von divi-
nisierten und somit ausgezeichneten Vorfahren nicht ersetzen.
Septimus Severus, der Begründer der severischen Dynastie, kon-
struierte daher eine Adoption durch Kaiser Mark Aurel, der
immerhin zu diesem Zeitpunkt bereits gut 16 Jahre tot war, um
damit an die Tradition der großen Dynastie der antoninischen
Kaiser anzuknüpfen[52]. Die politische Motivation dieses Manö-
vers zeigt sich in einer witzigen Bemerkung seines Vertrauten
Pollienus Auspex, der dem Kaiser gratulierte, daß er endlich

---

48) Erstmals in tiberischer Zeit: vgl. HERZ (s. Anm. 37) I 74ff
    zur domus divina.
49) J.R. FEARS, Princeps a diis electus. The divine election of
    the emperor as a political concept at Rome, Rome 1977.
50) Vgl. FEARS, a.a.O. 170ff, daneben K. SCOTT, The imperial
    cult under the Flaviers, Stuttgart 1936 (Nachdr. New York
    1975).
51) FEARS, a.a.O. 221.
52) A. BIRLEY, Septimius Severus. The African emperor, London
    1971 zur Situation.

einen Vater gefunden habe[53].

Wesentlich gewichtiger als die Heilerkräfte des Herrschers wurden andere Eigenschaften des Kaisers, die in ihren Auswirkungen für das Leben der breiten Bevölkerung sehr handgreiflich die göttliche Gnade und das Charisma eines Herrschers bewiesen: seine Fähigkeit, Siege zu erringen und das Reich zu schützen[54]. Trugen die Kaiser der julisch-claudischen Dynastie keine Siegesbeinamen - Germanicus bei Caligula und seinen Nachfolgern ist ein ererbter Name -, so beginnt vor allem im 2. und 3. Jh. eine wahre Flut von Siegestiteln[55].

Kaiser Trajan ist Sieger über Germanen, Daker und Parther (Germanicus, Dacicus, Parthicus)[56], wobei die Ansprüche bei diesen Siegestiteln sehr schnell wachsen, man wird Germanicus und Britannicus Maximus, größter Sieger über Germanen und Britannier[57]. Die prononcierte Hervorhebung dieser Eigenschaften in der Herrschertitulatur manifestiert gleichzeitig auch die besondere Hervorhebung dieses speziellen Herrschers aus der Masse seiner Vorgänger, die nur einfache Sieger gewesen waren.

Den Gipfel erreichte diese Entwicklung in den Siegestitulaturen der Spätantike, in denen die Herrscher nicht nur beständig die größten Sieger sind, sondern noch zusätzlich zählen, wie oft

-----

53) Dio 76,9,4.
54) Neben J.R. FEARS, The theology of victory at Rome: Approaches and problems, in: ANRW II 17,2 (1981) 736-826 jetzt die neue Untersuchung von M. McCORMICK, Eternal Victory. Triumphal rulership in late antiquity, Byzantium, and the early medieval West, Cambridge 1986, die allerdings die Zeit des Prinzipates etwas zu summarisch behandelt. An älterer Literatur sind zu nennen J. GAGÉ, La théologie de la victoire impériale, in: RH 171 (1933) 1-34.
55) Grundlegend P. KNEISSL, Die Siegestitulatur der römischen Kaiser. Untersuchungen zu den Siegerbeinamen des ersten und zweiten Jahrhunderts, Göttingen 1969. Umfassende Arbeiten, auch zur exakten Chronologie der Annahme, fehlen für das 3. Jh.
56) ILS 302 = CIL IX 3915.
57) ILS 366 = CIL VI 360. ILS 450 = CIL VIII 4197.

sie diese Titel errungen haben[58]. Die Siegestitulatur Kaiser
Diokletians mag als Beispiel genügen: Er war 6 x Germanicus
Maximus, 4 x Sarmaticus Maximus, 2 x Persicus Maximus, 2 x
Britannicus Maximus, jeweils einmal größter Sieger über Carpen,
Armenier, Meder und Adiabener[59].

Ein genaues Studium der jeweiligen Herrschertitulatur von Augustus bis in die frühen Jahre des 4. Jh. zeigt eine deutliche
Akzentverschiebung von einer fast republikanischen Form, die
lediglich durch die Kumulierung bestimmter Ämter aus dem Rahmen
fällt, zu Formularen, in denen diese Ämter fast in den Hintergrund gedrängt sind. Dafür dominieren Elemente, die auch eine
sich wandelnde Einstellung zum Herrscheramt dokumentieren[60].

Neben den bereits angesprochenen Siegestiteln erscheinen Beinamen wie 'pius' und 'felix', die beide eine durchaus religiöse
Färbung besitzen. Sowohl pius, das die vollkommene Erfüllung
aller religiöser Pflichten meint, als auch felix, welches den
von der Fortuna begünstigten Herrscher anspricht, heben den
Kaiser aus der Sphäre der gewöhnlichen Menschen heraus[61]. Auch
Bezeichnungen wie imperator providentissimus, der vorausschau-
endste Herrscher, eine Formulierung, die an das spezielle Verhältnis zwischen dem 'Gröfaz' und der göttlichen Vorsehung erinnert, invictissimus imperator, der unbesieglichste Herrscher,
oder für die Kaiserin mater castrorum et senatus et patriae et
universi generis humani, Mutter des Senates, des Feldlagers,
des Vaterlandes und des gesamten Menschengeschlechtes, sind

---

58) T.D. BARNES, The victories of Constantine, in: ZPE 20 (1976)
    149-166 und DERS., Imperial campaigns, A.D. 285-311, in:
    Phoenix 30 (1976) 174-193. Interessant ist dabei, daß da-
    durch die imperatorischen Akklamationen der frühen Kaiser-
    zeit fast ganz in den Hintergrund gedrängt werden.

59) ILS 642.

60) Vgl. die Formulare von ILS 104 und ILS 642.

61) Vgl. zum Begriff der Pietas immer noch J. LIEGLE, Pietas,
    ZN 42 (1932) 59-100 = H. OPPERMANN (Hg.), Römische Wertbe-
    griffe, Darmstadt 1974, 229-273. R.J.FEARS, The cult of
    virtues and Roman imperial ideology, in: ANRW II 17,2 (1981)
    827-948.

deutlich religiös fundiert[62]. Invictissimus, der unbesieglichste, nahm die Vorstellung des Sol Invictus, des unbesieglichen Sonnengottes, auf, während die Titel der Kaiserin sie
in die Nähe einer großen Muttergottheit rückten.

Die Tradition des unbesieglichen Herrschers, der dadurch sein
Herrscherglück und auch die Gnade der Götter jedem vor Augen
führte, überwand ohne besondere Mühe die Schwelle zum christlichen Mittelalter, wo sie sowohl für die byzantinischen Kaiser als auch die Herrscher des Abendlandes ihre Gültigkeit be-
hielt[63].

Die faktische religiöse Bedeutung des Kaisers bei bleibender Differenz zu einem Gott

Welcher Wandel in der Mentalität sich hier vollzog, läßt sich
nur schwer sagen, da man sich damit bereits auf das Gebiet einer metahistorischen Spekulation vorwagt. Daher sind meine Ausführungen eher als Basis für weitere Überlegungen zu verstehen
als daß sie einen Anspruch auf dogmatische Richtigkeit erheben.
Wie wir gesehen haben, war offensichtlich in der breiten Bevölkerung von Anfang an eine große Bereitschaft vorhanden, dem
Kaiser göttliche oder, um es etwas zurückhaltender zu formulieren, übermenschliche Ehren zu konzedieren. Lediglich die
Rücksichtnahme auf eine kleine, aber einflußreiche Gruppe im
Staat versperrte den Weg zu einer allgemeinen Akzeptanz dieser
Vorstellung.

In der späten Kaiserzeit waren aber die Gruppen, aus denen sich
der Senat rekrutierte, nicht länger mit dem Senat identisch,

---

62) ILS 618: providentissimus; ILS 2158: invictissimus; ILS
   485: mater ...
63) Vgl. die Ausführungen von McCORMICK (s. Anm. 54). Aufschlußreich für den kaiserlichen Sieg ist auch M.P. CHARLESWORTH,
   Pietas and Victoria. The emperor and the citizen, in: JRS
   33 (1943) 1-10 = Pietas und Victoria. Der Herrscher und
   das Volk, in: H. KLOFT (Hg.), Ideologie und Herrschaft in
   der Antike, Darmstadt 1979, 473-495.

dem sich die frühen Kaiser gegenüber sahen[64]. Die allmähliche
Gewöhnung an die Konzeption einer herausragenden Stellung des
Kaisers, die fast göttlich zu nennen war, und, dies möchte ich
nachdrücklich unterstreichen, auch des Kaiseramtes dürfte dazu
geführt haben, daß dies Allgemeingut der gesamten Bevölkerung
geworden war.

Loyalitätsformeln wie 'devotus numini maiestatique imperatoris',
der göttlichen Kraft und der Majestät des Herrschers geweiht,
wobei devotus eine bedingungslose Selbstweihe bedeutet, sind
wohl nicht nur bedeutungslose Floskeln, die man wie Tacitus als
foeda adulatio charakterisieren könnte, sondern sie spiegeln
eine religiös fundierte Einstellung weiter Kreise der Bevölkerung wieder[65]. Solche Formeln sind Ausdruck eines wirklichen
Glaubens an die Macht des Kaisers.

Die chaotischen Jahrzehnte der Reichskrise, in denen das Imperium bis an den Rand des Abgrundes getrieben wurde und nur
durch eine Reihe von bedeutenden Herrscherpersönlichkeiten gerettet werden konnte, dürften in den Augen vieler Zeitgenossen
die von den Göttern garantierte Ausnahmestellung des Kaisers
bestätigt haben. Wären die Kaiser keine 'Übermenschen' gewesen,
so hätten sie das Imperium nicht retten können[66].

---

64) Der ordo senatorius war starken Veränderungen unterworfen,
so daß bereits im 2. Jh. n.Chr. die durch Augustus in den
Senat gelangten Familien entweder ausgestorben waren bzw.
zu den alten gentes gehörten. Die Ausrichtung an den alten
republikanischen Idealen war aber durchaus verbindlich, was
sich am Beispiel des Tacitus gut verfolgen läßt.

65) H.G. GUNDEL, Devotus numini maiestatique eius. Zur Devo-
tionsformel in Weihinschriften der römischen Kaiserzeit,
in: Epig 15 (1953) 128-150. Eine neuere Arbeit zu diesem
wichtigen Problemkreis fehlt.

66) Untersuchungen zu den Kaisern dieser Zeit und ihrem religiös fundierten Bild in der Öffentlichkeit sind nur partiell vorhanden. Interessant und auch in Ansätzen aufge-
arbeitet sind die Kaiser Gallienus, Aurelianus und Postumus.
Vgl. I. KÖNIG, Die gallischen Usurpatoren von Postumus bis
Tetricus, München 1981, 111ff (Postumus); L. De BLOIS, The
policy of the emperor Gallienus, Leiden 1976, 120ff mit
weiterführender Lit. Daneben sei auf die Iovii und Herculii
der tetrarchischen Zeit hingewiesen. Als frühes Beispiel

Die Distanz zwischen den Menschen und dem Kaiser wurde somit
immer größer, der Herrscher immer mehr dem menschlichen Bereich
entrückt, seine Stellung immer mehr von sakralen und nicht von
rechtlich festgelegten Elementen bestimmt[67]. Bedeutet dies
aber, daß der Kaiser bereits zu Lebzeiten zum Gott wird? In der
Dichtung und der Panegyrik könnte man durchaus Indizien für
eine solche Vermutung entdecken, doch es gilt mit Nachdruck
festzustellen, daß dies literarische Genera mit eigenen Kon-
ventionen sind, die nicht unbedingt als sicherer Beweis für
eine Überzeugung innerhalb der Bevölkerung herangezogen werden
dürfen[68]. Die Ausgrenzung des Kaisers aus dem normalen menschlichen Bereich führt nicht zwangsläufig zur Gleichsetzung mit
einem Gott. Man konnte ihn zwar in der Kultsprache an einen
Gott annähern, doch es gibt zwei überraschende Indizien für die
Tatsache, daß man trotz allem zwischen Kaiser und Gott diffe-
renzierte.

Inschriften, in denen der Name des Kaisers erwähnt wird, sind
uns zu Tausenden bekannt. Die Masse von ihnen gehört zum üb-
lichen Typus der Ehreninschriften, die zwar in ihrer Formulierung der besonderen Stellung des Kaisers Rechnung tragen, sich
aber im Prinzip nicht von einer Ehreninschrift für einen be-

---

kann man Commodus anführen: H. CHANTRAINE, Zur Religionspo-
litik des Commodus im Spiegel seiner Münzen, in: RQ 70
(1975) 1-31; M.R. KAISER-RAISS, Die stadtrömische Münzprägung während der Alleinherrschaft des Commodus. Untersuchungen zur Selbstdarstellung eines römischen Kaisers,
Frankfurt/M. 1980.

67) Auch von Christen übernommen, vgl. dazu die maßgeblichen
und bis heute nicht überholten Ausführungen von O. TREI-
TINGER, Die oströmische Kaiser- und Reichsidee nach ihrer
Gestaltung im höfischen Zeremoniell, Jena 1938 (Nachdr.
Darmstadt 1956). Wichtig für das spätantike Zeremoniell im
Bereich des Zirkus ist die Arbeit von A. CAMERON, Circus
factions. Blues and Greens at Rome and Byzantium, Oxford
1976. Vgl. daneben auch S.G. MacCORMACK, Art and ceremony
in Late Antiquity, Berkeley 1981 (Lit.).

68) Vgl. dazu die Regeln etwa bei Menander Rhetor, der jetzt
in einer Ausgabe mit Kommentar von D.A. RUSSELL/N.G. WILSON,
Oxford 1981 zu benutzen ist.

deutenden Mitbürger unterscheiden. Ebenso ruft man die Götter
an, um ihnen für einen Sieg des Kaisers zu danken oder von
ihnen Hilfe zum Schutz des Herrschers zu erflehen, man ruft
aber nicht den Kaiser selbst an.

Hier haben wir den entscheidenden Punkt, der m.E. ausreichend
verdeutlicht, daß trotz aller Ehrungen zwischen dem Kaiser und
einem Gott eine unüberwindliche Schranke existierte. Selbst für
die kleinsten und unbedeutendsten Lokalgötter sind Inschriften
bekannt, die die Weiheformel 'votum solvit libens merito' aufweisen, er hat sein Gelübde gern und nach Gebühr eingelöst. Man
hatte also bei dem Gott ein Versprechen abgelegt, das beim Ein-
treffen der gewünschten Ereignisse vom Gläubigen erfüllt wurde.
In dem umfangreichen Material, das uns bisher bekannt ist, läßt
sich keine Inschrift finden, in der ein Gläubiger bei einem
Kaiser ein Gelübde einlöst[69].

Man könnte jetzt einwenden, der Kaiser ist Empfänger von Opfern,
also doch Gott[70]. Eine sehr sorgfältige Untersuchung von
S. PRICE zu dieser Frage hat einige wichtige Beobachtungen zutage gefördert, die auch hier weiterhelfen können[71]. Zunächst
muß man feststellen, daß in vielen Fällen zwar ein Opfer gebracht wurde, der Kaiser aber nicht der Empfänger war, sondern
nur der Nutznießer. Man opferte zwar für das Wohlergehen des
Kaisers, aber nicht dem Kaiser. Weiterhin tritt der Herrscher
oftmals als Teil einer kultischen Verbindung auf, man opferte
also nicht dem Kaiser allein, sondern nur dem Kultgenossen etwa
der Göttin Roma, die in dieser Gemeinschaft den ersten Platz
einnahm, während der Herrscher nur der Juniorpartner war. Selbst
wenn ein Opfer ausdrücklich den Kaisern zugedacht war, latei-

---

69) PRICE (s. Anm. 17) 207ff.
70) Vgl. die Bemerkungen in Anm. 66.
71) S. PRICE, Between man and god: Sacrifice in the Roman
    imperial cult, in: JRS 70 (1980) 28-43; DERS., Gods and
    emperors: the Greek language of the Roman imperial cult,
    in: JHS 104 (1984) 79-95.

nisch also Augustis, sind hierbei auch die vergöttlichten Kaiser eingeschlossen, die ein Recht auf vollgültige göttliche Ehren besaßen[72]. Also auch in diesem Fall ist der lebende Kaiser Teilhaber.

Solche Differenzierungen mögen uns manchmal spitzfindig erscheinen, allein sie beweisen uns, daß für den antiken Gläubigen trotz allem ein kaum zu verwischender Unterschied zwischen dem lebenden Kaiser und den Göttern bestand. Er mochte zuweilen sehr klein sein, seine Existenz wurde dadurch aber nicht berührt.

Kehren wir jetzt zum Ausgangspunkt unserer Erörterungen zurück, also zu der Fragestellung im Titel unseres Vortrags 'Gott oder primus inter pares?', so können wir sagen, daß der römische Kaiser zu seinen Lebzeiten deutlich dem menschlichen Bereich entrückt war, aber trotz allem nicht zum Gott wurde. Aber ebensowenig war er nur der Erste unter einer Vielzahl ranggleicher Mitsenatoren. Man wahrte zwar den rechtlichen Anschein, daß er wirklich einem solchen Anspruch gerecht werden wolle, allein die weitverbreitete Meinung, der Kaiser sei ein bevorzugtes Wesen, mußte diese Konstruktion, die ein Kind politischer Wirren und Kompromisse war, bald obsolet werden lassen. Einzelne Etappen dieses geschichtlichen Wandlungsprozesses konnten skizziert werden.

Wie so oft bei der Behandlung historischer Probleme kann man zu keinem klaren und eindeutigen Ergebnis kommen, dazu sind die zeitlichen und auch lokalen Unterschiede beim Kaiserkult zu groß. Man hat sich daher in den letzten Jahrzehnten leider darauf konzentriert, eher lokale Arbeiten (etwa der Kaiserkult in Kleinasien) oder Untersuchungen, die lediglich einzelnen Aspekten des Kultes (Angleichung an Götter, Zusammensetzung von

---

72) Vgl. das Konzept von domus divina oder numina Augustorum als Kollektivkulte, Details bei FISHWICK (s. Anm. 30).

Kollegien, Festkalender u.ä.) gewidmet sind, zu erstellen.
Trotz dieser bedauerlichen Defizite der neueren Forschung hoffe
ich, einen gewissen Eindruck von der Komplexität dieses For-
schungsbereichs vermittelt zu haben.

D I E T E R   Z E L L E R

Die Menschwerdung des Sohnes Gottes im Neuen Testament

und die antike Religionsgeschichte

In der anglikanischen Christenheit, die sich durch R. BULT-
MANNS Entmythologisierungskampagne nicht sonderlich hatte er-
schüttern lassen, erregte 1977 ein Sammelwerk Aufsehen. Es war
von R. HICK herausgegeben und trug den Titel "The Myth of God
Incarnate"[1]. Darin wird die Menschwerdung Gottes, die vielen
als die zentrale christliche Botschaft erscheint, als eine
zeitbedingte Ausdrucksform des Glaubens dargestellt, die heute entbehrlich sei[2]. In der Tat muß sich der religionswissen-
schaftlich arbeitende Exeget fragen, wie es zur Rede von der
Fleischwerdung eines göttlichen Wesens - pauschal von der
Menschwerdung Gottes zu sprechen, geht wohl nicht an - kam.
Welche Kultur lieferte dafür die Vorstellungselemente? Wie
verbreitet ist sie im frühen Christentum, wie verhält sie
sich zu anderen Artikulationen des Glaubens an Jesus? Das Urteil darüber freilich, ob sie für den christlichen Glauben
wesentlich ist, muß er dem Dogmatiker überlassen.

I. Der neutestamentliche Befund[3]

Vorweg ist zu bemerken, daß solche Aussagen nicht in Jesuswor-
ten zu erwarten sind, die als authentisch wahrscheinlich gemacht werden können, sondern erst in Äußerungen der nachöster-
lichen Gemeinde. Und hier kreisen Glaubensformeln und Be-
kenntnisse um das Schicksal des Gekreuzigten, den Gott aufer-

---

1) dt.: Wurde Gott Mensch? (Siebenstern Taschenbuch 315), Gütersloh 1979. Vgl. auch den von M. GOULDER hg. Folgeband
   Incarnation and Myth, London 1979. Eine Reaktion darauf ist
   J. D. G. DUNN's Christology in the Making, Philadelphia
   1980. Ihm wirft C. R. HOLLADAY, New Testament Christology:
   Some Considerations of Method, in: NT 25 (1983) 257-278 u.
   a. vor, daß er den Einfluß heidnischer Konzeptionen unter-
   schätze.
2) Während M. GOULDER 73-96 für samaritanischen Ursprung der
   Inkarnationslehre plädiert, zeichnet F. YOUNG 97-131 allgemeiner den antiken kulturellen Hintergrund dafür.
3) Vgl. vor allem F. HAHN, Christologische Hoheitstitel
   (FRLANT 83), Göttingen 21964; K. WENGST, Christologische
   Formeln und Lieder des Urchristentums (StNT 7), Gütersloh
   1972; H. SCHLIER, Die Anfänge des christologischen Credo,
   in: B. WELTE (Hg.), Zur Frühgeschichte der Christologie
   (QD 51), Freiburg 1970, 13-58; Ph. VIELHAUER, Geschichte
   der urchristlichen Literatur, Berlin 1975, § 2; M. HENGEL,
   Der Sohn Gottes, Tübingen 1975.

weckt hat. Handelndes Subjekt ist dabei zunächst Gott. Wenn
Jesus Subjekt wird wie im Bekenntnis κύριος 'Ιησοῦς oder in
der Akklamation εἷς κύριος 'Ιησοῦς Χριστός, dann ist die Ho-
heitsstellung Prädikat. Am Anfang steht also die Erkenntnis,
daß der geschichtliche Mensch Jesus von Nazareth der zu Gott
erhöhte und wiederkommende Herr ist.

A) Die Menschwerdung in christologischen Aussagen

Wo man vom konkreten Menschen Jesus ausgeht, ist die Menschwerdung irrelevant. Immerhin erwähnt Röm 1,3f seine Geburt,
bevor seine Würde aufgrund der Auferstehung zur Sprache kommt.
Hier läßt sich eine frühe christologische Formulierung her-
ausschälen, die noch fast ganz im jüdischen Denkkreis bleibt[4].
Zwei parallele Partizipialkonstruktionen lauten:

> (Jesus) geboren aus Davids Samen dem Fleisch nach,
> bestimmt zum Sohn Gottes in Macht dem heiligen Geist nach
> von der Auferstehung aus den Toten her.

Die Herkunft Jesu aus Davids Geschlecht - wohl über Josef -
qualifiziert ihn zum Messias, der nach der Prophetie 2 Sam
7,14 wie der Nachfolger Davids für Gott Sohn sein soll. "Sohn
Gottes" meint hier das besondere Schutzverhältnis des Königs
zu Gott, den er gegenüber dem Volk repräsentiert. Entgegen
jüdischer Auffassung kommt Jesus aber dieses Sohnsein erst
durch die Auferweckung zu; hier wurde er von Gott mit heiligem Geist gesalbt und machtvoll in sein Amt eingesetzt.

Paulus stellt allerdings der übernommenen Formel "Sohn (Gottes)" als Subjekt des zweistufigen Geschehens voran. Danach
muß Jesus nicht erst zum Sohn Gottes werden; der Titel bezeichnet vielmehr eine immer schon mit Gott verbundene Person,
die dann aus Davids Stamm geboren wird. Nun kann man von dieser Person eine Geschichte (gr. μῦθος) erzählen, die im Himmel anfängt[5]. Vor die beiden Stufen in der Sphäre des Flei-

---

4) Vgl. zur Analyse D. ZELLER, Der Brief an die Römer (RNT),
   Regensburg 1985, 35f.
5) Genaueres zur Definition des Mythos, exemplifiziert an
   Phil 2,5-11 im Unterschied zu einem Bekenntnis bei E. KAM-
   LAH, Das Problem der Interpretation mythischer Redeform im
   Neuen Testament, in: Der altsprachliche Unterricht 25

sches und des Geistes tritt dann noch die Phase der Präexistenz in Gottgleichheit. Die 3. Phase, die Erhöhung, bei der Jesus ein neuer Ehrenname verliehen wird, gerät dann in Spannung zur 1., weil sie noch eine ältere Christologie spiegelt. Man muß sich fragen: War Jesus nicht all das schon in seinem Sein bei Gott zu eigen[6]?

Das bekannteste Beispiel für eine solch dreiphasige Nacherzählung des Werdegangs Jesu Christi ist der vorpaulinische Hymnus[7], der <u>Phil 2,6-11</u> in einem paränetischen Kontext erhalten ist. Hier ist das Problem des Verhältnisses von Phase 1 zu Phase 3 so gelöst, daß die Erhöhung durch Gott den Lohn darstellt für die freiwillige Selbstentäußerung des Gottgleichen. Die vorgeschaltete Beschreibung seiner himmlischen Existenz läßt jetzt nur die Tiefe dieser Selbsterniedrigung ermessen, die die Menschwerdung bedeutet. Der Gestalt Gottes, in der Jesus sich vorher befand, steht die "Gestalt eines Knechtes", d. h. eines der Sterblichkeit unterworfenen Menschen[8], gegenüber. Obwohl die Begriffe μορφή, ὁμοίωμα und σχῆμα eher nur

---

(1982) 80-90.

6) Vgl. H. BRAUN, An die Hebräer (HNT 14), Tübingen 1984, 32f zum analogen Problem im Hebr.

7) Die saloppe Ausdrucksweise in V. 6 "er hielt das Gott-gleich-Sein nicht für ein gefundenes Fressen" spricht nicht gegen hymnischen Charakter, da sie auch in ernsten und feierlichen Zusammenhängen vorkommt; gegen W. SCHENK, Die Philipperbriefe des Paulus, Stuttgart 1984, 188 vgl. M. DIBELIUS, An die Thessalonicher I II, an die Philipper (HNT 11), Tübingen 31937, 77. K. BERGER, Hellenistische Gattungen im Neuen Testament, in: ANRW II 25,2, 1031-1432, behandelt die folgenden Texte als "Christus-Enkomien". Vgl. 1178-1191.

8) Obwohl noch eine 2. Opposition zu κύριος V. 11 besteht, ist nicht ausdrücklich gesagt, daß der Menschwerdende unter die V. 10 genannten Mächte versklavt wurde. Gnostischer Hintergrund - so E. KÄSEMANN, Kritische Analyse von Phil 2,5-11, in: Exegetische Versuche und Besinnungen, Göttingen 1964, I 51-95, 73 - ist deshalb nicht sicher auszumachen, zumal ähnliche Termini wie V. 6 in Corpus Hermeticum I 12ff dort den Urmenschen betreffen. Vgl. SCHENK (s. Anm.7) 204. Andererseits ist Knechtsgestalt zu negativ getönt, um eine Entsprechung zu ὑπήκοος abgeben zu können (gegen SCHENK 203).- Neuerdings zieht R. BRÄNDLE, Geld und Gnade (zu II Kor 8,9), in: ThZ 41 (1985) 264-271 gnostische Parallelen zu "Armut" und "Reichtum" an dieser Stelle heran. Doch s.u. III B.

den Eindruck nach außen wiederzugeben scheinen[9], nimmt der
Himmlische nicht nur eine Verkleidung, sondern einen realen
Status an. Zur Klärung hilft Hebr 2,14ff: Als Bruder der Menschen muß Christus an Fleisch und Blut seiner Geschwister
"ganz ähnlich"[10] teilhaben (V. 14). Er muß in jeder Hinsicht
seinen Brüdern gleichgemacht werden (V. 17 ὁμοιωθῆναι, vgl.
ὁμοιότης 4,15). In der Konsequenz davon, daß er die conditio
humana voll teilte[11], erduldet er nach der 2. Strophe auch
gehorsam den Tod. Deshalb schenkt ihm Gott die Herrschaft
über alle kosmischen Gewalten.

Hymnische Texte, die Präexistenz, Erlösungstat am Kreuz und
Erhöhung verbinden, müssen aber gar nicht unbedingt auf die
Menschwerdung eingehen. Das zeigen Hebr 1,3f und Kol 1,15-
20[12]. Dagegen fehlt in dem "Geheimnis der Frömmigkeit" 1 Tim
3,16 eine ausdrückliche Erwähnung des Bei-Gott-Seins. Wenn es
freilich zu Beginn heißt
    der im Fleisch offenbar wurde,
dürfte vorherige Verborgenheit bei Gott vorausgesetzt sein[13].

---

9) Vgl. Dio Cassius LIX 26,5f: (Caligula) σχῆμα πᾶν τὸ προσῆ-
κον (den jeweiligen Göttern) ἐλάμβανεν ὥστε ἐοικέναι ἂν
δοκεῖν. KÄSEMANN (s. Anm. 8) 66ff bemüht sich, μορφή sub-
stantiell aufzuladen.
10) H. WINDISCH, Der Hebräerbrief(HNT 14),Tübingen ²1931: nicht
abschwächend.
11) Das δοῦλος-Sein ist wie Röm 8,21; Hebr 2,15 durch den Tod
bestimmt. Zum κοινωνεῖν vgl. Diodor III 9,1; Themistios,
or. 7, 90c.
12) V. 19 begründet den Vorrang des Auferstandenen mit dem
Satz: "denn es gefiel der ganzen Fülle, in ihm Wohnung zu
nehmen" bzw. "(Gott) wollte nämlich in ihm (seine) ganze
Fülle wohnen lassen". Wenn "durch sein Kreuzesblut" V. 20
ein Zusatz des Briefautors zum vorgegebenen Text ist, muß
in diesem nicht die gesamte irdische Existenz im Blick
stehen. Doch wie in dem ähnlich klingenden Vers 2,9 hat
spätestens der Verfasser des Briefes das gesamte Christus-
geschehen im Sinn. Jetzt können κατοικῆσαι und πλήρωμα
eine Verwandtschaft mit Joh 1, 14.16 anzeigen. Vgl. zur
Interpretation J. GNILKA, Der Kolosserbrief (HThK X 1),
Freiburg 1980, 73.76.
13) Vgl. Hebr 9,26; äthHen 48,6f; 62,7.

Ähnlich formuliert dann das Lied, das der Johannesprolog <u>Joh
1,1-5.9-12c.14.16</u> verarbeitet, die Menschwerdung. Zuvor führt
es breit die Göttlichkeit und die kosmische Funktion des Logos
aus. Spätestens V. 11, der die Abweisung des Logos bei den
"Seinen" beklagt, setzt sein Erscheinen auf Erden voraus. Dies
hält dann V. 14 positiv fest:

> Und das Wort ist Fleisch (d. h. ein wirklicher Mensch[14])
> geworden und hat unter uns Wohnung genommen (wörtlich: ge-
> zeltet[15]).

Die bekennende Gemeinde fährt fort:

> Und wir haben seine Herrlichkeit geschaut.

Das bezieht sich wohl gleichermaßen auf die Wundertaten des
Irdischen wie auf die δόξα des Auferstandenen. In diesen Tex-
ten ist also während des menschlichen Daseins Jesu nicht alle
Hoheit geschwunden wie Phil 2,7f. Dagegen legt Paulus großen
Wert auf diese völlige Selbstentleerung. So wenn er, um die
Korinther zu größerer Spendefreudigkeit anzuspornen, <u>2 Kor
8,9</u> ad hoc auf das Beispiel Christi verweist:

> Ihr kennt ja die Herablassung unseres Herrn Jesus Christus:
> Denn um euretwillen wurde er arm, obwohl er reich war,
> damit ihr durch dessen Armut reich würdet.

Von der Erhöhung brauchte Paulus hier nichts zu sagen; dagegen ist der soteriologische Zweck des Armwerdens deutlich
ausgesprochen.

B) Das Sendungsschema

Das ist noch mehr der Fall in einer 2. Gruppe von formelhaften Wendungen, wo die Initiative für das Heilswerk nicht beim

---

14) Vgl. Hebr 2,14 (Fleisch und Blut); 5,7; Röm 1,3; 1 Tim
3,16; 1 Petr 3,18. Den negativen Akzent, den σάρξ V. 13
bekommt, braucht man nicht mitzuhören, wenn dort der
Evangelist erläutert, wohl aber die Sterblichkeit des
Menschgewordenen.

15) W. BAUER, Das Johannesevangelium (HNT 6), Tübingen [3]1933,
24 verweist auf die hellenistische Gewohnheit, den ver-
gänglichen Menschenleib ein Zelt zu nennen. Dagegen O.
HOFIUS, Struktur und Gedankengang des Logos-Hymnus in
Joh 1 1-18, in: ZNW 78 (1987) 1-25, 24 Anm. 132.

Präexistenten liegt, sondern bei Gott[16], der seinen Sohn in
diese Welt sendet. Die schon in der Sendung implizierte Sinn-
haftigkeit des Geschehens bringt ein Finalsatz eigens zum Ausdruck. Wir finden dieses Sendungsschema sowohl bei Paulus
(Gal 4,4; Röm 8,3) wie in den johanneischen Schriften (Joh
3,17; 1 Joh 4,9.14). Das deutet darauf hin, daß diese Anschauung unter den hellenistischen Judenchristen verbreitet war[17].
Sie ist mit "Sohn (Gottes)" verbunden, während in den bisher
behandelten Texten keine feste Bezeichnung für den Präexistenten vorherrschte.

Natürlich spricht man in der Religionsgeschichte oft von "Sendung", um das Wirken eines Mannes, z. B. eines Propheten, als
gottgewollte Mission erscheinen zu lassen. An sich ist damit
noch keine vorherige Existenz des Gesandten bei Gott ausgesagt[18]. Aber in der Abfolge Gal 4,4f ist diese doch wohl eingeschlossen[19]:

> Als die Fülle der Zeit gekommen war, entsandte Gott seinen
> Sohn, der aus einer Frau geboren wurde (d. h. ein Mensch
> wie jeder andere wurde) und unter das Gesetz geriet ...

Ebenso Röm 8,3 wo Paulus die Formel seinem Anliegen entsprechend abwandelt:

> Gott sandte seinen Sohn in der Gleichgestalt des Fleisches
> der Sünde.

Wieder soll ihn ὁμοίωμα nicht von unserer der Sünde und dem
Tod verfallenen Existenz distanzieren, obwohl Christus nur die
Sündenfolgen auf sich nimmt und so "zur Sünde gemacht wird",
er, der vorher, d. h. in seiner Gottverbundenheit, nichts mit
der Sünde zu tun hatte (2 Kor 5,21). Hebr 4,15 betont dann,
daß er auch als Mensch nicht sündigte.

---

16) Der war Phil 2,8 nur indirekt im Hintergrund erkennbar
geworden, insofern ihm der Gehorsam des Menschgewordenen
gilt.
17) Vgl. D. ZELLER, Paulus und Johannes, in: BZ NF 27 (1983)
167-182, 172.
18) Vgl. z. B. Apg 3,26 und E. SCHWEIZER, Zum religionsgeschichtlichen Hintergrund der "Sendungsformel" Gal 4,4f;
Röm 8,3f; Joh 3,16f; 1 Joh 4,9, in: Beiträge zur Theologie des Neuen Testaments, Zürich 1970, 83-95, 90f.
19) Anders R. H. FULLER; The Conception/Birth of Jesus as a

C) Zusammenfassung

In den paulinischen Gemeinden, aber auch in den johanneischen, ist es selbstverständlich, zurückzufragen nach der Herkunft dieses Mannes, in dessen Tod und Auferstehung man die Hand Gottes erkannte. Dabei erzählt man aber nicht wie die Kindheitsgeschichten des Mt und des Lk, daß er vom Geist Gottes gezeugt und deshalb von Beginn seines Lebens an Sohn Gottes ist. Diese Vorstellung verträgt sich auch eigentlich nicht mit einem vorhergehenden Bei-Gott-Sein, einer Sendung in menschliche Existenz, die gerade keiner besonderen Entstehungsbedingungen bedarf[20]. Beide mythische Aussageweisen bezwecken aber dasselbe: Jesu Zusammenhang mit Gott herauszustellen. Bei Paulus und im Hebr bleibt die irdische Daseinsweise unauffällig, wird nur durch den Gehorsam des Menschgewordenen von innen heraus gewandelt, der ihn letztlich ans Kreuz bringt. Bei Johannes - und im Kol? - dagegen bricht die Göttlichkeit auch schon durch das Sein im Fleisch hindurch.

Stellen wir noch die verwendete Terminologie zusammen: Ein personales Wesen aus der Nähe Gottes, das im Johannesprolog Logos heißt, wird Mensch. Bei diesem Werden (γίνεσθαι Phil 2,7; Joh 1,14; vgl. Röm 15,8) hält sich aber seine Identität durch. Es wird ja nicht zu einem Menschen. Wohl ändert sich die Daseinsweise. Röm 1,3 und Gal 4,4 bedeutet γίνεσθαι als Mensch geboren werden. Begriffe der Gestalt und der Gleichheit unterstreichen die Anteilnahme am Menschsein. Wir beobachteten eine eigentümliche Spannung zwischen dieser Aussageintention und dem, was die Begriffe ursprünglich suggerieren. Das könnte mit ihrer fremden Prägung zusammenhängen;

Christological Moment, in: JSNT 1 (1978) 37-52, 42f.

20) R. RIESNER, Präexistenz und Jungfrauengeburt, in: ThBeitr 12 (1981) 177-187 verkleistert diese traditionsgeschichtliche Divergenz, auf die z. B. schon R. BULTMANN, Neues Testament und Mythologie, in: Kerygma und Mythos (ThF 1), Hamburg-Volksdorf ²1951, 15-48,41 aufmerksam gemacht hatte. Man beachte nur die unterschiedliche Rolle des Geistes, der bei Paulus erst die Existenzsphäre des Auferstandenen bildet.

sie sind dem jetzigen Kontext nicht mehr angemessen.

Wenn wir über die formelhaften und hymnischen Texte hinausge-
hen, treffen wir noch weitere Umschreibungen der Menschwerdung. Das 4. Evangelium spricht vom Herabsteigen des Menschen-
sohnes aus dem Himmel (3,13.31; 6,38 im Zusammenhang mit Sendung). Jesus sagt von sich: "Ich bin (in die Welt) gekommen"[21]. Auch Hebr 10,5 schreibt, daß Christus in die Welt
hereinkam[22]. Dem entspricht, wenn man auf Gott als den Adres-
santen schaut, ein Hineinführen[23] bzw. die Sendung durch Gott
wie oft bei Joh.

Aus welchem kulturellen Umfeld stammen diese Redeweisen?

II. Erklärungsversuche aus jüdischem Denken

A) Die jüdische Messiaserwartung

Die meisten von uns meinen wahrscheinlich - von Adventslie-
dern u. ä. verleitet - dieser aus dem Himmel herabsteigende
Erlöser passe ins Bild, das man sich in Israel vom verheißenen Messias gemacht habe. Doch reicht das nicht zu. Schon in
den Evangelien gilt das Bekenntnis zu Jesus als Messias bzw.
Christos seinem irdischen Wirken; bei Paulus ist der Christos-
Titel vor allem mit Jesu Tod und Auferstehung verknüpft. Das
entspricht der jüdischen Erwartung, wonach der Messias kein
göttliches Wesen ist, sondern zunächst eine menschliche Gestalt.

---

21) Joh 9,39; 12,46 (vgl. 11,27); 16,28 heißt es vorher, daß
er vom Vater ausgegangen ist, 18,37 steht parallel γεγέν-
νημαι, das aber nicht einfach gleichbedeutend ist.

22) Vielleicht geht auch Joh 1,9c auf den Logos; vgl. H. GESE,
Der Johannesprolog, in: Zur biblischen Theologie (BEvTh
78), München 1977, 152-201, 165. 1 Joh 4,2; 2 Joh 7 reden
davon, daß Jesus Christus im Fleisch gekommen ist. Vgl.
auch noch 1 Tim 1,15: Christus Jesus kam in die Welt, um
die Sünder zu retten.

23) Hebr 1,6; vgl. Apg 13,23.

Freilich soll sie bei der Vollendung der Geschichte mitwirken und muß deshalb ihr auch überlegen sein. Deshalb ist wenigstens der Name des Messias schon vor Erschaffung der Welt Gott bekannt bzw. wird von ihm erschaffen (Pes 54a Bar; s. Bill. II 335) oder genannt (Tg Mi 5,1; Sach 4,7)[24]. Die Vorsehung Gottes für das Ende kann man auch so ausdrücken: Gott hat den Messias bei sich aufbewahrt, verborgen, um ihn dann, wenn die Zeit gekommen ist, zu offenbaren (vgl. 4 Esr 12,32; 13,26.32. 52; Tg Sach 4,7)[25]. Selbst wenn dabei einmal seine Abstammung aus Davids Samen erwähnt wird, ruht das Interesse auf seinem Auftreten[26]. So heißt es 4 Esr 12,32

> Das ist der Messias, den der Höchste bewahrt für das Ende der Tage, der aus dem Samen Davids erstehen und auftreten wird ...

Eine Menschwerdung kommt nicht in den Blick, weil der Messias "Mensch von Menschen" (Justin, dial. 48,3) bleibt, mag er auch hie und da Züge des Menschensohns, der mit den Wolken des Himmels kommt, annehmen[27].

In ein etwas anderes Gewand kleidet ihn die griechischen Stil nachahmende jüdische <u>Sibylle</u>. Sie kündigt an, daß der himmlische Gott den endzeitlichen König senden (III 286) bzw. daß

---

24) W. SCHIMANOWSKI, Weisheit und Messias (WUNT II 17) 123-129, Tübingen 1985 will das als Berufung fassen, um eine bloß ideelle Präexistenz abzuwehren, aber der Unterschied zum Festsetzen des Namens Tg Ps 72,17 scheint nicht groß zu sein. Vgl. auch die Rezension von N. WALTER, TLZ 112 (1987) 896ff, der an der Unterscheidung zwischen Namen und Person festhalten möchte.

25) Dieselbe Begrifflichkeit gebrauchen die Bilderreden des äthHen für den Menschensohn (s. Anm. 13); dieser ist freilich kein irdischer König; sein Erscheinen fällt mit dem Weltgericht zusammen. Daß ihn der Visionär schon am Thron Gottes vorhanden schaut, ist bei der massiven Darstellungsweise der Apokalyptik nicht verwunderlich.

26) Beim Menschensohn auf seiner Inthronisation. Ein Sonderfall ist der Messias, der als Kind entrückt wird (pBer 2,4; s. Bill. II 339). Gehört das Geborenwerden des weißen Farren äthHen 90,37 zur Bildhälfte? P. VOLZ, Die Eschatologie der jüdischen Gemeinde, Nachdruck Hildesheim 1966, 209 versteht es von der Amtseinsetzung wie Ps 2,7. Denselben Sinn dürfte es 1QSa II 11 haben.

27) Vgl. P. VOLZ (s. vorige Anm.) 203ff.

dieser von himmlischen Gefilden kommen wird (V 414)[28]. So sehr
damit sein göttlicher Ursprung deutlich gemacht ist, beziehen
sich diese Aussagen wieder nicht auf Menschwerdung und Geburt.
Er greift als Erwachsener ins Endgeschehen ein. Doch könnte
für solche Prophezeiungen etwa das ägyptisch-hellenistische
Töpferorakel Vorbild gewesen sein[29]. W. BOUSSET[30] erkennt
hier Einflüsse des hellenistisch gefärbten Hofstils in der jüdischen Messiaserwartung.

B) Die Analogie der Weisheit

In der neueren Zeit ist man jedoch skeptisch gegen eine Herleitung der entwickelten Christologie aus dem heidnisch-hel-
lenistischen Raum. Eher scheint die jüdische Weisheitsspekulation, die sich nicht nur in hebräischen Quellen (Ijob 28;
Spr 8; Sir 1.24 - wenn auch nur griechisch erhalten), sondern
auch in Schriften des alexandrinischen Judentums (Bar 3f;
Weish; Philo) niedergeschlagen hat, den Boden abgeben zu können, auf dem die christologischen Aussagen gerade der helle-
nistisch-judenchristlichen Gemeinde gewachsen sind.
Was hat man gewonnen, wenn so der jüdische Charakter der Christologie gerettet ist[31]? Ist sie deswegen weniger spekulativ? Manchmal soll so auch eine Brücke zum irdischen Jesus
gebaut werden, dem Weisheitslehrer[32]. Aber das ihm in den

---

28) Das darf man nicht durch die Parallele III 652 "Sendung
vom Sonnenaufgang her" nivellieren, zumal hier ein Vergleich mit der Sonne bzw. dem ägyptischen Sonnengott be-
absichtigt sein könnte. Daß der von Gott geschickte König
in V 108 ein irdischer Regent ist, scheint mir nicht so
klar. Dies zu E. SCHWEIZER (s. Anm. 18) 88. V 256 könnte
christlich sein. III 49 spricht einfach vom Kommen des
heiligen Herrschers.

29) Vgl. Oxyrhynchos-Papyrus Nr. 2332: ἀπὸ 'Ηλίου παραγενόμενος
ἀγαθῶν δοτήρ καθεστάμενος ... ὑπὸ θεᾶς μεγίστης. H. LIETZ-
MANN, Der Weltheiland, Bonn 1909, 23ff. Das gilt bes. für
III 652. Allerdings fehlt im Töpferorakel das Sendungsmotiv.

30) Die Religion des Judentums (HNT 21), Tübingen [4]1966, 226.

31) Dies ist das Ergebnis bei G. SCHIMANOWSKI (s. Anm. 24).
Er weiß sich dabei vor allem von seinen Lehrern H. GESE
und M. HENGEL abhängig.

32) Vgl. M. HENGEL, Jesus als messianischer Lehrer der Weisheit und die Anfänge der Christologie, in: Sagesse et

Mund gelegte Wort der Weisheit Lk 11,49ff weist ihn gerade
nicht als inkarnierte Sophia aus, weil die Propheten sendende
Weisheit (vgl. Wh 7,27; 10,16 aber auch Philostrat, Vita Apollonii VIII 7) in der Transzendenz bleibt; ebenso Lk 7,35. Daß
Lk 13,34f ein übergeschichtliches Subjekt spricht, scheint
mir mit P. HOFFMANN wenig plausibel[33].

Hier wird ja die Schulweisheit zur ewig gültigen Weltordnung
erhoben, die Gott schon bei der Schöpfung vor Augen hatte.
Sie wird als sein Kind personal vorgestellt. Dieses Hyposta-
sendenken kann vor allem drei Bestandteile der vorgeführten
Christologie verständlich machen[34]:

1. Die Präexistenz. Die Weisheit war schon vor der Schöpfung
bei Gott. Allerdings muß man sehen, daß sie diese Stellung
nicht exklusiv beansprucht; alle heilsentscheidenden Dinge
existieren nach jüdischem Denken schon immer bei Gott[35].
Doch dürften Umschreibungen des Gottesverhältnisses Jesu wie

---

religion (Colloque de Strasbourg), Paris 1979, 148-188. S.
auch schon das Anm. 3 zit. Werk 116f. Eine Untersuchung
der ebd. Anm. 132 gegebenen Belege für "Weisheitsworte
des Messias" zeigt aber den Mißbrauch der Kategorie "mes-
sianisch".

33) Vgl. D. ZELLER, Entrückung zur Ankunft als Menschensohn
(Lk 13,34f.; 11,29f.) in: À cause de l'Évangile (FS J.
DUPONT, LeDiv 123) 513-530, 513ff. Zurückhaltend gegen-
über einer "Sophia-Christologie" in Q auch VIELHAUER (s.
Anm. 2) 324f; DUNN (s. Anm. 1) 197-206.

34) Vgl. schon R. BULTMANN, Der religionsgeschichtliche Hintergrund des Prologs zum Johannes-Evangelium, in: Exegetica, Tübingen 1967, 10-35, 13-22; E. SCHWEIZER, Zur Herkunft der Präexistenzvorstellung bei Paulus, in: Neote-
stamentica, Zürich-Stuttgart 1963, 105-109; neueste Be-
standsaufnahme bei G. SCHIMANOWSKI (s. Anm. 24) und - aus
derselben Schule - E. J. SCHNABEL, Law and Wisdom from
Ben Sira to Paul (WUNT II 16), Tübingen 1985, 236-264.

35) Deshalb sollte man nicht davon reden, daß Eigenschaften
der Sophia auf den Menschensohn bzw. den Messias übertragen wurden: gegen H. GESE, Die Weisheit, der Menschensohn
und die Ursprünge der Christologie als konsequente Entfaltung der biblischen Theologie, in: SEÅ 44 (1979) 77-114,
97 und ihm nachfolgend G. SCHIMANOWSKI (s. Anm. 24) 172.
In OrJos wurden z. B. auch Abraham, Isaak und Jakob =
Israel vor allem Werk geschaffen, in AssMos 1,14 ist Mose
von Anfang der Welt an zum Mittler des Bundes bereitet
worden.

εἰκὼν τοῦ θεοῦ[36] oder ἀπαύγασμα[37] von der Weisheit entlehnt
sein. Auch daß Christus bereits in der Geschichte Israels gegenwärtig gewesen sein soll (1 Kor 10,4), erklärt sich am besten auf diesem Weg[38].

2. Nur von der Weisheit bzw. der Tora dagegen wird die Mitwir-
kung bei der Schöpfung ausgesagt, die Paulus 1 Kor 8,6 dem
Kyrios zuschreibt (vgl. dann auch Kol 1,16f; Hebr 1,2f). Der
Johannesprolog wählt statt σοφία das absolute ὁ λόγος für das
Schöpfungsprinzip. Die atl. Anschauung von der Schöpfung durch
das Wort Gottes war im hellenistischen Judentum spekulativ
entfaltet worden, weil auch die griechische Philosophie, vor
allem die Stoa, vom Logos als kreativem Weltgeist sprach. So
hat bei Philo der göttliche Logos die Sophia als Mutter der
Welt schon fast verdrängt. Das bei Joh zugrundeliegende Lied
bevorzugt den Logos nicht nur wegen der philosophischen Assoziationen, sondern weil sich das Masculinum besser zur Inkarnation in einem Mann eignet.

3. Das Motiv von der Weisheit, die auf Erden einen Ort sucht,
aber von den Menschen abgewiesen wird (vgl. Spr 1,20-33; Sir
24,7; äthHen 42,1f), klingt Joh 1,10f an.

Doch ist der für uns eigentlich wichtige Passus, der von der
Fleischwerdung des Logos spricht (Joh 1,14), nicht mehr zu-
friedenstellend aus der Weisheitsideologie abzuleiten[39]. Zwar

---

36) Kol 1,15; 2 Kor 4,4 scheint dagegen eher an die eschatolo-
    gische Gottesoffenbarung in Christus zu denken. In der
    Weisheitslit. vgl. Weish 7,26; bei Philo vgl. All I 43,
    oft vom Logos im Anschluß an Gen 1,26f.
37) Vgl. Hebr 1,3 mit Weish 7,25.
38) Vgl. Philo, All II 86; H. GESE (s. Anm. 22) 166f möchte
    auch Joh 1,11ff auf die Begegnung des Logos mit Israel
    (in V. 12 κατὰ πνεῦμα) deuten, aber wahrscheinlich hat
    der Evangelist in V. 12f die christliche Möglichkeit vor-
    weggenommen.
39) GESE (s. Anm. 35) 113 sieht die Grenze "in der niemals
    vollzogenen und wohl auch nicht vollziehbaren Identität
    der transzendenten Weisheit mit der irdischen Erscheinung

hält sich die Weisheit schon immer gern bei den Menschen auf
(Spr 8,31c), mit dem Weisen geht sie gar eine Symbiose ein
(Weish 7,27f Einwohnen; 9,10 συμπαρεῖναι). Und die positive
Wendung gegenüber der Suche V. 10f. hat eine Parallele in Sir
24,8f, wo die bei allen Völkern (vergeblich) Ruhe suchende
Weisheit schließlich auf Weisung Gottes ihr Zelt in Jakob bzw.
Israel aufschlägt (κατασκηνῶσαι[40]). Sie findet ihre Konkre-
tion im von Gott gegebenen Gesetz. Aber daß sie in einem Men-
schen Fleisch annimmt, ist nicht belegt[41]. Sie entäußert sich
nicht, sie ändert nur ihren Ort, nicht ihre Gestalt[42]. Auch
für die Aussagen von der Menschwerdung des Gottgleichen bei
Paulus gibt der Sophia-Mythos nichts her.

1 Kor 1,30 setzt keine Präexistenz der Sophia außerhalb des
konkreten Christus voraus; 2,7 ist sie nur vorherbestimmt als
der in Christus offenbar gewordene Ratschluß Gottes.

---

eines Menschen hier und jetzt im soteriologischen Sinne
voller Verwirklichung der Offenbarung". Philo, Migr 23f
freilich spricht von Mose als dem gesetzgebenden Logos.
Doch dazu DUNN (s. Anm. 1) 243.

40) Vgl. auch äthHen 42,2 zum Bild; OrJos sagt der Erzengel
Israel von sich: κατέβην ἐπὶ τὴν γῆν καὶ κατεσκήνωσα ἐν
ἀνθρώποις. Das zeigt, daß das Bild nicht ausschließlich
für die Weisheit gebraucht wird. Bar 3,37 sagt dafür: Gott
hat sie Jakob verliehen.

41) Bar 3,38 μετὰ τοῦτο ἐπὶ τῆς γῆς ὤφθη καὶ ἐν τοῖς ἀνθρώποις συνανεστράφη unterbricht den Zusammenhang zwischen
V. 39 und 4,1 und ist wohl auch aus sprachlichen Gründen
christliche Einfügung; vgl. G. SCHIMANOWSKI (s. Anm. 24)
63f.

42) Erst die Lehren des Silvanus 107,9ff nehmen die paulini-
sche Wendung vom "Törichten Gottes", womit eigentlich das
Kerygma gemeint ist (1 Kor 1,18-25), auf, um damit die in
Christus greifbare Weisheit zu kennzeichnen.
Die Weisheit Gottes wurde um deinetwillen zur törichten
Gestalt, damit sie dich, du Tor, heraufführe und weise
mache.

Der Hymnus Phil 2,6-11 läßt jede Beziehung zur Weisheit ver-missen[43]. Für 2 Kor 8,9 gibt E. SCHWEIZER[44] das ohnehin zu.

Für das Sendungsschema hat man auf Weish 9,10[45] verwiesen.
Dort bittet Salomo Gott, er möge die Weisheit vom heiligen
Himmel senden, damit sie bei ihm sei. Damit wird sie als von
Gott zu erflehende Gabe gekennzeichnet. Hierzu ist im NT eher
die Sendung des Geistes (Gal 4,6; Joh 14,26; 1 Petr 1,12) in
Parallele zu setzen[46]. Der Sendungsgedanke ist überhaupt zu
unspezifisch, als daß er an dieser einen Stelle festgemacht
werden könnte. Um seine Verbindung mit "Sohn Gottes" zu erklären, muß SCHWEIZER den Umweg über den philonischen Logos
einschlagen.

Fazit: Im Judentum werden Hypostasen zwischen Gott und Schöpfung bzw. Menschheit/Israel eingeschaltet, damit er sich in
der geschaffenen Wirklichkeit offenbarend mitteilen kann. Sie
können aber nie voll in einem geschichtlichen Menschen zur Erscheinung kommen. Die frühe Christologie greift zwar Elemente
der Weisheitsspekulation auf; diese mündet aber nicht folge-
richtig in jene ein, wie es die Vertreter einer "biblischen
Theologie" wollen. Die einzigartige Transzendenz des Gottes
Israels verhindert, daß es ein gottgleiches Wesen neben ihm
gibt[47]. Deshalb ist auch eine Menschwerdung Gottes hier un-

---

43) D. GEORGI, Der vorpaulinische Hymnus Phil 2,6-11, in: E.
DINKLER (Hg.), Zeit und Geschichte (FS R. BULTMANN), Tü-
bingen 1964, 263-293 muß die Weisheit als Throngenossin
Gottes mit dem Geschick des Gerechten kombinieren, um eine
Parallele zu erhalten. Neuere Arbeiten wie die von G.
SCHIMANOWSKI (s. Anm. 24) 328ff sprechen vorsichtig nur
von einer Strukturanalogie zu Sir 24.

44) Vgl. den Anm. 34 angeführten Aufsatz 108.

45) Z. B. E. SCHWEIZER (s. Anm. 18) 92.

46) Vgl. Weish 9,17 und die bei SCHWEIZER (s. Anm. 18) 85
Anm. 8 und 87 Anm. 20 genannten atl. und jüdischen Beispiele. So auch die Kritik von J.-A. BÜHNER, Der Gesandte und sein Weg im 4. Evangelium (WUNT II 2), Tübingen
1977, 94f.

47) Vgl. auch G. STÄHLIN, Art. ἴσος, in: ThWNT III 352f.

denkbar. Im jüdischen Bereich kann man sich höchstens vorstellen, daß ein Engel zeitweise menschliche Gestalt annimmt[48]; auch wichtige Männer der Heilsgeschichte werden manchmal nachträglich als solche Engel erkannt, die deshalb wiederkehren können[49].

III. Hellenistische Modelle

A) Forschungsgeschichte exemplarisch

1. G. P. WETTER[50] beleuchtet die formelhafte Christologie des 4. Evangeliums von einer "Sohn-Gottes-Vorstellung" der hellenistischen Welt her. Diese wird ihm allerdings meist in Selbstvorstellungen von Gnostikern und in Quellen vom 2. Jh. n. Chr. an greifbar[51]. Auch vereint er darunter die traditionsgeschichtlich heterogensten Elemente, z. B. prophetische Sendung, das Sendungsbewußtsein von Philosophen. In dem für uns einschlägigen Kap 5. "Der Gottessohn ist vom Himmel gekommen" wird S. 92f auch die göttliche Abkunft der Heroen besprochen, die doch auf einer anderen Ebene liegt[52].

2. In R. BULTMANNs Handexemplar des Wetterschen Buches wird in Randbemerkungen öfter die nötige Differenzierung angemahnt. S. 101 notiert er aber auch zu der Überleitung Wetters "Der 'Sohn Gottes' ist nicht nur vom Himmel her in die Welt herniedergekommen, er wird auch die Welt wieder verlassen, zum Himmel zurückkehren".: "Es ist zu fragen, wo u. inwiefern beide Vorstellungen zus. gehören u. einen Mythos bilden." Diesen einheitlichen Mythos vom erlösten Erlöser hat BULTMANN dann

---

48) Z. B. Gen 18; Tob; JosAs; Hebr 13,2; dazu Ch. H. TALBERT, The Myth of a Descending - Ascending Redeemer in Mediterranean Antiquity, in: NTS 22 (1976) 418-439, 422f.

49) So Israel in OrJos (vgl. den Text bei A. M. DENIS, Fragmenta Pseudepigraphorum quae supersunt Graeca, Leiden 1970, 61); der in 11QMelch als Erlöser erwartete Melchisedek zählt zu den 'elohim. Auch späte Elijatraditionen (Zohar, Sefer Hapardes) denken sich den Propheten als Inkorporation eines Engels, vgl. M.-J. STIASSNY, Le Prophète Élie dans le Judaisme, in: Élie le prophète (ÉtCarm) II, Paris 1956, 199-255, 212.

50) "Der Sohn Gottes" (FRLANT 26), Göttingen 1916.

51) HENGEL (s. Anm. 3) 52f vermutet darin schon antichristliche Parodien bzw. polemische Stilisierung durch die Kirchenväter.

52) Auch BÜHNER (s. Anm. 45) 16f läßt "Synkretismus" nicht zur Verschleierung traditionsgeschichtlicher Zusammenhänge gelten.

vor allem aus mandäisch-manichäischen Texten rekonstruiert[53].
Hier dient die Menschwerdung der Täuschung der Mächte (vgl.
S. 76f).
Doch das Motiv der Niedrigkeitsgestalt und der nachträglichen
Erkenntnis des Gottwesens bei der Auffahrt scheint schon in
der Antike eingebürgert (s. u.).

3. Daß die antiken Parallelen nicht stärker ausgewertet wurden, verhinderte jedoch die Autorität A. D. NOCKs[54]. Er hat
die einschlägigen Stellen gesammelt, aber auch so kritisch
gesichtet, daß nur noch drei einigermaßen mit dem Christus-
Mythos vergleichbare Texte übrigblieben, denen aber das typisch Christliche, der Sühnetod des Menschgewordenen, abgeht.
Er folgert: "Greek notions of the incarnation of a definite
deity in an human frame for its lifetime are not common"
(Essays 152).

Seine Methode ist dabei, olympische Götter, sterbende Gottheiten und "göttliche Menschen" auseinanderzudividieren. So sehr
man die Vorstellungen ihrer Herkunft nach sondern muß, ist
doch zu fragen, ob sie nicht in hellenistischer Zeit ein Stück
weit verschmelzen. Außerdem muß der christliche Mythos nicht
irgendwo komplett vorhanden sein; er kann ja auch aus da und
dort geborgten Fragmenten zusammengesetzt sein.

4. In neuerer Zeit gibt es Ansätze, den hellenistischen Anteil
wieder stärker in Anschlag zu bringen. Während noch R. SCHNAK-
KENBURG[55] Joh 1,14 "nur als Protest gegen sämtliche anderen
Ausprägungen des hellenistisch-gnostischen Erlösungsglaubens

---

53) Der Aufsatz von 1925 ist wieder abgedruckt in: Exegetica,
Tübingen 1967, 55-104. Vgl. aber auch schon die Anm. 34
zit. Arbeit 27-34. Zusammenfassungen bei J. T. SANDERS,
The New Testament Christological Hymns (NTS MS 15), Cambridge 1971, 29-39 und bei BÜHNER (s. Anm. 45) 24ff.

54) Vgl. den Sammelband Early Gentile Christianity and its
Hellenistic Background, New York 1964 und Essays on Reli-
gion and the Ancient World, Oxford 1972, darin bes. die
Auseinandersetzung mit H. J. SCHOEPS 928-939. Der Einfluß
NOCKs ist besonders bei M. HENGEL (s. Anm. 3) 42-48.54ff.
59-66 spürbar.

55) Das Johannesevangelium (HThK IV 1), Freiburg 1965, 244.
Der Beleg aus Artemidor 2,35 (Anm. 2) ist in der Tat nicht
vergleichbar, weil es 1. um Traumerscheinungen geht, 2.
σαρκινοί den Gegensatz zu Statuen bildet.- Vgl. auch F.
HAHN (s. Anm. 3) 316 Anm. 3: "Daß hier ein genuin christlicher Gedanke vorliegt, für den sich keine vergleichbaren Aussagen in heidnischer Mythologie finden, ist
schlechterdings nicht zu bestreiten".

begreifen" kann, sieht hier U. B. MÜLLER[56] durchaus Analogien
in hellenistischen Vorstellungen, nach denen Gotteswesen in
menschlicher Gestalt auf Erden erscheinen. Und W. SCHENK[57]
interpretiert den Phil-Hymnus nicht mehr gnostisch, sondern
im Anschluß an Ch. H. TALBERT vom Mythos von ab- und aufstei-
genden Erlösergestalten her, der generell in der antiken Mit-
telmeerwelt zu finden sei. Das ist allerdings problematisch.

B. Götter in Menschengestalt

Hier kann und soll nicht die griechische Götterwelt in ihrer
komplizierten Entstehung und Entfaltung vorgeführt werden. Wir
fragen uns nur: Welche Vorstellungen hatten sich in der Zeit
des NT herausgebildet? Wie konnte man da von einer Gottheit
eine irdisch-menschliche Erscheinungsweise annehmen? Vorweg
die These: Im Hellenismus trifft sich die absteigende Linie,
wonach Götter auf Erden erscheinen können, mit der aufstei-
genden, nach der sterbliche Menschen, die sich in ihrem Er-
denwandel als "göttlich" erwiesen, unsterblich werden können.
Wir orientieren uns zunächst an der ersten; die zweite kommt
erst ergänzend hinzu.

Gegen die Behauptung des aufgeklärten Platonikers CELSUS[58]
"Kein Gott oder Gottes Sohn (παῖς) ist je (vom Himmel) herab-
gekommen noch könnte er herabkommen" (5,2) setzt ORIGINES den
volkstümlichen Glauben der Heiden an "Epiphanien Gottes".
Wenn CELSUS die Wahrheit gesagt hat,

---

56) Die Geschichte der Christologie in der johanneischen Gemeinde (SBS 77), Stuttgart 1975, 23. Vorläufer ist W.
BAUER (s. Anm. 15) 23. Vgl. jetzt U. B. MÜLLER, Der Chri-
stushymnus Phil 2 6-11, in: ZNW 79 (1988) 17-44, bes. 25.
31. Er bestätigt manches zu den Gestaltbegriffen im Phil-
Text hier Vorgetragene, legt aber Nachdruck darauf, daß
die Selbstentäußerung eines Präexistenten ungewöhnlich ist.
57) S. den Anm. 7 genannten Kommentar 206ff.
58) Ihn treibt die Sorge um die Unwandelbarkeit Gottes (vgl.
4,14.18). Aus anderen Gründen stellt Corpus Hermeticum X,
25 fest: "Denn niemand von den himmlischen Göttern wird
je auf die Erde herabkommen, die Grenze des Himmels über-
schreitend; aber der Mensch steigt in den Himmel hinauf
und ermißt ihn", nämlich in der Ekstase: S. WETTER (vgl.
Anm. 50) 99.

dann ist ausgeschlossen, daß es Götter auf Erden gibt, die
vom Himmel herunterkamen, um entweder den Menschen wahrzu-
sagen oder sie durch Orakel zu heilen.

Bei solchen kultischen Epiphanien[59] offenbaren die Götter
meist durch ihr Tun oder ihre Erscheinungsform ihr Wesen.
Manchmal verbergen sie sich aber auch in der Gestalt von Menschen und werden erst allmählich erkannt. Dies ist schon in
den homerischen Epen so[60]. Deshalb warnt ein junger Mann den
Antinoos, der Odysseus in den Lumpen eines Bettlers mißhandelt
hatte, es könne ein Himmelsgott sein. Als Begründung führt er
die allgemeine Überzeugung an:

καί τε θεοὶ ξείνοισιν ἐοικότες ἀλλοδαποῖσιν
παντοῖοι τελέθοντες ἐπιστρωφῶσι πόληας
ἀνθρώπων ὕβριν τε καὶ εὐνομίην ἐφορῶντες (Od. XVII 485-
487).

Von weither kommenden Fremdlingen gleichend und unter vielen Gestalten durchwandeln gar Götter die Städte und beobachten der Menschen Übermut bzw. Wohlverhalten.

Es ist ein bekanntes Motiv vieler Göttererzählungen, daß sie
incognito in ärmlicher Erscheinung Menschen auf die Probe
stellen:

- Im homerischen Demeterhymnus schwächt die Göttin ihr Aussehen ab (94) und gleicht einem alten Mütterchen (101); nach
der Selbstenthüllung (275f) verwandelt sie sich wieder zurück
(εἶδος ἄμειψε).

- Apollon und Poseidon treten ein Jahr in den Dienst des Tro-
janerkönigs Laomedon εἰκασθέντες ἀνθρώποις (Apollodor II 5,9
bzw. nach Ovid, Metamorphosen XI 202f "mortalem induitur formam"), um seine Hybris zu erkunden.

- Dionysos tritt in den Bakchen des Euripides als fremder
Bakchant auf und stellt sich im Prolog vor:
Ich, Zeus' Kind, komme ins Land der Thebaner, Dionysos...[61]
μορφὴν δ'ἀμείψας ἐκ θεοῦ βροτησίαν πάρειμι (4).
Z. 54 wiederholt noch einmal
μορφὴν τ'ἐμὴν μετέβαλον εἰς ἀνδρὸς φύσιν θεὸς γεγώς.

- Bei Apollonios Rhodios III 66ff prüft Hera als alte Frau
die menschliche εὐνομίη.

---

59) Vgl. F. PFISTER; Art. Epiphanie, in: PRE Suppl. IV, 277-
323.

60) Vgl. PFISTER (s. vorige Anm.) 283; lateinische Epigonen
286f. Vgl. auch Od. VII 199-210.

61) Zum ἥκω vgl. O. WEINREICH, De dis ignotis quaestiones
selectae, in: ARW 18 (1915) 1-52, 39; PFISTER a. a. O. 311.
Zum Ganzen jetzt D. FLÜCKIGER-GUGGENHEIM, Göttliche Gäste
(EHS, R. III 237), Bern 1984 (nach Abschluß des Ms. gesehen).

- Ovid, Metamorphosen I 213 sagt Zeus von sich:
  et deus humana lustro sub imagine terras.
Im selben Zusammenhang Apollodor III 8,1:
  "einem bedürftigen Manne gleich".

- Pausanias VIII 2,4ff verweist das freilich in längst vergangene Zeiten.

Besonders die Gastfreundschaft der Menschen wird so getestet[62].

Bei der Eiche von Mamre bewirtet Abraham in drei Männern Jahwe
selbst (Gen 18). In der antiken Überlieferung kommt dem besonders die Geschichte von Hygrieus nahe, der Zeus, Poseidon und
Hermes empfängt (Ovid, Fasten V 495ff; 504: dissimulant deos).
Bekannter ist freilich die Erzählung von Philemon und Baucis
(Ovid, Metamorphosen VIII 616ff), zu denen Juppiter und Merkur
in specie mortali kommen.

Daß eine solche Begegnung von Göttern und Menschen nicht nur
in mythischer Vergangenheit vorstellbar ist, zeigt im Neuen
Testament die Episode Apg 14,11ff. Auf die wunderbare Heilung
eines Gelähnten durch Paulus hin rufen hier die Bewohner von
Lystra:

οἱ θεοὶ ὁμοιωθέντες ἀνθρώποις κατέβησαν πρὸς ἡμᾶς.

und nennen Barnabas Zeus, Paulus Hermes - dieselben Götter,
die im benachbarten Phrygien Philemon und Baucis erschienen
waren[63]. Die Apostel können den Zeuspriester und die Menge
nur mühsam davon abhalten, ihnen zu opfern, indem sie beteuern, sie seien normale[64] Menschen wie die Lykaonier. Ein ähnlicher Vorgang spielt sich Apg 28,6 ab. Jedesmal sind Wunder
der Schlüssel zur Erkenntnis der verborgenen Göttlichkeit.

---

62) Vgl. M. LANDAU, Die Erdenwanderungen der Himmlischen und
    die Wünsche der Menschen, in: Zs. f. vgl. Litteraturgesch.
    14 (1901) 1-41, vor allem 3-16; L. MALTEN, Motivgeschichtliche Untersuchungen zur Sagenforschung, in: Hermes 74
    (1939) 176-206, bes. 179-186.

63) Die phrygische Sage muß dem Erzähler aber nicht bekannt
    gewesen sein. Anders G. SCHNEIDER; Die Apostelgeschichte
    (HThK V 2), Freiburg 1982, 158. Antike Beispiele dafür,
    daß Menschen für einen Gott gehalten werden, bringt F.
    PFISTER (s. Anm. 59) 312f.

64) ὁμοιοπαθεῖς. Nach E. HAENCHEN, Die Apostelgeschichte (KEK),
    Göttingen 61968, 369 Anm. 8 ist aber nicht an einen Gegensatz zu Gottes ἀπάθεια gedacht.

Die eingangs genannte Odysseestelle wurde zu einem klassischen
Zitat, anhand dessen man die Frage von Göttern in Menschengestalt prinzipiell erörterte:

- Platon lehnt wegen dieser Äußerung Homers dichterische Göt-
tervorstellungen überhaupt ab (Staat 381d)[65].

- Dagegen bezog Homer nach Diodor von Siz. hier alte Weisheit
von ägyptischen Priestern. I 12 stellt er den ägyptischen
Glauben an fünf Urgötter (in stoischer Deutung auf die Elemente) dar.
    (Die Ägypter) sagen ... sie hätten die ganze Welt bereist,
    wobei sie den Menschen in den Gestalten von heiligen Tieren
    erschienen, manchmal aber auch indem sie sich in das Aus-
    sehen von Menschen oder gewisser anderer Wesen verwandel-
    ten (§ 9).

- Philo zieht Som I 233 den παλαιὸς λόγος in freier Wiedergabe der Odyssee heran, um zu erklären, warum Gott sich in der
Gen als Engel oder menschlich (vgl. 236) zeigt. 232 betont er,
daß er dabei nicht seine Natur verändert, sondern den ihn sich
Vorstellenden eine δόξα ἑτερόμορφος eingibt. Der Theosoph emp-
findet diese Vorstellungsweise also eigentlich als Gott unan-
gemessen. Auch Quaest in Gn IV 2 zitiert er die Stelle zu Gen
18,1 mit tadelndem Unterton:
    Divinitatem fingentes sub similitudine existimant humana
    forma pulchritudinis apparuisse saepe saepius.
Abr 113 sind die Gäste von Gen 18 lediglich Engel, die sich in
menschengleiche Gestalt verwandelt haben.

- Doch die Legenden gebrauchen sie unkritisch. Eunapius (um
400 n.), Vitae Sophistarum VI 7 erzählt von zwei alten Weisen,
die Sosipatra in irgendwelche Mysterien einweihen. Ihr Vater
entdeckt am göttlichen Wissen seines Kindes, daß er es in den
Fremden mit Göttern (7,11 korrigiert ihn seine Tochter: δαίμονες) zu tun hatte und preist über alles die homerische Stelle (7,7).

Einen der Odysseestelle entsprechenden παλαιὸς λόγος findet
Themistios or. 7,90c[66] in Hesiod, Erga 122ff:

    Danach durchschweift das Geschlecht des goldenen Zeital-
    ters nach dem Tod als δαίμονες ἁγνοί die Erde, um die Men-
    schen zu überwachen (vgl. 249ff). Themistios mag dieses
    Zitat Homer gegenüber vorgezogen haben, weil hier nicht
    Götter, sondern nur θεῖαι δυνάμεις ins Erdenleben verwik-
    kelt werden; das entspricht eher seinem philosophischen
    Niveau. Er geht aber darin über Hesiod hinaus, daß sie

---

65) Ebenso Philo, LegGai 110.118; vgl. J. BEHM; Art. μορφή,
    in: ThWNT VI 755.

66) Er schrieb erst im 4. Jh. n. Chr.; gegen M. HENGEL (s.
    Anm. 3) 64 Anm. 82 ist jedoch in dieser Passage christ-
    licher Einfluß nicht ersichtlich.

sich nicht nur in Dunst kleiden, sondern σώματα ἀμφιεσάμε-
ναι παραπλήσια τοῖς ἡμετέροις καὶ βίον ὑποδῦσαι ἥττω τῆς
φύσεως, ἕνεκεν τῆς πρὸς ἡμᾶς κοινωνίας. Er entwirft nämlich
ein Gegenbild zur Inkarnation von bösen Geistern in Proko-
pios.
Wichtig für uns ist, daß nun geschichtliche Persönlichkeiten
als vom Himmel herabgekommene Mächte betrachtet werden können,
die zum Wohl der Menschheit die Erde beschreiten.

Bei der geschilderten Epiphanie wird ausdrücklich über die Gestalt (εἶδος, μορφή) der Götter reflektiert. Ihre Eigenart
liegt darin, daß sie zunächst unkenntlich bleiben; oft begegnen sie in einem alten und bedürftigen Menschen. Merkur muß
seine Flügel ablegen (Ovid, Metamorphosen VIII 627). Nur durch
signa (ebd. I 220) oder Wunder (ebd. VIII 681ff) wird ihr
wahres Wesen kund. Hier haben wir m. E. die einzige Parallele
zum Leer- und Armwerden des Präexistenten[67], wenn auch das
Motiv dafür je verschieden ist. Allerdings dauert die Epiphanie ursprünglich nicht ein ganzes Leben lang, schließt also
den Tod nicht mit ein. Sie bleibt eine Episode, die bei Eunapius immerhin über fünf Jahre währt. Erst wenn die Vorstellung
- wie bei Themistios und u. D) - auf historische Gestalten
übertragen wird, unterziehen sich die göttlichen Mächte einem
ganzen Bios. Hier ist das Motiv auch nicht mehr die Kontrolle
der Menschen, sondern - wie im NT - ihr Heil.

C) Kulturbringer und "irdische Götter"

Ein längeres Dasein auf Erden ist von den Gottheiten erfor-
dert, die wie Apollon, Hermes, Demeter oder Dionysos bestimmte
Errungenschaften unter den Menschen zu verbreiten haben. F.
PFISTER[68] spricht hier von "mythischer Epiphanie".

---

67) E. SCHWEIZER (s. Anm. 34) 108 sieht nur "in der Erniedri-
gung des Gerechten in Israel unter das ihm von Gott aufer-
legte Leiden" eine Analogie zur Armut Jesu. Aber hier
fehlt gerade der vorausgehende göttliche Status.
68) S. den Anm. 59 zit. Art. 288ff.

Protagoras [69] erzählt einen Mythos, wie Zeus Hermes zu den im
politischen Zusammenleben noch unerfahrenen Menschen
schickte, um sie Achtung und Recht zu lehren. Cornutus[70]
legt das allegorisch aus und führt so die Vernünftigkeit
der Menschen, den Logos, auf die Götter zurück; sie haben
ihn uns vom Himmel gesandt. Der Sohn des Zeus und der Maia
ist zu unserer Rettung gekommen.

In den Dionysiaka[71] XIII 1ff gibt Zeus durch eine Mittle-
rin Dionysos den Auftrag, die Inder zu vertreiben und alle
Völker in den Mysterien und im Weinbau zu unterweisen. V.
22ff unterstreicht, daß ihn Gottes unsterbliche Halle nicht
ohne bestandene Mühe aufnimmt - gleich wie Hermes, Apollon
und selbst Zeus (vgl. V. 34 gar das Lohnmotiv).

In der hermetischen Schrift Kore Kosmu[72] bitten die Elemente den Höchsten, er möge eine heilige ἀπόρροια von sich
der vom Unrecht beherrschten Erde zukommen lassen. Gott
kann dem nur so willfahren, daß er Osiris und Isis für eine
Weile der Erde schenkt (χαρίσασθαι). Sie vermenschlichen
das Leben dort, begründen Kult und Kultur und steigen endlich wieder zum Himmel empor.

Wir finden hier drei für die frühen Christusaussagen wesentliche Momente vorgeprägt:
1. Das Schema der Sendung, dessen Paradigma das Verhältnis
Zeus - Hermes darstellt[73]; meist bleibt der höchste Gott als
Urheber im Himmel zurück und delegiert seinen Boten.
2. Die Heilsfunktion des Gesandten.
3. Vergöttlichung als Lohn für irdische Mühe.

Nach den hellenistischen Historikern galten nämlich Gottheiten wie Isis und Osiris als urzeitliche Könige. Dies entsprach dem Zeugnis der Einheimischen, kam aber auch der These

---

69) Platon, Protagoras 322c; dazu E. J. BICKERMANN, Filius
Maiae, in: ParPass 16 (1961) 5-19, 16f.

70) Theologia Graecorum 16; vgl. H. KLEINKNECHT, Art. λέγω B,
in: ThWNT IV 85f; E. SCHWEIZER (s. Anm. 18) 83f.

71) Die Nonnos zugegebenermaßen erst im 5. Jh. n., aber noch
in seiner vorchristlichen Zeit schrieb.

72) Vgl. den Text bei A. D. NOCK / A. J. FESTUGIÈRE, Corpus
Hermeticum, Paris 1954, IV 21f. Gegen NOCK; Essays (s.
Anm. 54) 937 - bereitwillig aufgenommen von M. HENGEL (s.
Anm. 3) 59 - braucht man hier keine Konkurrenzbildung zum
Christentum zu vermuten

73) Vgl. Vergil, Aeneis IV 356; Origenes, c. Cels. VI 78.

des Euhemeros entgegen, wonach die Götter einst nur große Menschen waren, die sich göttliche Macht zuschrieben und für Götter gehalten wurden. Osiris, von dem man gar ein Sterben kannte, wurde wiederum mit Dionysos gleichgesetzt. Die Gruppe der kulturbringenden Gottheiten geht so über in die der "irdischen" Götter, die wegen ihrer Verständigkeit und Wohltätigkeit Unsterblichkeit erlangten[74]. Als solche führt Diodor VI 1,2 Herakles, Dionysos und Aristaios an[75]. Vor allem Herakles gibt das Paradebeispiel ab für einen Heros, der - obwohl sterblich - wegen seiner Mühen vergöttlicht wurde[76].

Bei diesem Typ von Göttern, die erst zu solchen werden, gibt es an sich natürlich keine vorherige göttliche Existenz. Sie könnten nur Modell stehen für die 3. Etappe des Philipperhymnus, die ja auch die 1. zu ignorieren scheint. Sie bezeugen uns die Möglichkeit der Vergöttlichung als Lohn für auf Erden erwiesene Tugend bzw. übernommene Mühsal. Wir sahen aber, daß sie sich nicht immer säuberlich von den olympischen Gottheiten scheiden lassen. In der Spätantike (s. o. Nonnos) müssen sich alle Götter den Himmel sozusagen erst verdienen. Wir werden feststellen, wie die Herrscherverehrung die Motive "von Gott kommende Wohltäter" und "Apotheose" kombinieren kann.

---

74) Vgl. Diodors Referat der ägyptischen Religion I 13,1; Cicero, leg. II 19. Vgl. Ch. H. TALBERT. The Concept of Immortals in Mediterranean Antiquity, in: JBL 94 (1975) 419-436. Der Begriff "Unsterbliche" ist allerdings unglücklich; besser müßten sie heißen "unsterblich Gewordene". Berechtigte Kritik bei D. E. AUNE, The Problem of the Genre of the Gospels, in: R. T. FRANCE / D. WENHAM (Hg.), Gospel Perspectives 2 (1981), 9-60, 19ff. Sie ändert aber nichts daran, daß in hellenistischer Zeit das ursprünglich sehr komplexe Heroentum und die verschiedenen Weisen der Vergöttlichung weitgehend systematisiert erscheinen.

75) Ähnlich spricht Plutarch, Pelopidas 16 davon, daß erzeugte δαίμονες (Plutarchs Terminologie!) wie Herakles und Dionysos aufgrund ihrer Tugend unsterblich wurden. Vgl. auch die Aufzählung der Verdienste der "Halbgötter" bei Philo, legGai 81-85; Horaz, c. III 3,1-16.

76) Vgl. M. HENGEL (s. Anm. 3) 42ff. Bei ihm wird der Verzicht

D) Historische Personen

Was man in der Urzeit von Göttern erzählte, kann aktuell auf geschichtliche Figuren übertragen werden, in denen sich göttlicher Glanz oder göttliche Weisheit offenbarte[77]. Es sind vor allem zwei Klassen von Menschen, die sich als menschgewordene Gottheit verstehen oder als solche von ihren Anhängern gefeiert werden können: Herrscher und Philosophen.

1. Menschwerdung eines Gottes im Herrscher

In hellenistischer Zeit sieht man im Orient, aber auch in Griechenland in den Machthabern epiphane Gottheiten. Während die himmlischen Götter fern scheinen, ist in jenen göttliche Macht rettend präsent[78]. Man braucht hier noch nicht von einer Inkarnation der Gottheit zu reden[79], sondern kann einen König wie Antiochus den IV. als "God's earthly counterpart" auffassen[80]. Auch Gottesbezeichnungen (Dionysos, Asklepios, aber auch einfach θεός) mit νέος brauchen nicht eine Menschwerdung dieses Gottes zu besagen, sondern sind manchmal nur gleichbedeutend mit "ein zweiter ..."[81].

Gleichwohl benutzt der Herrscherkult auch die mythische Ka-

---

auf die Ausübung seiner göttlichen Macht herausgestellt: Epiktet, Diss. III 26, 31f; Ps.-Lukian, Cyn. 13.

77) Vgl. H. D. BETZ, Art. Gottmensch II, in: RAC XI 235-312 mit Lit.

78) Vgl. das Lied auf Demetrios Poliorketes FHG II 47f. Aus der Kaiserzeit: Ovid,Ex ponto I 1,63: Augustus manifestior als die Götter.

79) Wie P. WENDLAND, Σωτήρ, in: ZNW 5 (1904) 335-353, 339f; F. PFISTER (s. Anm. 59) 314.

80) Vgl. A. D. NOCK, Essays (s. Anm. 54) 935. Er kann sich dabei auf Horaz, c. III 5,1ff; Seneca, de clementia I 2 oder Statius, silv. IV 3,128f (bezüglich Domitian) berufen; vgl. aber ebd. I 6,27: noster Iuppiter. Ferner P. RIEWALD, De imperatorum Romanorum cum certis dis et comparatione et aequatione (Diss. phil. Hal. XX 3), Halle 1912, 274ff.

81) Vgl. A. D. NOCK, Essays (s. Anm. 54) 144-152; O. WEINREICH

tegorie von auf die Erde herabsteigenden Göttern[82]. Es

scheint, daß der orientalische Jargon auch im Rom des 1. Jh.

v. Chr. Einzug hielt. Cicero jedenfalls weiß um die Vergött-

lichung römischer Machthaber in Griechenland und Asien:

> de imp. Cn. Pomp. XIV 41: omnes nunc in eis locis Pompeium
> sicut aliquem non ex hac urbe missum, sed de caelo delapsum
> intuentur (vgl. 45: Die fortuna des römischen Volkes hat
> ihn divinitus nach Asien gebracht).
> ad Quintum fratrem I 7: nam Graeci quidem sic te ita viven-
> tem intuebuntur ut quendam ex annalium memoria aut etiam
> de caelo divinum hominem esse in provinciam delapsum pu-
> tent[83].

Wenn er Rep. VI 13 allgemein von den Staatslenkern sagt, sie

seien vom Himmel ausgegangen und kehrten dorthin wieder zu-

rück, so ist das eine Auszeichnung der Regierenden und darf

(s. Anm. 61) 22ff.

82) Herodot VII 56 zeichnet die Hybris des Xerxes, indem er
ihn als Zeus anreden läßt, der einem Perser gleicht. Isokrates, Euagoras 72 ist geläufig, daß Dichter Größen der
Vergangenheit übertreibend als "Gott unter den Menschen"
(Anspielung auf Il. XXIV 258; vgl. auch Aristoteles, Politik 1284A) bzw. θνητὸς δαίμων charakterisieren. Wenn schon,
ist das seiner Ansicht nach beim König von Salamis, Euagoras, angebracht. Der Ekphantos zugeschriebene Traktat Περὶ
βασιλείας (bei Stobaeus, Anthol. IV 7, Nr. 64; Hense 275)
sagt vom König ὥσπερ αὐτὸς ἀπόδαμον τι ἐντὶ χρῆμα καὶ
ξενὸν ἐκεῖθεν ἀφιγμένον πρὸς ἀνθρώπους. Die Schrift ist
jedoch kaum authentisch, spiegelt aber nach E. R. GOODE-
NOUGH, Die politische Philosophie des hellenistischen Königtums (1928) in: H. KLOFT (Hg.), Ideologie und Herrschaft in der Antike (Wdf 528), Darmstadt 1979, 27-89, 53
hellenistische Anschauungen. 43 wird auch ein Fragment
des Pythagoräers Diotogenes (bei Stobaeus IV 7, Nr. 61;
Hense 265,6) zitiert, in dem es vom König u. a. heißt:
θεὸς ἐν ἀνθρώποις παρασχαμάτισται. Die neuere Forschung
scheint den Ansatz Goodenoughs zu bestätigen: Vgl. G. F.
CHESNUT, The Ruler and the Logos in Neopythagorean, Middle
Platonic, and Late Stoic Political Philosophy, in: ANRW II
16,2, 1310-1332, 1313ff.

83) P. WENDLAND (s. Anm. 79) 341 nimmt mit Grund an, daß Cicero den Stil hellenistischer Ehrendekrete von seinem
dreimaligen Aufenthalt im Osten her kannte. Dieselbe Vor-
stellungswelt begegnet uns bei Sueton, Aug. 94,9. Hier
sieht Cicero Augustus als Knaben, wie er an einer golde-
nen Kette vom Himmel auf das Kapitol herabgelassen wird.
E. NORDEN, Die Geburt des Kindes, Nachdr. Darmstadt 1958,
48 wehrt sich dagegen, V. 7 der 4. Ekloge Vergils
    iam nova progenies caelo demittitur alto
als sprichwörtliche Redeweise abzutun. Bei Eunapius,
Vitae Soph. IV 1,11 ist Porphyrius die vom Himmel

- gegen A. D. NOCK - nicht gleich durch eine orphische See-
lenlehre verflacht werden.

Dieser Gedanke kehrt in der dichterischen Verherrlichung des
Augustus wieder. Horaz verfaßt etwa 29 v. Chr.[84] auf ihn eine Ode (c. I 2). Welchen Gott soll das Volk nach den Schrecken
des Bürgerkriegs zu Hilfe rufen? Wen wird Iuppiter mit der
Sühnung der Verbrechen beauftragen? Der Dichter spielt einige Möglichkeiten durch (Apollon, Venus, Mars) und schlägt
schließlich (Z. 41ff) Merkur vor, der mit veränderter Gestalt
auf Erden einen Jüngling nachahmt und sich Cäsars Rächer nennen läßt. Die Wahl fällt auf ihn, weil er traditionell Recht
und Versöhnung bringt; so wird seine mythische Funktion historisch aktualisiert. Stilistisch bleibt es immer noch in
der Schwebe, ob sich das schon verwirklicht hat. Aber die Anspielung auf die Rache an den Cäsarmördern läßt keinen Zweifel mehr daran, daß die Menschwerdung Merkurs am ehesten in
Augustus stattfand. Deshalb richtet sich die Bitte, der Gott
möge erst nach langer triumphaler Regierung spät in den Himmel zurückkehren, an den Cäsar (Z. 45-52). An diesem anscheinend belanglosen poetischen Einfall können wir doch sehen, wie
leicht die Identifikation mit einem Gott dem Dichter zu Gebote
stand, zumal sie kaum Anhalt an einem Augustus-Merkur-Kult
hat[85]. - **Augustus selbst scheint sich freilich seinerseits**

---

zu den Menschen herabreichende Kette - das Bild geht auf
Il.VIII 19 zurück - in Person.

84) L. A. MACKAY, Horace, Augustus, and Ode, I,2, in: AJP 83
(1962) 168-177 tritt für das Jahr 27 ein. Zur Interpretation vgl. E. BICKERMANN (s. Anm. 69). Die entscheidende
Strophe lautet:
    sive mutata iuvenem figura
    ales in terris imitaris almae
    filius Maiae, patiens vocari
        Caesaris ultor
B. COMBET FARNOUX, Mercure romain, les 'Mercuriales' et
l'institution du culte impérial sous le Principat augu-
stéen, in: ANRW II 17,1, 457-501 verficht 489ff eine rein
römische Deutung.

85) Vgl. K. SCOTT, Mercur-Augustus und Horaz C. I 2, in: Hermes 63 (1928) 15-33, der frühere Belege sieht.

eher mit der Aura des Apollon umgeben zu haben[86].

Es wird schließlich zu einem Klischee der Huldigung an den
Kaiser, ihn als göttliches Wesen zu bezeichnen, das in der
Apotheose nur den ihm angestammten Ort erreicht[87]. Dabei ist
literarische Anlehnung an Horaz manchmal nicht zu überhören.

> Besonders aufdringlich ist das Gedicht des Lukan an den
> jungen Nero (Pharsaliae I 45ff). Hier ist nur die Aufnahme
> in den Himmel entfaltet, wobei Nero sich heraussuchen kann,
> welcher Gott er sein will; er war dies also offensichtlich
> noch nicht.

> Bei Calpurnius Sic., Bucolica IV 142-149 steht die Sendung
> des jungen Mannes vom Äther her und seine schließliche Er-
> höhung zum Gott neben der Vorstellung, daß der Kaiser
> selbst Iuppiter mutata figura oder ein anderer Überirdi-
> scher sub imagine falsa mortali sei.

Bei Plutarch, Rom. 28,2 sagt der entrückte Romulus

θεοῖς ἔδοξεν τοσοῦτον ἡμᾶς γενέσθαι μετ'ἀνθρώπων χρόνον,
ἐκεῖθεν ὄντας ... αὖθις οἰκεῖν οὐρανόν.

Das biegt der philosophisch gebildete Schriftsteller 28,7 auf
die Herkunft der Seele um. Derselbe Vorgang läßt sich auch in
seiner Schrift De Alexandri Magni fortuna I 8 (330d) beobachten. In der eigenen Formulierung spricht er vom Daimon, der
die Seele Alexanders herabgesandt hat; dagegen glaubt dieser
selbst nach 329b/c, er sei von Gott gekommen (ἥκειν θεόθεν)
als Zusammenfüger und Versöhner des Alls.

Die Vorstellung, daß sich Götter zeitweise in Menschen ver-
wandeln, wird also so auf Herrscher angewandt, daß dadurch
mindestens ihre - möglichst lange - Regierungszeit ausge-
zeichnet ist. Bei Romulus, Alexander und Augustus verbindet
sie sich auch noch mit der aus der Heroenlegende stammenden
Anschauung von der Zeugung durch einen Gott. Solche schon kon-
ventionell werdende Schmeichelei mag nicht ernst gemeint sein,
bezeugt aber - gegen A. D. NOCK -, daß die Inkarnation eines

---

86) Vgl. P. RIEWALD (s. Anm. 80) 269f.

87) Vgl. Manilius, Astr. I 799f (von Augustus): descendit
   caelo caelumque replebit; Hist. Aug., Marc. Anton. 18,2:
   ab diis commendatus ad deos redisset. Q. Curtius Rufus,
   Hist. Al. M. X 6,6: tantum virum deos adcommodasse rebus
   humanis, quarum sorte conpleta cito repeterent eum suae
   stirpi.

Gottes in einem Menschenleben für die damalige Zeit durchaus
denkbar war. Dazu kommen zwei weitere Punkte: An den auf Erden wandelnden Gottkaiser richteten sich umfassende Heilserwar-
tungen; und: Unabhängig von der genannten Vorstellung führten die orientalischen, aber auch die römischen Herrscher oft
den Titel "Sohn eines Gottes" (des Zeus, des Ammon, des He-
lios ...)[88].

2. Weise Männer

Schon Empedokles[89] sagt von sich:

> Ich wandle für euch umher als ein unsterblicher Gott, nicht
> als ein Sterblicher.

Der Ruf der Göttlichkeit heftete sich aber vor allem an Pythagoras. Nach einem Fragment des Aristoteles[90] stuften seine
Schüler ihren Meister zwischen Gott und Mensch ein. Sie ver-
ehrten ihn ὡς ἐκ Διὸς ἥκοντα[91]. "Die einen hielten ihn für
den pythischen Gott, die anderen für Apollon aus dem Hyper-
boreerland, manche für Paian, wieder andere für einen der Dai-
monen, die den Mond bewohnen: jeder erklärte ihn für einen anderen Olympier, der den damals Lebenden in Menschengestalt erschienen sei (ἐν ἀνθρωπίνῃ μορφῇ φανῆναι), um dem todgeweihten
Leben aufzuhelfen, es zurechtzubringen ..."[92]. Er soll selbst
geäußert haben, "er sei gekommen (ἥκειν), die Menschen zu heilen und ihnen Gutes zu tun, und sei darum in Menschengestalt
(ἀνθρωπόμορφος)erschienen, damit sie nicht über seine Überle-
genheit erschräken, verwirrt würden und sich seiner Belehrung
entzögen"[93].

---

88) Vgl. P. WÜLFING VON MARTITZ, Art. υἱός κτλ. A, in: ThWNT
VIII 336. Genaueres in den Beiträgen der Kollegen HUMBACH
und HERZ.
89) Nach Diog. Laertius VIII 62.
90) Bai Jamblich, Pythagoras 31.
91) Philostrat, Vita Apollonii I 1.
92) Jamblich, Pythagoras 30 (Übersetzung von M. v. ALBRECHT,
Zürich-Stuttgart 1963). Vgl. auch Diog. Laertius VIII 11.
93) ebd. 92.

Jamblich selber beschränkt dies wieder auf die Sendung der
Seele (8). Pythagoras stamme nicht von Apollon ab, sondern
besitze nur eine gewisse Vertrautheit mit ihm.
Mit der Wanderung der Seele des Pythagoras möchte auch
Alexander von Abonuteichos[94] seine göttliche Abkunft dar-
tun. Er bezeichnet sie als δίης φρενὸς ἀπόρρωξ; der Vater
sandte sie als Beistand guter Menschen.

Diese aufgeklärte Sicht ist aber nur eine Weiterentwicklung
der populären Anschauung, wonach das Auftreten großer Philosophen eigentlich die Parusie eines Gottes[95], seine ἐπιδημία
bei den Menschen[96] oder auch seine Epiphanie[97] bedeutet[98].

Trotz des späten Datums der meisten Zeugnisse kann diese Anschauung schon älter sein. Das geht aus einer Szene von Pla-
tons Sophistes 216 hervor. Sokrates mutmaßt, Theodoros könnte
in dem Fremdling, den er als philosophischen Mann vorgestellt
hatte, einen Gott mitbringen. Die Begründung vermischt zwei
Odysseezitate. Neben IX 270f, wonach Zeus den Fremden wie den
Ehrfurchtheischenden folgt, zieht er unsere bekannte Stelle
XVII 485ff heran. Der Gast könnte einer der Höheren sein, die
die Menschen überführen. Der Widerspruch des Theodoros, der
Mann sei keineswegs ein Gott, aber doch göttlich wie alle Philosophen, ist wohl platonische Korrektur. Doch Sokrates legt
auf sie das Homerzitat um:
    Denn in gar mancherlei Gestalten erscheinen (wegen der Un-

---

94) Vgl. Lukian, Alex. 40.

95) Jamblich, Pythagoras 16; so schon Diodor X 3,2.

96) Eunapius, Vitae Sophistarum II 1,4 zur Vita des Apolloni-
    us; vgl. Jamblich, Pythagoras 10: ὡς δὲ δαίμων τις ἀγαθὸς
    ἐπιδημῶν τῇ Σάμῳ.

97) Lukian, Demonax 63. Wenn der alte Demonax so kostenlos
    Essen und Herberge findet, haben wir wieder das unter B)
    behandelte Motiv.

98) Seneca, ep. preist in mythischer Sprache den animus rec-
    tus überhaupt als "deum in corpore humano hospitantem"
    (31,11), als herabgesandt (demissus) bzw. als göttliche
    Kraft, die herabstieg (41,5). Wie der Sonnenstrahl haeret
    origini suae, ein Bild das die Väter zur Lösung der Frage
    heranziehen können, ob denn der menschgewordene Logos
    nicht mehr im Himmel ist.

wissenheit der anderen) diese Männer (die nicht angeblichen, sondern wahrhaften Philosophen) und durchziehen die Städte, von oben her der Niederen Leben betrachtend (καθορῶν- τες)99).

Fassen wir III zusammen: Im hellenistischen Raum war - im Gegensatz zum bodenständigen Judentum - der Gedanke möglich, daß ein Gott menschliche Gestalt annimmt. Er konnte auf historische Gestalten angewendet werden, um auszudrücken, daß sie zu einem segensvollen Wirken von den Göttern zu den Menschen gekommen sind. Damit kann das Sendungsmotiv zusammengehen[100]. Der Mythos vom Herabsteigen einer Gottheit überschneidet sich mit den Vorstellungen über Heroen und "göttliche Männer". Hier ist eigentlich die Zeugung durch einen Gott und die Apotheose nach dem Tod zuhause. Letztere kann aber in Verbindung mit unserem Mythos als Rückkehr in den Himmel verstanden werden.

---

99) Entsprechend bezeichnet sich Menedemos (vgl. Diog. Laertius VI 9,102) als ἐπίσκοπος-freilich im Auftrag des Hades. Vgl. W. WINDISCH, Paulus und Christus (UNT 24), Leipzig 1934, 41.

100) Im Herrscherkult vgl. o. Calpurnius Sic. Buc. IV 142: Di ... hunc iuvenem, quem vos ... ab ipso aethere misistis in an die Sib erinnernder Sprache; Menander (Rhet. Gr., ed. SPENGEL, III 370,21ff) empfiehlt allgemein beim Enkomion eines Königs, man solle sagen, er sei nicht aus den Menschen, sondern παρὰ τοῦ θεοῦ πέμπεσθαι. In der Inschrift von Priene ergänzte DITTENBERGER, OGIS II 457, 33ff noch, die Vorsehung habe Augustus als Retter gesandt (πέμψασα). Wahrscheinlich ist aber χαρισαμένη zu lesen. Dasselbe Verbum hatten wir auch Corpus Hermeticum fr. XXIII 64; es kommt dem ἔδωκεν Joh 3,16 gleich. Zum Sendungsbewußtsein der Kyniker vgl. K. H. RENGSTORF, Art. ἀποστέλλω, κτλ in: ThWNT I 397-448, 398. Philosophisch geläutert war von der Sendung der Seele die Rede. Das Pendant zur Sendung ist γίγνεσθαι (Cornutus 16; Plutarch, Rom 28,2; Menander 371,1) oder ἥκειν (Plutarch, De Alex. M. fort. 329 B/C; Philostrat, Vita Ap. I 1; VIII 7; Jamblich, Pyth. 92), das auch im NT einmal statt einer Form von ἔρχεσθαι stehen kann (vgl. Joh 8,42; Hebr 10,7.9 im Zitat), um das Kommen von Gott her auszudrücken.

IV. Christliche Aneignung

Es kann nicht darum gehen, die Christologie der griechisch-
sprechenden Gemeinde so aus ihrer Umwelt abzuleiten, als habe
sie bewußt kopiert oder einen Gegenentwurf versucht. Wohl lautet die These, daß sie hier am ehesten ihre Denkmöglichkeiten
fand.

Sie war überzeugt, daß ihr Herr im Himmel thront. In hellenistischer Umgebung lag es nahe, die messianische Sohn-Gottes-
Prädikation so zurückzuverfolgen, daß er schon von dorther
kam. Freilich: Nicht ein Gott wird Mensch, sondern der einzige Sohn Gottes; und nicht der Sohn eines Gottes - wie im Herrscherkult -, sondern der Sohn des einen Gottes schlechthin.
Aber das antike Denken ermöglichte die Vorstellung eines göttlichen Wesens in Menschengestalt[101]. Allerdings mußte nun
der Gestaltwandel auch ganz ernst genommen werden. Er führte
zum Kreuzestod. Dieses Datum war ja unausweichlich vorgegeben.
Die heidnische Anschauung machte es wenigstens möglich, dieses
Ärgernis als äußerste freiwillige Selbsterniedrigung zu erhel-
len. Doch da das Gottwesen das Menschsein mitsamt dem Sterben
auf sich genommen hatte, konnte es sich nun nicht mehr von
selbst nach dem heidnischen Modell in göttliche Seinsweise
zurückverwandeln. Hier mußte die ältere Erhöhungschristologie
greifen, für welche in griechischem Milieu wieder die Vergöttlichung eines Herakles nach bestandener Mühsal eine Ver-
ständnishilfe bieten konnte[102].

Weitere, späte Belege (Themistios, Eunapios) bei L.
DELATTE, Les traités de la Royauté d'Ecphante, Diotogène
et Sthénidas, Liége - Paris 1942, 220f.

101) Das wird bis in sprachliche Einzelheiten hinein spürbar.
Wir nannten schon die Ausdrücke für Gestalt und Gleichheit. Hinzuweisen wäre aber auch auf die konzessive Par-
tizipialkonstruktion, die die Göttlichkeit Jesu wahrt:
Phil 2,6a; Hebr 5,8; ähnliches fanden wir in Eur., Bakchen, Prolog 54; Ovid, Met. I 213; Plutarch, Rom. 28,2.

102) Wie bei den sterbenden Gottheiten der Antike der Tod keine Sühnewirkung hat, so fehlt dieser Aspekt auch im Phi-

Wie schon vermutet (s. III A 3), stand für die - in sich auch
wieder nicht einheitlichen - christologischen Aussagen des NT
nicht ein einziger durchgängiger Mythos Pate; es wurden vielmehr mythologische Bruchstücke unterschiedlicher Herkunft zu-
sammengefügt. Die religionsgeschichtliche Einmaligkeit des
christlichen Inkarnationsgedankens resultiert aus der Verbindung von vorgegebenen Fakten und dazu nicht ganz passenden
Denkmustern der Umwelt.

Die Gemeinde, die den Phil-Hymnus sang, und Paulus selber
schauen auf das schimpfliche Ende des Gottessohnes am Kreuz
und suchen es verständlich zu machen als letzte Konsequenz der
Selbstentäußerung eines Gottgleichen, wobei sie die species
mortalis, in die sich sonst schon einmal Götter zu hüllen pfle-
gen, wörtlich nehmen. Weil der Herr der Herrlichkeit incognito
kam, konnten ihn auch die Machthaber, die ihn kreuzigten, nicht
erkennen (1 Kor 2,8). Im 4. Evangelium dagegen ist die Herrlichkeit des menschgewordenen Logos in den Wundertaten etwa
schon sichtbar. Hier scheint stärker das θεῖος-ἀνήρ-Modell ein-
zuwirken, das bereits das Mk-Evangelium und wohl auch die Zei-
chenquelle des Joh bestimmt. Vielleicht ist aber auch das Werk
Jesu als eine fortgesetzte Epiphanie normaler Art aufgefaßt.
Doch muß der in diese Welt gesandte Erlöser noch einmal ver-
herrlicht werden, wenn er wieder zum Vater geht. Das ist wieder ein Stück Erhöhungschristologie. Freilich werden Kreuz und
Auferstehung als Erhöhung und Verherrlichung zusammengefaßt;
eine Tendenz macht sich bemerkbar, schon den Tod Jesu zu ver-
klären.

Ich möchte noch kurz auf die Folgen eingehen, die die Übernahme des hellenistischen Modells für den sich entwickelnden
Christusglauben in sich schließt. Das Kreuz erschien uns als
das unterscheidend Christliche. Aber nicht immer liegt der

---

lipperhymnus. Diese Deutung hatten die Heidenchristen
schon von der judenchristlichen Gemeinde übernommen.

Ton auf der wahren Menschlichkeit Jesu, die sich darin bekundet. Faßt man nur die Inkarnation ins Auge, so wird sie zum eigentlichen Heilsereignis. Der mit der Auferweckung Jesu aufgerissene eschatologische Horizont verblaßt. In der Menschwerdung Gottes - wie man nun ungeschützt sagt[103] - ist die Vergöttlichung des Menschen begründet.

Wir machten schon auf die Spannung aufmerksam, die zwischen der übernommenen Gestaltterminologie und der gemeinten Sache besteht. Bei den christlichen Autoren der ersten Jahrhunderte färbt sich die Ausdrucksweise gelegentlich stärker mythologisch ein: sie reden nach antikem Vorbild von dem unter den Menschen wandelnden Gott[104]. Die angenommene Menschengestalt kann schließlich wieder doketistisch als bloße Verkleidung ausgelegt werden. So in der christlichen Gnosis. Hier steigt der göttliche Gesandte durch alle Äonen nieder[105] bzw. durch alle 7 Himmel bis zum Ende des Totenreiches und wird dabei dem Bild aller gleich[106], um sie zu täuschen. Der Sohn Gottes wird alles um der heiligen Seelen willen: Gott, Engel und schließlich leidensfähiger Mensch[107]. Das ist wie in der Antike nur vorübergehende Tarnung; das eigentliche Ziel ist die Befreiung des Göttlichen im Menschen aus dem sterblichen Gefängnis.

Gegenüber beiden Entwicklungen mögen wir heute immun sein. Niemand will mehr Gott werden[108]. Wir müssen erst recht

---

103) Vgl. Ignatius Eph 7,2 ἐν σαρκὶ γενόμενος; 19,3 θεοῦ ἀνθρωπίνως φανερουμένου.

104) Vgl. die christlichen Zusätze zu Test XII (Jud 24,1; Dan 5,13; Iss 7,7; Naph 8,3 ὀφθήσεται ὁ θεὸς κατοικῶν ἐν ἀνθρώποις ἐπὶ τῆς γῆς; Benj 10,7 τὸν ἐπὶ γῆς φανέντα ἐν μορφῇ ἀνθρώπου ἐν ταπεινώσει).

105) Vgl. den Naassenerhymnus Hippolyt, Ref. V 10,2.

106) Vgl. AscJes 10,8ff.

107) Vgl. CH IV, fr. div. 21, Z. 9f.

108) Titel eines Weihnachtsbeitrags von F. J. SCHIERSE in Publik.

Mensch werden. Im Zug dieser Umkehrung interpretiert man auch
die traditionelle Aussage von der Menschwerdung Gottes neu
als Solidarität Gottes mit dem Menschen, die so weit reicht,
daß Gott ganz im Gekreuzigten auf- bzw. untergeht. "Gott wird
immer mehr Mensch". Doch das ist schon das Thema meines Kollegen SCHILSON im folgenden Beitrag.

ARNO SCHILSON

"Gott wird immer mehr Mensch" (D. Sölle)

Aspekte eines postchristlichen Humanismus

O. VORBEMERKUNGEN ZUM THEMA

0.1 Die Besonderheit der Thematik

Diese Vorlesung[+)] unterscheidet sich in mehrfacher Hinsicht von
den voraufgehenden Vorträgen dieser Vorlesungsreihe zum Thema
"Menschwerdung Gottes - Vergöttlichung von Menschen": Erstens
beschreibt sie Phänomene und Überzeugungen, die nicht unbekannten und fernen Kulturen zugehören, sondern für unseren
eigenen Kulturkreis charakteristisch sind. Zweitens führt uns
diese Vorlesung nicht in vergangene Zeiten, sondern beschreibt
unmittelbar erfahrbare Gegenwart. Drittens schließlich befaßt
sie sich nicht mit einzelnen herausragenden Gestalten (etwa den
Pharaonen, den römischen Kaisern oder den iranischen Herrschern)
und deren Verständnis im Kontext der Vorstellung von der Menschwerdung Gottes. Hier geht es vielmehr darum, einen latenten, in
manchen Dokumenten der Gegenwart jedoch manifesten Trend auszumachen und zu beschreiben, der sich nur noch herkunftsge-
schichtlich einer spezifisch christlichen Vorstellung von der
Menschwerdung Gottes verdankt, seine Sinnspitze jedoch in einer
sehr allgemein verstandenen Vergöttlichung des Menschen überhaupt hat. Viertens endlich fällt unsere Vorlesung auch dadurch
aus dem Rahmen, daß sie ausdrücklich nicht eine bestimmte Religion und deren greifbare Ausprägungen zu beschreiben versucht. Unser Interesse gilt nicht dem Christentum als solchem,
sondern einem postchristlichen Phänomen, so umstritten diese
Rede vom "Nachchristlichen" auch sein mag.

Näherhin geht es um die Beschreibung eines spezifisch begrün-
deten Humanismus - also um eine am Menschen schlechthin orientierte und diesen absolut setzende Überzeugung und Weltan-
schauung. Dabei versteht sich ein so gearteter Humanismus als
die radikalste Konsequenz des christlichen Inkarnationsglaubens, insofern er diesen auf eine religionsgeschichtlich wohl

---

+) Der folgende Beitrag bietet den ursprünglich in diesem Umfang erstellten, um Anmerkungen ergänzten Text der Vorlesung; aus Zeitgründen wurde jedoch eine erheblich verkürzte
Fassung vorgetragen, die manche Aspekte und Belege aussparte.

einzigartige Weise zu beerben versucht. Angestoßen von der in
Jesus behaupteten Menschwerdung Gottes und der damit verbundenen göttlichen Anerkennung und Aufwertung des Menschseins
überhaupt hat dieser Humanismus insofern eine Vergöttlichung
des Menschen betrieben, als nun nicht mehr Gott dem Menschen
heilig ist, sondern der Mensch dem Menschen heilig ist. Diese
zwar vom menschgewordenen Gott initiierte, in der Konsequenz
aber ohne diesen Gott auskommende "Vergöttlichung von Menschen" wird im Thema mit einem Wort von Dorothee SÖLLE angedeutet, in dem es heißt: Gott wird immer mehr Mensch - anders
gesagt: Gott wird im Menschen überhaupt gefunden; der Mensch
selbst wird zum Ort der Transzendenz in betonter Weltlichkeit,
in einem atheistisch-humanistischen Konzept.

0.2 Hinweise zum Aufbau

Schon diese wenigen Vorbemerkungen zeigen, daß wir es bei dem
hier zu skizzierenden postchristlichen Humanismus mit einem
überraschenden Phänomen zu tun haben: Beide für diese Vorlesungsreihe thematischen Aspekte, also sowohl die Menschwerdung
Gottes als auch die Vergöttlichung von Menschen verschlingen
sich dabei miteinander. Auf der Basis des dezidiert gottbe-
zogenen Inkarnationsglaubens entwickelt sich eine Überzeugung
von der absoluten Bedeutung, der unantastbaren, göttlichen
Geltung des Menschen überhaupt, die sich vom traditionellen
Inkarnations- und Gottesglauben langsam aber sicher emanzi-
piert.

Diesen Befund möchte ich in drei großen Schritten dokumentieren, wobei freilich nicht alle Dimensionen zur Sprache
kommen können. In diesem Sinn handelt es sich nur um Aspekte

eines postchristlichen Humanismus[1]. Den Einstieg soll eine
globale Sichtung des Phänomens selbst bieten. Dabei wird zunächst einiges demoskopische Material aufzeigen, daß sich tatsächlich auf dem Hintergrund des rechtgläubigen christlichen
Inkarnationsbekenntnisses dessen Verflüchtigung und allmähliche
Umprägung in einen latenten Humanismus horizontaler Art andeutet. Ähnliches wird sich aus einigen profilierten Äußerungen
des Schriftstellers Heinrich BÖLL ergeben, die hier als Zeugnis
für die Verquickung eines solchen Humanismus mit dem Anspruch
des Christlichen dienen sollen. Daß auch die Theologie selbst
bei aller Anstrengung des Begriffs diesen Tendenzen nachgibt
bzw. ihnen aufhilft, möchte ich in einem zweiten Schritt an
einer kurzen Skizze einschlägiger Momente im Werk der profilierten evangelischen Theologin Dorothee SÖLLE nachweisen.
Drittens endlich sollen als dezidierte Ausarbeitung einer
solchen Beerbung der christlichen Inkarnations-Religion ein-
schlägige Aspekte im Werk des marxistischen Philosophen Ernst
BLOCH skizziert werden.

------

1) Zur grundsätzlichen Verhältnisbestimmung von Humanismus und
   Christentum vgl. den informativen Durchblick von A. SCHWAN,
   Humanismen und Christentum, in: F. BÖCKLE u.a. (Hg.), Christ-
   licher Glaube in moderner Gesellschaft, Bd. 19, Freiburg-
   Basel-Wien 1981, 5-63 (Lit.); ergänzend auch die brillante
   Situationsanalyse des Soziologen F.-X. KAUFMANN, Im
   Spannungsfeld der Verweltlichung. Das Christentum und die
   europäische (westliche) Moderne, in: HerKorr 41 (1987)
   84-90. Diese Beiträge zeigen zugleich, daß die folgenden
   Überlegungen nur einen kleinen Sektor aus einem nahezu
   uferlosen Gebiet behandeln können.
   Selbst bei einer ausdrücklichen Bezugnahme auf die Gestalt
   Jesu hätte man zur Demonstration wesentlicher Aspekte eines
   postchristlichen Humanismus noch andere Wege einschlagen
   und andere Gestalten allgemein-humanistischer Religionskri-
   tik heranziehen können. Vgl. dazu J. NOLTE, Die Gestalt und
   Rolle Jesu in der neuzeitlichen Religionskritik, in: DERS.,
   Theologia experimentalis. Übergänge zu einer Metatheologie,
   Düsseldorf 1975, 109-119; ergänzend W. POST, Jesus in der
   Sicht des modernen Atheismus, Humanismus und Marxismus, in:
   F.J. SCHIERSE (Hg.), Jesus, Mainz 1972, 73-95; Th. PRÖPPER,
   Der Jesus der Philosophen und der Jesus des Glaubens. Ein
   theologisches Gespräch mit Jaspers, Bloch, Kolakowski,
   Gardavsky, Machovec, Fromm, Ben-Chorin, Mainz 1976.

Eines bleibt von vornherein festzuhalten: Die folgenden Ausführungen stellen kein Plädoyer zur Auflösung des traditionellen
christlichen Inkarnationsglaubens dar; sie beschreiben lediglich in religionswissenschaftlicher Perspektive Tendenzen, die
sich als nachchristliche Aspekte eines Humanismus bezeichnen
lassen, der sich zwar seiner Herkunft vom Christentum noch bewußt bleibt, dessen Impulse daher ausdrücklich aufgreift, sie
aber mit letzter Konsequenz in säkularer Hinsicht vollstreckt
und aus dem christlichen Kontext herauslöst.

1. DAS CHRISTLICHE BEKENNTNIS ZUR MENSCHWERDUNG GOTTES - DAMALS UND HEUTE

1.1 Die traditionelle Vorgabe: Der Gott-Mensch Jesus Christus

Wollen wir die Veränderungen der Gegenwart und ihre geistesge-
schichtlichen Ursprünge allerdings genau verstehen, so müssen
wir uns kurz auf die grundlegenden Aussagen des christlichen
Glaubens über die Menschwerdung Gottes besinnen. Spätestens
seit dem 5. Jh. und seinen wegweisenden christologischen Kon-
zilien gilt es als allgemeine und verbindliche christliche
Lehre, daß in dem Menschen Jesus von Nazaret der ewige Gottessohn Mensch geworden ist[2]. Diese Menschwerdung Gottes wird
dabei nicht mythologisch, sondern sehr realistisch vorgestellt
und in ontologischen bzw. metaphysischen Formeln ausgesprochen.
Demnach gibt es in Jesus Christus eine göttliche und eine
menschliche Natur, er ist Gott selbst und uns Menschen gleich-
wesentlich; die korrekte Bezeichnung für ihn lautet deshalb,
auf kürzeste Form gebracht: Gott-Mensch[3]. Allerdings ist

---

2) Vgl. zur Formulierung dieses Christusbekenntnisses die
   knappen Hinweise in dem von mir verfaßten Art. Jesus Christus, in: G. BITTER/G. MILLER (Hg.), Handbuch religionspä-
   dagogischer Grundbegriffe, Bd. 2, München 1986, 669-681,
   hier 674-676; ferner Art. Inkarnation, in: V. DREHSEN u.a.
   (Hg.), Theologisches Handwörterbuch, Zürich-Gütersloh 1988.

3) Zum genaueren Verständnis dieses Begriffes und seiner Ge-
   schichte in der frühen Christenheit vgl. A. GRILLMEIER,
   Art. Gottmensch III (Patristik), in: RAC 12 (1983) 312-366
   (Lit.).

dieser Gott-Mensch Jesus Christus etwas ganz und gar Einzig-
artiges; das Bekenntnis zur Menschwerdung Gottes in Jesus ist
exklusiv gemeint - nur dieser eine und sonst keiner ist in
menschlicher Gestalt Gottes Sohn.

Diese exklusive Stellung der gottmenschlichen Wirklichkeit Jesu
wird jedoch in der damaligen griechischen Theologie dadurch ge-
brochen, daß sie den Nerv des Bekenntnisses zu Jesus als wahrem
Gott und wahrem Mensch in eine sogenannte Tauschformel legt und
so den Menschen überhaupt bedenkt: Gott wurde (in Jesus) Mensch,
damit der Mensch (durch Jesus) Gott würde[4]. Die Teilgabe am
göttlichen Leben durch den Gott-Menschen Jesus Christus, die
Vermittlung von göttlicher Unvergänglichkeit und Lebensfülle
als Heil des Menschen bildet also den Hintergrund dieses zunächst abstrakt dogmatisch und rein spekulativ anmutenden Bekenntnisses zur Menschwerdung Gottes in Jesus. Menschwerdung
Gottes einerseits und eine die Grenzen der welthaften Möglichkeiten übersteigende Vergöttlichung des Menschen andererseits
sind deshalb seit diesen Zeiten die eigentlichen Konstanten des
christlichen Glaubens in seiner christologischen Grundlegung.
So betrachtet haftet der betont exklusiven Fassung des Bekenntnisses zum Gott-Menschen Jesus Christus zugleich ein inklusiver
Charakter an - in ihm, dem Sohn Gottes schlechthin, sollen alle
Menschen zu Söhnen Gottes werden. Geistesgeschichtlich gesehen
steht dieses Christusbekenntnis und seine Heilsbedeutung in Zusammenhang mit der Vorstellung, allein das Metaphysische, Jen-

---

4) Wegweisend für diese sog. "Tauschformel" wurde Irenäus von
   Lyon (+202), der u.a. formulierte: "Dazu nämlich ist das
   Wort Gottes Mensch geworden und der Sohn Gottes zum Men-
   schensohne, damit der Mensch das Wort in sich aufnehme und,
   an Kindes Statt angenommen, zum Sohn Gottes werde." (Adversus
   haereses III, 19,1). Die griechische Theologie - z.T. auch
   die lateinische, z.B. Tertullian (+220) - hat diesen Gedanken aufgegriffen und weiter entfaltet, vor allem in Richtung der Vorstellung einer geschenkweisen "Vergöttlichung
   des Menschen", die sich vor allem bei Klemens von Alexandrien (+215), Origenes (+253/254) und schließlich Athanasius
   (+373) findet. Wichtige Hinweise zum Verständnis dieser Ver-
   göttlichungstheorie, bes. bei Athanasius, gibt A. GILG, Weg
   und Bedeutung der altkirchlichen Christologie, München ³1966
   (¹1936), bes. 80-86.

seitige, das Göttliche könne dem Menschen bleibenden Halt in
der irdischen Vergänglichkeit und letzte Erfüllung bringen.

1.2   Umschichtungen im inner- und außerchristlichen Bewußtsein
1.2.1 Zusammenfassende Hinweise

Das hier bestimmende Heilsverlangen des Menschen wandelt sich
spätestens seit der Aufklärungszeit. Das in der altkirchlichen
Theologie formulierte Zueinander von Menschwerdung Gottes und
Vergöttlichung des Menschen läßt sich offenbar jetzt nur unter
gänzlich anderen Vorzeichen und in einem völlig veränderten
Verstehenszusammenhang übernehmen.

Der katholische Theologe Hans KÜNG hat die entscheidenden Umschichtungen im gegenwärtigen Bewußtsein gegenüber der damaligen Zeit sehr prägnant so zusammengefaßt: "Will aber heute
noch ein vernünftiger Mensch Gott werden? Damals zündende Pa-
rolen wie: 'Gott ist Mensch geworden, damit der Mensch Gott
werde' stoßen heute auf beinahe völliges Unverständnis. Das für
hellenistische Hörer hochaktuelle Thema vom Tausch zwischen
Gott und Mensch (oder der beiden 'Naturen') ist für eine Zeit
der so stark empfundenen Abwesenheit Gottes und 'Gottesfinster-
nis' kein Thema mehr. Unser Problem heute ist nicht sosehr die
Vergöttlichung, sondern die Vermenschlichung des Menschen"[5].

Noch deutlicher wird der Bibelwissenschaftler Franz Josef
SCHIERSE in einem Weihnachtsbeitrag von 1970: "Es wäre sicher
an der Zeit, auf ein traditionell weihnachtliches Vokabular zu
verzichten und den Menschen - Gläubigen wie Ungläubigen - klar
zu sagen, worum es in der christlichen Botschaft geht: nicht um
eine mythologisch vorgestellte Menschwerdung Gottes, nicht um

---

5) H. KÜNG, Christ sein, München 1974, 433. Vgl. als Hintergrund auch die religions- und philosophiegeschichtlichen
   Ausführungen von E. TOPITSCH, Gottwerdung und Revolution.
   Beiträge zur Weltanschauungsanalyse und Ideologiekritik,
   Pullach 1973, bes. 16-38, die mit der skeptischen Frage
   enden: "Und wenn der Mensch schließlich Gott würde - was
   hätte er davon?"

'göttliches Leben', ein 'neues, übernatürliches Dasein', eine
'himmlische Wiedergeburt', eine 'Teilhabe an der göttlichen
Natur' und wie sonst noch die feierlichen, aber unverständlich
gewordenen Formeln der Erbauungssprache lauten...". Statt all
dieser irreführenden Formeln sei daran zu erinnern, "daß der
Mensch vom Evangelium aufgerufen ist, sein Menschsein ernst zu
nehmen und es in der Nachfolge Jesu zu realisieren... Seit
Weihnachten sollten alle Menschen die frohe Botschaft erfahren,
daß 'Gott werden' von nun an gleichbedeutend ist mit 'ein Mensch
werden'"[6].

1.2.2 Verändertes Glaubensbewußtsein im Spiegel von Umfragen

Was in diesen beiden profilierten Äußerungen als Umschichtung
im allgemeinen Glaubensbewußtsein beschrieben wird und zu einer
Neuakzentuierung in der Formulierung des christlichen Verständ-
nisses der Menschwerdung Gottes führt, läßt sich auch im Spiegel neuerer und neuester Umfragen ziemlich eindeutig belegen[7].
Diese bezeugen in zweifacher Hinsicht entscheidende Momente
eines postchristlichen Humanismus, der sich aus dem christlichen Interpretationszusammenhang gelöst hat:
1. Das traditionelle Christusbekenntnis wird von einer immer
größeren Zahl von Menschen, darunter auch Christen, nicht mehr

---

6) F.J. SCHIERSE, Niemand will mehr Gott werden. Gedanken zu
   Weihnachten einmal anders, in: Publik vom 25.12.1970, 31.

7) Maßgeblich wurden vor allem folgende, hier in chronolo-
   gischer Reihenfolge genannten Umfragen: W. HARENBERG (Hg.),
   Was glauben die Deutschen? Die Emnid-Umfrage. Ergebnisse,
   Kommentare, München-Mainz 1968; G. SCHMIDTCHEN, Zwischen
   Kirche und Gesellschaft, Forschungsbericht über die Umfragen
   zur Gemeinsamen Synode der Bistümer in der Bundesrepublik
   Deutschland, Freiburg-Basel-Wien 1972; DERS., Gottesdienst
   in einer rationalen Welt. Religionssoziologische Unter-
   suchungen im Bereich der VELKD, Stuttgart-Freiburg-Basel-
   Wien 1973; DERS., Was den Deutschen heilig ist. Religiöse
   und politische Strömungen in der Bundesrepublik Deutschland,
   München 1979; P.M. ZULEHNER, Ekklesialer Atheismus? Erste
   Ergebnisse einer Allensbacher Umfrage 1986, in: Orien 50
   (1986) 220-223. Vgl. ergänzend auch J. REDHARDT, Wie religiös sind die Deutschen? Das psychologische Profil des
   Glaubens in der Bundesrepublik, Zürich-Köln 1977.

bejaht.

2. Zugleich deuten sich Umschichtungen in den Wertvorstellungen und Aktivitäten an: Gegenüber der Orientierung am Göttlichen gewinnen Mitmenschlichkeit, zwischenmenschliche Solidarität und allgemeine Humanität wachsende Bedeutung.

Aus der Fülle des vorliegenden Materials greifen wir nur einige besonders sprechende Beispiele heraus: Schon 1967 billigten zwar 80% der Deutschen der Person Jesu eine mehr oder weniger große Bedeutung zu; nur etwa die Hälfte (nämlich 42%) wollten damit jedoch den Glauben an die Gottheit Jesu verbinden, während 39% in Jesus nur einen vorbildlichen Menschen sahen[8]. Zugleich waren für rund 70% der Befragten jedoch "die Hilfe für den Nächsten, gute Charaktereigenschaften, moralischer Lebenswandel, Nächstenliebe und Barmherzigkeit ... Kennzeichen des einzelnen gläubigen Christen"[9].
1972 zeigte sich, daß nur noch 32% der Protestanten Jesus Christus für den Sohn Gottes hielten, während 36% der Meinung waren, er sei "nur ein Mensch"[10].

Dieser Trend wird noch deutlicher bei jungen Christen im Alter von 16 - 29 Jahren: "Unter den jüngeren Menschen, die am Leben der Kirche teilnehmen, gibt es, ganz gleich, ob es sich um Katholiken Deutschlands, VELKD-Protestanten oder Katholiken Luxemburgs handelt, eine überdurchschnittliche große Gruppe, die im weitesten Sinne nicht orthodox an Jesus Christus glaubt, also sich nicht den Äußerungen anzuschließen vermag, daß Jesus Christus der wahre Sohn Gottes sei ..."[11]. Immerhin handelt es sich dabei um eine Zahl zwischen 46 - 48%!

---

8) Vgl. Was glauben die Deutschen? (s. Anm. 7) 84f, 183f.

9) A.a.O. 184.

10) SCHMIDTCHEN, Gottesdienst in einer rationalen Welt (s. Anm. 7) 54-56, 187-191. Eine vergleichbare Frage aus der katholischen Synoden-Umfrage liegt nicht vor; hier allerdings zeigt sich in der Antwort auf die Frage, worüber man sich mit einem in Lebens- und Glaubensfragen erfahrenen Menschen gerne einmal unterhalten würde, daß das Problem "Ob Christus der Sohn Gottes ist" in allen Fällen (also über Alters- und Bildungsunterschiede hinweg) am letzten Platz der Wunschliste rangiert; konkret beschäftigen sich nur insgesamt 11% der Katholiken mit dieser Frage (nach: SCHMIDTCHEN, Zwischen Kirche und Gesellschaft (s. Anm. 7) 38f, 180-182.

11) So G. SCHMIDTCHEN, Rückblick auf das Symposion über Kirche und Gesellschaft. Eindrücke, theoretische und methodologische Überlegungen, Antworten auf Fragen, Hoffnung auf Kontinuität der Forschung, in: K. FORSTER (Hg.), Befragte Katholiken - Zur Zukunft von Glaube und Kirche. Auswer-

1974 schließlich läßt sich ausmachen, daß nur noch ein Drittel
der Gesamtbevölkerung der Bundesrepublik die traditionelle
Überzeugung teilt, Jesus Christus sei der Sohn Gottes[12]. In
diesem Zusammenhang ließ sich zugleich erkennen, daß caritative
Grundhaltungen als Spezifikum religiöser Existenz mindestens
gleich hoch, oft sogar höher eingeschätzt werden, als rituali-
sierte religiöse Verhaltensweisen (wie Kirchgang, Beten, Dank-
barkeit Gott gegenüber). Zugleich wird der Alltagsethik im Bereich der Nächstenliebe ein evidenter religiöser Charakter zu-
geschrieben[13]. Offenbar lebt in diesen alltäglich geforderten
und ethisch hochstehenden Verhaltensweisen der Mitmenschlichkeit in säkularisierter Form eine ursprünglich religiös moti-
vierte Sittlichkeit weiter - überspitzt formuliert: In Mitmenschlichkeit und Humanität überführt sich ein traditioneller
Gottesglaube in säkularen Humanismus.

Wie weit diese entschiedene Orientierung am Menschen im inner-
christlichen Bereich selbst vorangeschritten ist, zeigt eine
brandneue Umfrage des Instituts Allensbach[14]. Danach sind 48%
der kirchennahen Katholiken und eine gleiche Prozentzahl der
Gesamtbevölkerung der Meinung, in der Kirche solle mehr vom
Menschen und weniger von Gott die Rede sein; nur 20% der Gesamtbevölkerung und ganze 31% der kirchennahen Katholiken
meinten demgegenüber, es solle in der Kirche weniger vom Menschen und mehr von Gott gesprochen werden.

Diese verschiedenen und doch in dieselbe Richtung weisenden Um-
frageergebnisse dokumentieren mit schonungsloser Offenheit, daß
selbst im Binnenraum des Christentums die traditionelle Vorstellung von der Menschwerdung Gottes in Jesus von Nazaret
immer weniger Zustimmung findet. Korrespondierend damit verdient eine andere Bewegung Beachtung: Nicht nur außerhalb des
christlichen Glaubens, sondern innerhalb des kirchlichen Rau-
mes konzentriert sich das Interesse auf den Menschen, auf konkrete Mitmenschlichkeit, auf die Heraufführung von mehr Menschlichkeit. Unter dieser Rücksicht gewinnt Jesus - unabhängig vom
Bekenntnis zu seiner Göttlichkeit - exemplarische Bedeutung;

----

   tungen und Kommentare zu den Umfragen für die Gemeinsame
   Synode der Bistümer in der Bundesrepublik Deutschland,
   Freiburg-Basel-Wien 1973, 258-276, Zitat: 272; vgl. insgesamt 271-273, bes. das sprechende Schaubild 273.
12) Vgl. SCHMIDTCHEN, Was den Deutschen heilig ist (s. Anm. 7)
    72-74.
13) Vgl. a.a.O. 60-64.
14) Vgl. ZULEHNER, Ekklesialer Atheismus? (s. Anm. 7) 222.

seine herausragende Leistung ist daher nicht die Hinführung zum
göttlichen Leben, sondern die Wegweisung zu wahrer Menschlichkeit.

1.3 Postchristliches Verständnis der Menschwerdung Gottes im vortheologischen Bereich (Heinrich BÖLL)

Dieses zunächst noch recht undeutlich gewonnene postchristliche
Verständnis der Menschwerdung Gottes läßt sich exemplarisch an
verschiedenen Äußerungen des Schriftstellers Heinrich BÖLL genauer belegen. Dabei verzichten wir bewußt auf das dichterische
Werk und beschränken uns auf Essays, kleinere Schriften und Interviews, die BÖLLs Einschätzung der Gegenwart und seine Wegweisung ziemlich klar wiedergeben[15]. Vor allem zwei Momente
halten sich dabei durch: Zunächst einmal hat für ihn weder im
sozialistischen Marxismus noch im Christentum "die Menschwerdung <des Menschen> ... stattgefunden"[16] geschweige denn "begonnen"[17]. Unter dieser Rücksicht hat "wahrscheinlich ... das
Christentum noch ... nicht begonnen"[18]. Nicht eigentlich nach-
christlich, sondern unter dieser Rücksicht vor-christlich gibt
sich demnach die Gegenwart, in der sich kraft des Christentums
ein umfassender Humanismus noch durchsetzen muß. Um dies zu erreichen - und das ist die andere Konstante - bedarf es aber der
konsequenten Verbindung und auch Übersetzung von Religion, insbesondere christlicher Religion in die Alltagswirklichkeit.
Deshalb lobt BÖLL ausdrücklich das "Politische Nachtgebet"[19]
und dessen "Engagement, die christlichen Artikulationen zu ver-

---

15) BÖLLs Schriften werden in diesem Abschnitt ohne Nennung des
    Autors und mit folgenden Kürzeln zitiert: B. BALZER (Hg.),
    Werke. Essayistische Schriften und Reden 1-3, Köln 1979,
    zit.: Schriften; DERS. (Hg.), Werke. Interviews 1, Köln
    1979, zit.: Interviews.
16) Interviews 461; vgl. Schriften 2,85; Schriften 3,329 u.ö.
17) Vgl. Schriften 2,85.
18) Ebd.
19) Vgl. D. SÖLLE/F. STEFFENSKY (Hg.), Politisches Nachtgebet
    in Köln, 2 Bde., Stuttgart-Berlin-Mainz 1969/71.

menschlichen, die Menschwerdung der Gesellschaft zu betreiben"[20].

In diesem Zusammenhang gewinnen sowohl das christliche Bekenntnis zur Menschwerdung Gottes, insbesondere aber die Gestalt
Jesu von Nazaret (als "Sohn, Bruder und Mensch"[21]), als auch
marxistische Ansätze zu einem allgemein-religiös inspirierten
Humanismus besondere Bedeutung. BÖLL selbst zieht diese Verbindung ausdrücklich in einem Gespräch über Brüderlichkeit:
"Man muß ... den religiösen Begriff der Menschwerdung (Gottva-
ter verläßt hier seinen himmlischen Thron) mit dem marxistischen Begriff der Menschwerdung in Verbindung bringen"[22].

Der Weg dahin ist deshalb eine konsequente Auslegung bzw. Fort-
schreibung des christlichen Inkarnationsglaubens. So wehrt sich
BÖLL ausdrücklich dagegen, Jesus als "dem Menschgewordenen
seine Göttlichkeit ... <zu nehmen> und damit auch allen Menschen, die noch auf ihre Menschwerdung warten"[23]. Um des Menschen überhaupt und dessen absoluter Bedeutung willen wendet er
sich gegen jede Horizontalisierung der Gestalt Jesu: "Ich kann
das Menschliche vom Göttlichen so wenig trennen wie die Form
vom Inhalt; wie das, was 'gemeint' ist, von dem, wie sich dieses
'Gemeinte' ausdrückt"[24]. An der "Gegenwart des Menschgewordenen" will er deshalb "nie zweifeln"[25], doch gilt ihm diese
Menschwerdung keineswegs exklusiv. Genau dies betont er in
einem Gespräch über Weihnachten, wenn er zum einen für die Ab-
schaffung des Wortes "Gott" eintritt, zum anderen aber das
"Heilige" nun als "das Alltägliche", "auch das proletarisch
Alltägliche"[26] zu restituieren versucht. Das Christentum hat

---

20) Schriften 2,343.
21) A.a.O. 299.
22) Interviews 461.
23) Schriften 3,15.
24) Ebd.
25) Ebd.
26) Interviews 109.

"noch nicht begriffen ... wie heilig der Mensch ist und wie
heilig der Mensch durch diesen menschgewordenen Gott ... Jetzt
nicht heilig im Sinne von Kult, sondern von menschgewordener
Menschlichkeit"[27].

An anderer Stelle kann BÖLL von einer "heiligen Sachlichkeit"
dem anderen gegenüber als Kern der Brüderlichkeit sprechen[28].
Ein Gespür für diese besondere humane Wendung der christlichen
Wahrheit von der Menschwerdung Gottes könnte nach BÖLLs Meinung
vor allem die Literatur vermitteln: "Es könnte sein, daß sogar
die erklärt nichtchristliche Literatur, also die anti-christ-
liche, die blasphemische Literatur (etwa Joyce und seine Nachfolger) geradezu die Humanisierung, die in der Tatsache ange-
legt ist, daß, wie uns gelehrt ist, Gott Mensch geworden ist -
und die christliche Kultur hat sich auf diesen menschgewordenen
Gott berufen, aber nur Unmenschlichkeit provoziert -, daß sogar
die blasphemische, die bewußt antikirchliche und antireligiöse
Literatur erst den Menschen schafft, der für den menschgewordenen Gott ansprechbar ist"[29].

Das spezifische Verständnis eines entschieden christlich inspirierten Humanismus bei BÖLL dokumentiert ebenso radikal welt-
zugewandte und humanistische Züge wie es der religiösen Deutung
(vielleicht auch Überhöhung bzw. Legitimation) des Alltäglich-
Profanen Raum gibt. Nicht in einer religionslosen Situation
sieht BÖLL die wirklichen Chancen für einen realen Humanismus;
dieser Erwartung spricht der Mißerfolg des sozialistischen
Humanismus Hohn. Dennoch zeigt auch hier ausgerechnet die Literatur religiöse Züge, wie BÖLL in einem Nachwort zu Lew
KOPELEW betont[30]. Religion aber meint Bindung - und bei
KOPELEW "wird eine Bindung an den Menschen, ans Menschliche
und auch Allzumenschliche sichtbar - und noch mehr: eine, ich
möchte fast sagen, neue Sakramentallehre der elementaren Bindungen des Menschen, die vielleicht nur möglich war nach der
Erfahrung des Materialismus, der eine Erkenntnis jenes Mate-

---

27) A.a.O. 109f.
28) A.a.O. 461.
29) A.a.O. 98.
30) Vgl. Schriften 3,326-337, bes. 335ff; ebenfalls Schriften
    1,182, wo es heißt: "Die Künstler haben es gewußt: daß der
    Mensch göttlichen Ursprungs ist ...".

rials, aus dem das Menschliche besteht, nicht ausschließt"[31].
BÖLL sieht neben der weltabgewandten "kirchlich etablierten
Sakramentalität" gerade in der Verbindung zwischen Christentum
und Marxismus "eine andere, irdische, menschliche Sakramentalität"[32] aufbrechen, die nicht zuletzt der herausragenden Bedeutung der Menschwerdung Gottes in Jesus für eine umfassende
"Humanisierung"[33] in besonderer Weise Rechnung trägt.

So betrachtet mag man über die Frage streiten, ob der von BÖLL
propagierte Humanismus sich noch als christlich verstehen kann
oder lediglich auf typisch nachchristliche Manier nur entscheidende Impulse der christlichen Botschaft aufgreift. Unbe-
streitbar bleibt jedenfalls, daß BÖLL den christlichen Inkarnationsglauben, das Bekenntnis zur Menschwerdung Gottes in
Jesus, in die Profanität überführt und einem insgesamt dies-
seitig orientierten - wenn auch sich allgemein-religiös ver-
stehenden - Humanismus einfügt.

2. CHRISTLICHE THEOLOGIE AUF DEM WEG ZU EINEM POSTCHRIST-
   LICHEN HUMANISMUS (DOROTHEE SÖLLE)
2.1 Das leitende Erkenntnisinteresse der Interpretation

Was wir in den bisherigen Überlegungen als z.T. behutsame und
unmerkliche, letztlich aber grundstürzende Uminterpretation
der christlichen Überzeugung von der Menschwerdung Gottes in
Jesus beobachten konnten, bleibt nun keineswegs in einem vor-
bzw. außertheologischen Raum stehen. Vielmehr haben zahlreiche
christliche Theologen, nicht zuletzt im Zuge der sogenannten
"Gott-ist-tot-Theologie"[34] der 60er und 70er Jahre diese Impulse und Neuorientierungen aufgenommen; dabei hat ihre Theo-

---

31) Schriften 3,335.
32) A.a.O. 132.
33) Interviews 98.
34) Vgl. dazu bes. folgende Darstellungen: J. BISHOP, Die
    "Gott-ist-tot"-Theologie, Düsseldorf 1968; S. DAECKE, Der
    Mythos vom Tode Gottes. Ein kritischer Überblick, Hamburg
    1969; H. DÖRING, Abwesenheit Gottes. Fragen und Antworten

logie oft genug ein - vielleicht unbeabsichtigtes - Gefälle hin
zu einem postchristlichen Humanismus bekommen. In der Folge
soll diese meist eher latente Tendenz im Werk der profilierten
evangelischen Theologin Dorothee SÖLLE[35] paradigmatisch für
viele andere, oft viel weniger reflektierte Ansätze aufgezeigt
werden. Eine letztgültige Interpretation der oft diffizilen
und auch paradoxen Gedankengänge kann und soll hier freilich
nicht geleistet werden[36]. Uns interessiert vielmehr das sogar
dieser subtilen Theologie eingestiftete immanente Gefälle hin
auf einen nachchristlichen Humanismus, für den wesentliche Aspekte bereitgestellt werden.

2.2 Herausragende Strukturmomente

Zwei entscheidende Strukturmomente lassen sich schon bei einer
oberflächlichen Sichtung von SÖLLEs Werk erkennen: Erstens eine
hohe Sensibilität für die Herausforderung der Zeit, zweitens
der Versuch, diesen Herausforderungen aus dem christlichen
Glaubensbewußtsein selbst, letztlich aus der Überzeugung der
einzigartigen Bedeutung der Menschwerdung Gottes in Jesus zu
begegnen.

---

heutiger Theologie, Paderborn 1977, bes. 275-353;
G. HASENHÜTTL, Die Wandlung des Gottesbildes, in: Theolo-
gie im Wandel. Festschrift zum 150jährigen Bestehen der
Katholisch-Theologischen Fakultät an der Universität Tü-
bingen 1817 - 1967, München-Freiburg 1967, 228-235; DERS.,
Die Gott-ist-tot-Theologie, in: A. GRABNER-HAIDER (Hg.),
Gott, Mainz 1970, 169-179.

35) SÖLLEs Schriften werden in diesem Kapitel ohne Nennung der
Verfasserin und mit folgenden Kürzeln zitiert: Atheistisch
an Gott glauben. Beiträge zur Theologie, Olten-Freiburg
1968, zit.: Atheistisch; Stellvertretung. Ein Kapitel Theologie nach dem "Tode Gottes", Stuttgart-Berlin ⁵1968
(¹1965), zit.: Stellvertretung; Das Recht ein anderer zu
werden. Theologische Texte, Neuwied-Berlin 1971, zit.:
Recht; Leiden, Stuttgart-Berlin 1973, zit.: Leiden.

36) Zur Einordnung und Interpretation von Sölles Theologie vgl.
bes. DÖRING, Abwesenheit Gottes (s. Anm. 34) 326-353;
H. GOLLWITZER, Von der Stellvertretung Gottes. Christlicher
Glaube in der Erfahrung der Verborgenheit Gottes. Zum Gespräch mit Dorothee Sölle, München 1967; E. KUNZ, "Gott" im
nachtheistischen Zeitalter. Zum Verständnis des Glaubens

2.2.1 Theologie "nach dem Tode Gottes" und christlicher
     A-Theismus

Prägend wird deshalb zunächst die Einsicht, "daß im Zuge der
westeuropäischen Aufklärung die Selbstverständlichkeit Gottes
für die ganze Welt zerstört wird. Unmöglich geworden ist der
naive Theismus, das unmittelbare kindliche Verhältnis zum Vater
droben überm Sternenzelt, unmöglich auch die unmittelbare religiöse Gewißheit, was freilich nicht dazu verführen sollte,
vom Ende der Religion überhaupt zu sprechen"[37].

Für SÖLLE spielt sich Theologie - wenn überhaupt - nur noch
"nach dem Tode Gottes" ab - nämlich im Horizont eines globalen
Bewußtseins, das Gott nicht mehr als objektive, außerweltliche,
jenseitige Größe, als unmittelbar in der religiösen Subjektivi-
tät erfahrbare Jenseitigkeit betrachtet; diese überholte Vorstellung wird global als "Theismus" abgetan. Deshalb gilt jetzt
innerhalb der Theologie ein dezidierter A-Theismus: Dieser verzichtet zwar nicht einfachhin auf Gott bzw. die Rede von Gott,
doch vollzieht er sie in anderer Weise und macht sie an anderen
Situationen fest als an der ursprünglich jenseitig gedachten
Transzendenz Gottes und dessen unmittelbarem Eingreifen in die
Welt.

So ordnet SÖLLE ihren denkerischen Ansatz in die Traditions-
linie des Deutschen Idealismus, vor allem aber HEGELs ein,
dessen vorausschauendes Wort von der "Religion der neuen Zeit,
<welche auf dem> Gefühl <beruhe>: Gott selbst ist tot"[38], sie
spätestens in der Gegenwart vollstreckt sieht. Für SÖLLE ist

----

     an Gott bei Dorothee Sölle, in: DERS., Christentum ohne
     Gott?, Frankfurt 1971, 101-151; A. SCHILSON/W. KASPER,
     Christologie im Präsens, Kritische Sichtung neuer Entwürfe,
     Freiburg-Basel-Wien ⁴1980, 123-132. Äußerst kritisch gegen-
     über Sölles theologischem Ansatz äußern sich z.B. DAECKE,
     Der Mythos vom Tode Gottes (s. Anm. 34) 70-76, sowie
     O. REIDINGER, Gottes Tod und Hegels Auferstehung. Antwort
     an Dorothee Sölle, Berlin-Hamburg 1969.
37) Stellvertretung 176f.
38) Atheistisch 54; vgl. G.W.F. HEGEL, Glauben und Wissen oder
     die Reflexionsphilosophie der Subjektivität in der Voll-
     ständigkeit ihrer Formen als Kantische, Jacobische und

dieser "Tod Gottes" "jenes alles bestimmende Ereignis, das sich innerhalb der letzten zweihundert Jahre europäischer Geschichte begeben hat"[39]. Der Name "Atheismus" bleibt allerdings unzulänglich, da darin die Bekümmernis und der Schmerz jener, die dieses Ereignis bemerkt und beschrieben haben, nicht zur Geltung kommt[40]. Der unwiederbringliche Verlust jenes Gottes, den "es gibt", dessen Existenz unzweifelhaft gewiß ist, "der neuzeitliche Tod des metaphysischen Überwesens"[41] führt gewissermaßen zu einem "bekümmerten Atheismus", dessen Erfahrung der "Fehl Gottes" bleibt, während der üblicherweise so benannte Atheismus eine solche Negativerfahrung nicht kennt - für ihn ist "die Nichtexistenz eines höheren Wesens ... keine Erfahrung ..., sondern eine in der Natur der Welt zutage liegende Gegebenheit, die man nur aufzudecken, nur zu registrieren brauchte"[42]. So verstanden betrachtet SÖLLE "das Ende des Theismus ..., mit Nietzsche zu reden, nur <als> eine der 'Häutungen Gottes'. Es ist die Frage an die Theologie heute, ob Atheismus und christlicher Glaube wirklich eine Alternative darstellen; ob sie nicht miteinander gelebt werden können und gelebt werden müssen, weil der Karfreitag der reale Tag unserer Geschichte ist, an dem die Sonne erlischt und der Mond verbleicht; weil Gott stirbt und nicht eingreift; weil unser Versöhntsein aussteht und nicht anschaulich wird. Es ist die Frage, ob man nicht, so wie früher innerhalb des Theismus, heute atheistisch an Gott glauben könne"[43].

Doch wenn in dieser paradoxen Weise atheistisch an Gott geglaubt werden soll - wo ist dann Gott in der neuzeitlichen Situation nach dem Tode Gottes zu finden? Für SÖLLE wird Gott in nach-theistischer Sicht greifbar als Ereignis zwischen Menschen; hier, in dem Nie-zu-Ende-Kommen der Liebe[44], tut sich jene Transzendenz auf, die traditionell mit dem Namen Gottes verbunden war: "Gott ist das, was zwischen Menschen als Liebe geschieht, aber auch als Liebe zwischen Menschen fehlt und also menschliche Liebe unmöglich macht"[45]. Der Gottesglaube ist in

---

Fichtesche Philosophie, in: E. MOLDENHAUER/K.M. MICHEL (Hg.), Werke 2, Frankfurt 1970, 287-433, hier: 432f.
39) Stellvertretung 9.
40) Vgl. a.a.O. 9f.
41) Atheistisch 73.
42) Stellvertretung 10.
43) Atheistisch 74.
44) Vgl. a.a.O. 51.
45) Recht 91 - vgl. a.a.O. 65f, 71; Leiden 211.

diesem Interpretationsrahmen also in die Zwischenmenschlichkeit
eingebunden bzw. sogar überführt. Ob damit der traditionelle
Bedeutungsgehalt der Rede von Gott, ob damit die Dimension des
unverfügbaren Göttlichen noch gewahrt bleibt, kann hier außer
Betracht bleiben. Wichtig für uns jedoch bleibt die damit zu-
sammengehende Notwendigkeit, die christliche Überzeugung von
der Menschwerdung Gottes in Jesus Christus auf neue Weise zu
formulieren - fällt doch die Vorstellung eines jenseitigen
Gottes, der seinen Sohn als Mensch in die Welt gesandt haben
soll, in diesem neuzeitlichen Interpretationsrahmen weg.

2.2.2 Die Entmythologisierung der Menschwerdung Gottes und die anthropologische Interpretation der Christologie

Überraschenderweise begegnet ausgerechnet die Glaubensvorstel-
lung von der Inkarnation Gottes in Jesus als zweiter entscheidender Stützpfeiler und tragendes Strukturmoment von SÖLLEs
Theologie. Zwar gilt ihr die Vorstellung von der Herabkunft und
Menschwerdung Gottes in Jesus als mythologische Rede, als ob-
jektivierende Vorstellung, deren Inhalt entmythologisiert und
auf seinen welthaft-politischen Kern hin interpretiert werden
muß. Dennoch läßt sich nicht übersehen, daß exakt die Botschaft
von Weihnachten, die Kunde von der Entäußerung Gottes in die
Welt hinein einen Angelpunkt von SÖLLEs Theologie nach dem Tode
Gottes darstellt. Streng theologisch gesehen ist es schließlich
gerade dieses Ereignis des Aus-Sich-Herausgehens Gottes, diese
Selbstentmächtigung Gottes in die Welt bzw. in die menschliche
Existenz hinein, welche das Ereignis des Todes Gottes begründet,
es deuten hilft und erträglich macht. Von nun an, mit der Kunde
von der Menschwerdung Gottes, darf Gott nämlich nicht mehr im
Himmel droben gesucht und gefunden werden, sondern in der Geschichte, zwischen den Menschen, als Mensch. Jesu Menschwerdung
ist die bis zum äußersten, zum letzten Extrem gedachte Selbstentäußerung Gottes, die sogar "den Verzicht auf eine götter-

gleiche Unsterblichkeit"[46] enthält, erst recht aber den
Schmerz der Abwesenheit Gottes einbegreift[47].
SÖLLE selbst beschreibt diese Zusammenhänge so:

> "Gott selbst ist in Christus aus der Unmittelbarkeit des
> Himmels fortgegangen, er hat die Sicherheit der Heimat ver-
> lassen, für immer ... Christus spielt Gottes Rolle in der
> Welt - nichts anderes bedeutet Inkarnation. Bei dieser Art
> der Vermittlung ist es freilich aus mit der Herrschaft, der
> Macht und allen königlichen Attributen Gottes. Der Gott ver-
> tretende Christus ist so in die Welt gekommen, daß seine
> Vertretung nun zur einzig möglichen Gotteserfahrung wird,
> einer nicht mehr im geläufigen Sinne religiösen Erfahrung,
> die im Erlebnis des Heiligen, des fascinosum und des tre-
> mendum gipfelte. Die neue, in Ohnmacht und Leiden gestif-
> tete, die profane und weltliche Vertretung Gottes hebt zwar
> die ältere religiöse Erfahrung nicht so auf, daß sie nicht
> inner- und außerchristlich weiterhin zäh überlebte, aber sie
> erübrigt derlei Art von Religion als ein dem Menschen nicht
> mehr notwendiges Relikt, das relativ zur Beseitigung der
> gesellschaftlichen und natürlichen Übel an Macht und Ein-
> fluß verliert"[48].

Inkarnation als wesentliche Bestimmung des Christentums wird
in diesem kurzen Text noch in einem halbwegs traditionellen Zusammenhang gedeutet - im Muster der Stellvertretung, die Christus in doppelter Weise übernimmt: Als Stellvertreter Gottes in
der Welt, aber auch als Stellvertreter der Menschen vor Gott[49].
Trotz dieser Anlehnung an die herkömmliche Inkarnationstheolo-
gie und ihre doppelte Ausrichtung in der Stellvertretung
Christi kraft seiner Menschwerdung zeigen sich hier (schon
1965!) deutliche Tendenzen, die mühsam behauptete Exklusivität
Christi preiszugeben - Christus als konkrete geschichtliche
Gestalt wird nämlich zu einer Chiffre, "in der Jesus lebendig
bleibt bis an der Welt Ende - als das Bewußtsein derer, die

---

46) Atheistisch 21; vgl. dazu insgesamt a.a.O. 9-25: "Gottes
    Selbstentäußerung. Eine Meditation zu Philipper 2,5-11".
47) Vgl. ebd.: "Nur wer Gottes Abwesenheit erfährt ..., ist
    wahrer Mensch geworden".
48) Stellvertretung 190f.
49) Vgl. dazu a.a.O. 142ff, 175ff und die knappe Zusammen-
    fassung bei SCHILSON/KASPER, Christologie im Präsens (s.
    Anm. 36) 127-131.

Gott vertreten und ihn in Anspruch nehmen füreinander. Der im-
plizite Christus ist dort gegenwärtig, wo sich diese stellver-
tretende Inanspruchnahme ereignet. Denn nicht nur Christus vertritt Gott in der Welt, auch seine Freunde und Brüder vertreten
Gott ..."[50]

Nicht exklusiv christologisch, sondern inklusiv christologisch
und vor allem anthropologisch wird die bleibende Bedeutsamkeit
Jesu nun formuliert. Dabei wehrt sich SÖLLE zwar gegen die
Unterstellung, sie würde die Christologie in Anthropologie auf-
lösen, also anstelle Jesu nur noch vom Menschen sprechen und
damit die einzigartige Bedeutung Jesu schmälern[51]. Dennoch
muß sie nach ihrer Überzeugung "Christologie als Anthropologie
betreiben"[52], und zwar deswegen, "weil Gott sich zwischen
Menschen ereignen kann"[53]. Die eigentlichen Fragen des Menschen, erst recht aber die alles beherrschende Frage nach letzter Identität mit sich selbst, zielen nämlich nicht in eine
überweltlich vorgestellte Transzendenz, sozusagen senkrecht
nach oben; durch Jesus werden diese Fragen umgebogen in den
weltlichen, zwischenmenschlichen Bereich[54]. Gerade so finden
sie ihre Beantwortung in Jesus, denn: "Nicht daß der Gottessohn litt, sondern wie der Mensch Jesus litt, bedeutet eine
Stärkung, eine Darstellung menschlicher Möglichkeiten, eine
Hoffnung auf Humanisierung auch unseres Leidens"[55].

Der Inkarnation entnimmt SÖLLE also den entscheidenden Hinweis
darauf, daß Jesus als Mensch eine alles überragende Bedeutung
und Vorbildfunktion gewinnt; diese aber wird ausdrücklich unter
völligem Absehen von irgendeinem göttlichen Charakter festgestellt und behauptet. Letztlich geht der Appell auf eine sich
selbst imponierende Menschlichkeit, während die traditionelle

---

50) Stellvertretung 184.
51) Vgl. Atheistisch 75.
52) Ebd.
53) Ebd.
54) Vgl. Recht 117.
55) Leiden 171.

Wahrheit der Inkarnation völlig umgebogen und nur noch als Ve-
hikel engagierter humaner Praxis verstanden wird. Inkarnation
darf nämlich "nicht als ein einmal abgeschlossener Vorgang verstanden werden ...; sie ist weiterwirkender Prozeß"[56]. Diese
Wahrheit kann das Christentum gerade in der Begegnung mit dem
Marxismus lernen - es ist die "erneute Chance ‹für das Christentum›, seine eigene 'tiefe Diesseitigkeit' ... wahrzunehmen und
wahrzumachen"[57]. Hermeneutisch befolgt SÖLLE hier die Überzeugung, daß Wahrheit "nicht durch das bloße Gesagtwerden, nur
durch die gesellschaftliche Konkretion ... sich ... realisieren"[58] kann. Was aber bedeutet all dies nun für das konkrete
Verständnis bzw. die zeitgemäße Auslegung der christlichen Botschaft von der Menschwerdung Gottes in Jesus?

2.3 "Gott wird immer wieder und immer mehr Mensch"

SÖLLE hat sich dazu in einer kleinen Weihnachtsmeditation mit
wünschenswerter Deutlichkeit geäußert[59]. Dabei verfolgt sie
zwei Richtungen der Auslegung:

> "Die erste heißt: Gott wird immer wieder Mensch ... Es ge-
> nügt nicht zu sagen: Gott ist einmal vor 2000 Jahren Mensch
> geworden, weil man auf diese Weise nur dogmatisch korrekt
> verfährt, die Menschen aber, die von der Inkarnation etwas
> haben sollten, wieder mit dem indes längst zum Himmel Em-
> porgestiegenen allein läßt. Das Geheimnis des Evangeliums
> ist nicht diese auf Vergangenes bezogene Formel, daß Gott
> früher einmal Mensch geworden ist, sondern daß er immer
> wieder Mensch wird. Inkarnation ist kein einmaliger Vorgang,
> der um 30 nach Christus in Jerusalem abgeschlossen wurde;
> Inkarnation, wenn wir überhaupt wissen, was das bedeutet,
> geht weiter. Gott wird immer wieder Mensch, auch heute"[60].

---

56) Recht 101.
57) Ebd.; vgl. insgesamt 99-104: "Christen lernen von Mar-
    xisten: et incarnatus est".
58) Politische Theologie. Auseinandersetzung mit Rudolf Bult-
    mann, Stuttgart-Berlin 1971, 93.
59) Vgl. "Macht von unten", in: Recht 7-15.
60) Recht 11.

Weihnachten bzw. die Botschaft von der Menschwerdung Gottes beinhaltet demnach eine Erhöhung des Menschen - Menschen bekommen
sozusagen das Gesicht Gottes, jenes Gottes, der sozusagen sein
eigenes Gesicht verloren und es Menschen gegeben hat. Diese
Interpretation beinhaltet einen radikal diesseitigen Humanismus: "Daß Gott immer wieder Mensch wird, heißt für das Leben
jedes Menschen Absolutheit"[61].

Eine so verstandene Menschwerdung könnte sich allerdings
fälschlicherweise noch immer im alten Interpretationsrahmen be-
wegen und Gott als "falsche Chiffre" mißverstehen, "als Licht
von oben und von außen in eine trübe Welt"[62]. Doch dem begegnet SÖLLE mit einer zweiten Interpretationsrichtung, "denn
Gott wird nicht nur immer wieder Mensch, er wird auch immer
mehr Mensch. Es ist bekannt, daß dieser Prozeß der Weltgeschichte, in der Gott immer mehr Mensch wird, den meisten Theologen unheimlich ist, so daß sie ihn zu verdächtigen suchen
als Abfall vom Glauben. In Wirklichkeit ist hier die Frage gestellt, wie ernst sie die Inkarnation nehmen oder wie weit sie
Gott erlauben, sich zu inkarnieren"[63]. Der so verstandene
Gott ist nach SÖLLE "Macht von unten"[64], die sich verändernd
in der Welt bemerkbar macht und das Leben menschlicher ge-
staltet. Doch die Hände dieses Gottes sind letztlich Menschen-
hände[65], und seine Wahrheit erweist sich in der humanen Praxis von Menschen bzw. unter Menschen, so daß "wenn Gott zwischen Menschen kaputt gemacht wird, indem Menschen einander
kaputt machen, dabei Gott mit draufgeht"[66]. So scheiden sich
letztlich an einem neuen Verständnis der Inkarnation die Gei-
ster: "Wir stehen an einem Punkt, wo das Sterben des alten,
den Kindern allmächtig scheinenden Vaters, noch viele beun-

_____

61) A.a.O. 12.
62) A.a.O. 13.
63) Ebd.
64) So bes. a.a.O. 13f.
65) Vgl. Leiden 183.
66) Recht 71.

ruhigt. Wir hatten noch keine Gelegenheit, Inkarnation so ernst
zu nehmen, wie sie ist"[67].

2.4 Jesuanisch inspirierter post-christlicher Humanismus

All diese Linien weisen hin auf einen zwar christlich inspirierten, von der Wahrheit der Menschwerdung Gottes in Jesus
herkünftigen, aus dem traditionellen Deutungskontext jedoch
heraustretenden und tendenziell post-christlich sich artiku-
lierenden Humanismus. Dennoch hält SÖLLE an der absoluten Nor-
mativität des Menschen Jesus bzw. seiner Menschlichkeit unbe-
irrt fest. Er ist der Stellvertreter, der vollendetes Menschsein vorlebt, aber "Christus vertritt uns auf Zeit, bedingt
und unvollständig. Christus ersetzt nicht unseren Ort, sondern
er vertritt uns auf Zeit ..."[68] Der Mensch selbst soll an die
Stelle Christi treten - dieser ist "Bruder", nicht Herr[69].
Seine Wahrheit und Menschlichkeit überzeugt nicht deshalb, weil
sie göttlich legitimiert ist - SÖLLE meint sogar: "Wenn Christus heute wiederkäme, wäre er Atheist, d.h. er könnte sich
auf nichts anderes als auf seine weltverändernde Liebe verlassen"[70]. Deshalb verzichtet sie auf eine theologische Legitimation der absoluten Bedeutung Jesu und hofft, diese durchaus horizontal-weltlich erweisen zu können: "Die Wahrheit
Christi ist nicht als eine von Gott beglaubigte ausweisbar,
aber sie kann vergleichend, kritisch, rational reflektiert als
Wahrheit erwiesen werden"[71]. Dabei fungiert nun allerdings
das Kreuz als "die genaueste Interpretation der menschlichen
Existenz", insofern dieses "die bedingungslose Liebe zum anderen Menschen, die zur Hingabe des eigenen Lebens führt", beinhaltet[72]. Die entscheidende, den christlich inspirierten

---

67) A.a.O. 14.
68) Stellvertretung 136; vgl. 142.
69) Atheistisch 96.
70) Recht 59; vgl. 57.
71) Atheistisch 88.
72) Ebd.

Humanismus über alle sonstigen Humanismen hinaushebende Einsicht ist also die Erfahrung: "Je mehr einer liebt, um so mehr
wird er leiden. Das ist eine Erfahrung, die in Jesus formuliert
ist und die wir seit Jesus wissen oder kennen"[73].

Mit diesen - freilich fragmentarisch bleibenden - Hinweisen zur
Auslegung des christlichen Inkarnationsglaubens bei Dorothee
SÖLLE steht das Gesamtgefüge ihres Denkens ziemlich deutlich
vor uns: Der Theismus als der Glaube an einen weltenthobenen,
sich der Welt in Jesus gnädig zuwendenden Gott "ist in unserem
Weltzustand ein Alibi für die verweigerte Liebe. Praktisch ist
jedes christliche Handeln heute atheistisch: es wird kein Eingreifen eines höheren Wesens erwartet"[74]. Die traditionelle
mythologische Rede von Gott, von Jesus als menschgewordenem
Sohn Gottes und vom Menschen als Du Gottes[75] muß überführt
werden in jenen praktischen Atheismus, der "nach dem Tode
Gottes" Gott nur noch im zwischenmenschlichen Ereignis von Liebe einen Erfahrungsraum und eine Bedeutung zuerkennt. Thetisch
und allgemein gesprochen heißt dies: "Die Auflösung des metaphysischen Glaubens ist seine säkulare Realisation"[76], und
allein in diesem Zusammenhang gewinnt Christus noch eine herausragende Bedeutung. Legitimiert wird diese besondere Stellung
allerdings nicht durch den traditionellen Inkarnationsglauben,
sondern im Zeichen der radikalen Selbstentäußerung Gottes wird
Gott immer mehr Mensch; das traditionell als Inkarnation exklusiv christologisch gemeinte Geschehen ereignet sich nun allgemein anthropologisch in der beständigen Humanisierung der Welt,
in der Menschwerdung des Menschen. Der Mensch selbst vertritt
in der Welt die Stelle Gottes - er gewinnt absolute "göttliche"
Bedeutung. Die in der Inkarnation enthaltene Umkehrbewegung
führt so zwar auch noch zur Teilhabe des Menschen am göttlichen
Leben, doch dieses wird ganz und gar irdisch-menschlich ver-

---

73) Recht 125.
74) A.a.O. 53.
75) Vgl. Atheistisch 93.
76) A.a.O. 92.

standen.

2.5 Atheistische Leidenstheologie als Humanisierung des Leidens

Seine Nagelprobe muß dieser eher ideell bzw. ideologisch als
konstruktiv von der traditionellen Wahrheit der Menschwerdung
Gottes geprägte Humanismus an der bohrenden Frage des Leidens
und seiner Sinngebung bestehen. Schon vorhin sahen wir, daß
SÖLLE das Leiden als Kehrseite der Liebe betrachtet.

Damit gibt sie - im Rahmen ihres Ansatzes völlig konsequent -
jeder Theodizee den Abschied. Diese bedrängende Menschheits-
frage, die Rechtfertigung Gottes und des Gottesglaubens angesichts des Leidens in der Welt, läßt sich nach SÖLLE im Rahmen
eines Theismus erst recht nicht lösen; die Aporie des Leidens
gilt ihr deshalb als "eines der schlagendsten Argumente, exi-
stentiellen Argumente für eine nachtheistische Konzeption"[77].
Der theistische allmächtige und doch das Leid nicht abschaf-
fende Gott wird aber gerade im Leben und Sterben Jesu überwun-
den, anders als in allen sonstigen Religionen - denn "nur in
Christus erscheint die Auffassung vom leidenden Gott, nur hier
sind es Gottes eigene Leiden, die von einem Menschen übernommen
werden"[78]. Die Überwindung der Apathie, die im Zeichen eines
apathischen, schmerzunfähigen Gottes stand, die Sensibilisie-
rung für die Leiden dieser Welt und die Solidarität mit den
Leidenden sind denn auch die nachtheistischen und christologisch zu lernenden Tugenden bzw. Haltungen des Christen.

Zudem wird die Theodizeefrage dort obsolet und überholt[79],
wo - wie schon in der mystischen Leidenstheologie - der Mensch
im Leiden stärker wird als alles, was ihm begegnet, wo "die
Entmächtigung des Leidmachers ‹also Gottes› ‹stattfindet› durch
eine Ich-Stärke, die im Leiden nicht zerstört wird"[80]. Hiob

---

77) Recht 65.
78) Stellvertretung 203.
79) Vgl. Leiden 116.
80) A.a.O. 119.

wird für SÖLLE - ganz im Sinne Ernst BLOCHs[81] - zu jener Gestalt, die die Theodizeefrage ebenso nachdrücklich stellt wie
überwindet. "Hiob ist stärker als Gott: Hiobs Denken muß zum
Atheismus führen, aus moralischen Gründen"[82], denn "nicht der
Leidmacher, nur der Leidende kann Hiob antworten"[83]. Genau
dies aber tut Christus, in dem - mythologisch gesprochen - Gott
selbst um der Liebe willen leidet: "Die Liebe 'bedarf' des
Kreuzes nicht, aber de facto kommt sie ans Kreuz"[84].

Christusförmig werden heißt nicht stoisch dem Leiden wider-
stehen, sondern die "Hände für alles Begegnende öffnen" - genau
darin liegt "die Möglichkeit der Humanisierung des Leidens"[85].
An den Brüdern Karamasow von DOSTOJEWSKI exemplifiziert SÖLLE
diese These: Iwan zerbricht an der Theodizeefrage - er "ist me-
taphysisch orientiert in seiner Empörung"[86]. Aljoscha hingegen
leidet schweigend mit - er ist "irdisch in seiner Solidarität"[87]. Dieser "Weg heißt: Christi Bruder werden. Er enthält
den Verzicht auf die Gesamtlösung, und der Blick richtet sich
vom Himmel fort auf die hier Leidenden hin"[88]. Solidarität im
namenlosen, letztlich nicht abschaffbaren Leiden ist der Weg,
den Christus selbst gewiesen hat - eine zufriedenstellende
theoretische Lösung "der Frage nach den sinnlos Leidenden und
Zerstörten"[89] läßt sich nicht finden. Die Antwort darauf "wird
den Versuch der Änderung nicht aufgeben, sie wird aber auch an
den Grenzen dieses Versuchs nicht haltmachen. Sie wird dort, wo
nichts zu machen ist, mitleiden"[90].

---

81) Vgl. dazu genauer unten 3.4.
82) Leiden 145.
83) A.a.O. 148.
84) A.a.O. 200.
85) Vgl. a.a.O. 178.
86) A.a.O. 215.
87) Ebd.
88) Ebd.; zu dem reichlich ungeklärten und undifferenziert verwendeten Begriff "Solidarität" vgl. den informativen Beitrag von K.E. LØGSTRUP, Solidarität und Liebe, in:
F. BÖCKLE u.a. (Hg.), Christlicher Glaube in moderner Gesellschaft, Bd. 16, Freiburg-Basel-Wien 1982, 97-128 (Lit.).
89) A.a.O. 208.
90) Ebd.

Nicht Freiheit vom Leid erwartet dieser Humanismus, erst recht
nicht einen Gott, der aus dem Leiden rettet - all diese metaphysischen Erwartungen und Postulate sind abgetan, "aber nicht
die Hoffnung auf Veränderung des Leidens und auf Lernen im Leiden"[91]. Dafür steht gerade Jesus als Vorbild - aber wiederum
keineswegs exklusiv, sondern inklusiv, denn das Kreuz Jesu ist
als "Symbol der Realität"[92] nicht einzigartig und bloß ver-
gangenes Ereignis, sondern bleibt "die tausendfach gegebene
Antwort der Welt auf die Versuche der Befreiung"[93].

3. BEERBUNG DES CHRISTENTUMS IM DIENST EINES POSTCHRISTLICHEN
   HUMANISMUS (ERNST BLOCH)
3.1 Einführende Hinweise

Von diesen breit ausgreifenden innertheologischen Perspektiven
eines postchristlichen Humanismus bei Dorothee SÖLLE richtet
sich nun ein kurzer abschließender Blick auf die ausdrückliche
Beerbung der humanisierenden Momente des Christentums im Werk
des marxistischen Philosophen Ernst BLOCH[94]. Die wichtigsten

---

91) A.a.O. 178.
92) A.a.O. 200.
93) Ebd.
94) Einen ersten zusammenfassenden Einblick in Blochs Werk
    geben C.H. RATSCHOW, Art. Bloch, Ernst, in: TRE 6 (1980)
    713-719 (Lit.); E. FEIL, Art. Bloch, in: K.-H. WEGER (Hg.),
    Religionskritik von der Aufklärung bis zur Gegenwart. Au-
    toren-Lexikon von Adorno bis Wittgenstein, Freiburg-Basel-
    Wien 1979, 44-48; J. HABERMAS, Ernst Bloch. Ein marxi-
    stischer Schelling, in: DERS., Philosophisch-politische Pro-
    file, Frankfurt 1971, 147-167. Sehr instruktiv für die Ge-
    samtzusammenhänge und deren Diskussion sind auch die beiden
    Sammelbände: S. UNSELD (Hg.), Ernst Bloch zu ehren. Bei-
    träge zu seinem Werk, Frankfurt 1965; Ernst Blochs Wirkung.
    Ein Arbeitsbuch zum 90. Geburtstag, Frankfurt 1975. Für die
    einschlägig christliche Auseinandersetzung mit Blochs Bean-
    spruchung auf Beerbung der christlichen Religion und seiner
    Deutung der Gestalt Jesu vgl. bes. folgende Arbeiten:
    W.-D. MARSCH, Eritis sicut Deus. Über das Werk Ernst Blochs
    als Problem evangelischer Theologie. Paul Tillich zum 75.
    Geburtstag am 20. August 1961, in: KuD 7 (1961) 173-196;
    DERS., Hoffen worauf? Eine Auseinandersetzung mit Ernst
    Bloch, Hamburg 1963. J. MOLTMANN, Theologie der Hoffnung.

Hinweise dazu finden sich in seinem umfangreichen Werk "Das
Prinzip Hoffnung" sowie in seiner Spätschrift mit dem bezeich-
nenden Titel "Atheismus im Christentum"[95].

Zwei Momente treten hier in den Vordergrund:
1. BLOCHs Denken kreist ausdrücklich und unbefangen um einen
post-christlichen Humanismus; diesen im Zeichen einer Menschwerdung des Menschen heraufzuführen ist seine beständige Hoffnung und sein Ziel.
2. Dieser nachchristliche Humanismus steht aber nicht einfach
quer zu den Religionen, erst recht nicht zum Christentum. Vielmehr nimmt BLOCH dessen latente Intention in atheistischer
Weise auf: Nur vermittels der Religionen und ihres Hoffnungs-
potentials, genauer gesagt: durch deren Beerbung, besonders
aber mittels der dem Christentum eigenen Überzeugung von der
Menschwerdung Gottes läßt sich das ersehnte Ziel vollendeter
Humanität erreichen.

Die Hintergründe, Implikationen und sachlichen Zusammenhänge
dieses entschiedenen Humanismus sind rasch zu skizzieren.

Untersuchungen zur Begründung und zu den Konsequenzen einer
christlichen Eschatologie, München ⁷1968, 313-334 ("Das
Prinzip Hoffnung" und die "Theologie der Hoffnung". Ein Ge-
spräch mit Ernst Bloch); DERS., Im Gespräch mit Ernst Bloch.
Eine theologische Wegbegleitung, München 1976; POST (s.
Anm. 1), bes. 80ff; PRÖPPER (s. Anm. 1) 29-38; C.H. RATSCHOW,
Atheismus im Christentum? Eine Auseinandersetzung mit Ernst
Bloch, Gütersloh 1970; R. STRUNK, Atheismus um des "noch
ungewordenen Menschenwesens" willen. Zu Ernst Blochs uto-
pischem Humanismus ohne Gott, in: GRABNER-HAIDER (Hg.) (s.
Anm. 34) 101-115.

95) BLOCHs Schriften werden in diesem Kapitel ohne Nennung des
Verfassers und mit folgenden Kürzeln zitiert: Das Prinzip
Hoffnung (= Gesamtausgabe Bd. 5), Frankfurt 1977 (erstmals
erschienen 1959, geschrieben bereits 1938-1947), zit.:
Hoffnung; Atheismus im Christentum. Zur Religion des Exodus
und des Reichs (= Gesamtausgabe Bd. 14), Frankfurt 1977
(erstmals erschienen 1968), zit.: Atheismus.

3.2　Marxistisch geprägter utopischer Humanismus
3.2.1 Die marxistische Grundeinstellung

BLOCHs Humanismus bleibt unverkennbar marxistisch orientiert,
obwohl er seinem Marxismus eine besondere Wendung gibt. Drei
Momente gewinnen dabei besondere Bedeutung:

Zum ersten versteht Ernst BLOCH sein Werk als eine Weiterfüh-
rung und Überbietung der religionskritischen Ansätze von Ludwig
FEUERBACH. Daher gilt auch ihm Religion als Entfremdung des
Menschen von seinem eigentlichen Wesen, so daß erst in einer
grundlegend atheistischen Welt und durch endgültige Überwindung
der Jenseitsorientierung die Menschwerdung des Menschen ge-
lingen und seine Identität gefunden bzw. bewahrt werden kann.

Damit ist bereits ein zweites Moment genannt: Anstelle idea-
listisch-weltflüchtiger Jenseitsorientierung tritt ein betonter
Materialismus. Was immer in der Weltgeschichte geschieht oder
auch in Zukunft noch geschehen mag - es entspringt den Möglichkeiten materiell bedingten Daseins. Als "Latenz"[96] ist es bereits vorhanden und läßt sich daher aus der Materie gewissermaßen "herausprozessieren". Auch dieser Materialismus impli-
ziert einen erklärten A-Theismus.

Zum dritten endlich versteht sich BLOCH als Zeitgenosse und
Schüler von Karl MARX, vor allem im Blick auf dessen soziali-
stisch gemeinten Humanismus: Nicht eine abstrakte Bestimmung
des Menschen wird für ihn wichtig, sondern das Verständnis des
Menschen als "Ensemble der gesellschaftlichen Verhältnisse"[97].
Diese zu verändern - und zwar aus eigener Kraft! - und in der
Heraufführung einer neuen Gesellschaftsordnung, durch Revolu-
tionierung aller Verhältnisse, die endgültige Menschwerdung des

---

96) Vgl. dazu ausdrücklich und thematisch: Tendenz - Latenz -
Utopie (= Ergänzungsband zur Gesamtausgabe), Frankfurt
1978.
97) Vgl. K. MARX, Werke, hg.v. H.-J. LIEBER/J. FURTH, Bd. 2,
Darmstadt 1971, 3.

Menschen, seine Befreiung aus allen Entfremdungen herzustellen, bleibt auch BLOCHs Ziel und Hoffnung.

3.2 Der utopische Charakter von BLOCHs Humanismus

Mehr als andere marxistische Denker betrachtet BLOCH diesen erwarteten Heilszustand jedoch als Hoffnungsgestalt. Mag dieser Endzustand, oft einfach als "Reich der Freiheit"[98] oder schlechthin als "Reich"[99] bezeichnet, auch latent, als Möglichkeit und Tendenz, bereits in den materiellen Bedingungen der Gegenwart anwesend sein und sich ankündigen - er bleibt doch eine Utopie, ein "Novum"[100], auf das nicht nur hinzuarbeiten, sondern vor allem zu hoffen ist. Die Zukunft ist noch nicht Gegenwart, und die Hoffnung muß ihre Kraft noch erweisen, um diese Zukunft zu erreichen.

Schon BLOCHs erstes Werk von 1918 mit dem Titel "Geist der Utopie"[101] tönt diesen utopischen Charakter seines neuen Humanismus an. Dieses Thema läßt ihn fortan nicht mehr los: Das Bewußtsein vom "Noch-Nicht"[102] des Reiches und die Parteilichkeit für die Zukunft zeichnen BLOCHs Werk aus. Dabei sieht er durchaus Tendenzen und Latenzen in der Vergangenheit und Gegenwart, so daß die Geschichte insgesamt als zielgerichteter Prozeß erscheint. Vergangenheit wird bedeutsam "als Reservoir voraufgegangener Versuche, jegliche Herrschaft abzuschütteln, Gegenwart ... als Potential für die Herbeiführung des Reiches, durch Kampf zwar, aber um des Humanum willen"[103].

Mit diesem utopischen Zug gewinnt auch der Humanismus eine futurische Wendung. Grundlegend gilt: "homo homini homo"[104] - der Mensch soll dem Menschen zum Menschen werden, nicht ein

---

98) Vgl. Hoffnung 235, 620, 728 u.ö.

99) Vgl. Hoffnung 1409, 1411 ff, 1510, 1524 u.ö.

100) Vgl. Hoffnung 224-258.

101) Vgl. Geist der Utopie (= Gesamtausgabe Bd. 16), Frankfurt 1977.

102) Vgl. Hoffnung 129ff; in Atheismus 96 ist die Rede von der "Ontologie des Noch-Nicht-Seins".

103) FEIL, a.a.O. (s. Anm. 94) 46.

104) Hoffnung 728.

naturhaft gegebenes Etwas; erst so wächst das "Reich der Freiheit"[105], eine "konkret gewordene Utopie <, die> ... den
Schlüssel ... zur unentfremdeten Ordnung in der besten aller
möglichen Gesellschaften"[106] an die Hand gibt. Allerdings
bleibt dieser nicht-entfremdete, ganz und gar brüderlich orientierte Mensch in der Gegenwart ein "homo absconditus"[107], ein
verborgener Mensch. BLOCHs Deutung der Religion im Zeichen
eines atheistischen Humanismus setzt also "einen utopischen Begriff vom Menschen voraus"[108]. Gerade hier werden deutliche
Unterschiede zu FEUERBACHs Religionskritik und der damit verbundenen Anthropologie erkennbar.

3.3 Feuerbach und die religionsphilosophische Wende

Ein Zurück hinter FEUERBACH und seine Entlarvung der Religion
als "falscher Schein" gibt es für BLOCH nicht; FEUERBACH bedeutet ihm "eine religionsphilosophische Wende; von ihm ab beginnt die letzte Geschichte des Christentums"[109]. Allerdings
erscheint ihm der FEUERBACHsche Begriff des Menschen zu sta-
tisch und abstrakt[110].

Nach FEUERBACH hat der Mensch sich und sein unendliches Wesen
einfach in Gott hinein projiziert und somit das Göttliche
selbst erschaffen. Demgemäß braucht er nur diesen entfremdenden
Prozeß aufzuheben und das Göttliche wieder ins Menschliche zu
überführen, um sich selbst wieder zu gewinnen. Dem stimmt BLOCH
grundsätzlich zu, doch weiß er sich bei der Betrachtung der
christlichen Religion "der radikalen Menschlinie im Christentum methodisch <noch> verpflichteter"[111] als FEUERBACH. Zugleich kritisiert er FEUERBACHs eindimensional geratenen Begriff vom Menschen, wonach dieser gleichsam schon fertig, vor-

---

105) Ebd.
106) Ebd.
107) A.a.O. 1518; ebenfalls 1406 u.ö.
108) A.a.O. 1518.
109) Ebd.
110) Vgl. zu Feuerbach bes. Hoffnung 1517ff; Atheismus 89ff
     und 279ff.
111) Atheismus 281.

handen, enthüllt sei. FEUERBACH führe, so BLOCH, "den homo
homini homo wenig über ein liberal zuhandenes Wunschensemble
hinaus"[112] - er ist "das bereits Zuhandene, Vorhandene"[113] in
allen Projektionen.

BLOCH aber setzt auf den "homo absconditus", auf den sich selbst
noch unbekannten Menschen, auf "das menschliche Inkognito", das
dieser "durch immer nähere Jenseitsgestalten umkreist"[114].
"Gott erscheint so als hypostasiertes Ideal des in seiner Wirklichkeit noch ungewordenen Menschenwesens"[115]. Ein allgemeines
"Transzendieren"[116], ein "Sichselbstüberschreiten"[117] des
gegenwärtig existierenden Menschen ist deshalb unverzichtbar
zur Selbstwerdung, zur Menschwerdung des Menschen - "Religion
im Erbe (Meta-Religion)"[118] meint somit ein "Transzendieren
ohne ... Transzendenz"[119], also Atheismus und dabei wachsenden
"Selbsteinsatz <des Menschen> ins Transzendente"[120]. In diesem
prinzipiell atheistischen, die Religion beerbenden Verständnis
des Menschen - dieser wird gerade in christlicher Perspektive
bestimmt als "Homo homini Deus"[121] - aber erfahren die Religionen gleichermaßen eine enorme Aufwertung: Sie sind schlechtes
Gewissen, treibender Impuls und Hoffnungskraft des marxistischen
Menschenbildes.

---

112) Ebd.
113) Hoffnung 1522.
114) Ebd.
115) A.a.O. 1523.
116) A.a.O. 1522 u.ö.
117) A.a.O. 1522.
118) A.a.O. 1521.
119) A.a.O. 1522; vgl. auch 166: "So ... ist die utopische Funk-
     tion die einzig transzendierende, die geblieben ist, und
     die einzige, die wert ist zu bleiben: eine transzendieren-
     de ohne Transzendenz."
120) A.a.O. 1520.
121) A.a.O. 1521.

3.4 Religion im Erbe als "wachsender Menscheinsatz ins religiöse Geheimnis"

Die umfängliche Beanspruchung der Religionen läuft bei BLOCH
allerdings mit einer inneren zwingenden Logik auf das Christentum zu: In Jesus ist jener Umschlagspunkt gegeben, in dem - umgekehrt gelesen - nicht Menschwerdung Gottes von oben, sondern
- von unten - "Selbsteinsatz Christi in Jahwe"[122], "Aufhebung
der absoluten Gott-Transzendenz durch die Homousie, die Gottgleichheit Christi"[123] geschieht. "Der wachsenden Humanisierung der Religion entspricht so keinerlei Entspannung ihrer
Schauer, sondern konträr: das Humanum gewinnt nun das Mysterium
eines Göttlichen, eines Vergottbaren hinzu und gewinnt es als
Zukunftsbildung des Reichs, aber als des rechten"[124].

Wird so zum einen die Höhe der Religion und ihres Anspruchs auf
Transzendieren des gegenwärtigen Menschseins gehalten, so läßt
sich zum anderen eine immer stärkere Ablösung vom Theismus zu-
gunsten einer darin wirksamen anthropozentrischen Tendenz nicht
verkennen. Der Titel von BLOCHs religionsgeschichtlicher Sichtung lautet daher: "Wachsender Menscheinsatz ins religiöse Geheimnis, in Astralmythos, Exodus, Reich; Atheismus und die
Utopie des Reichs"[125]. Noch deutlicher gesagt: "Das Reich des
gelichteten Inkognito der Menschen- und Welttiefe: dahin und
zu sonst nichts ist die gesamte Religionsgeschichte gewan-
dert ..."[126] Mit genialer Interpretationsgewalt zwingt BLOCH
allen Religionen in einem fulminanten Durchblick diese innere
Zielstrebigkeit auf. Erstaunlicherweise hält er sich dabei
weniger bei dem auf, was uns in dieser Vorlesungsreihe be-
schäftigt hat - nämlich bei einzelnen Gestalten, in denen sich
eine mehr oder weniger eindeutige Vergöttlichung von Menschen

---

122) A.a.O. 1495.
123) A.a.O. 1493.
124) A.a.O. 1409.
125) A.a.O. 1392 u. ff.
126) A.a.O. 1533.

feststellen läßt. Ihm geht es um das Humanum schlechthin und
dessen Entfaltung als wachsende Beerbung des Göttlichen überhaupt. Dahin zielt auch seine "detektorische Bibelkritik"[127],
die die subversiven atheistischen und sozialrevolutionären, also
zutiefst humanistischen Momente der biblischen Überlieferung
stark zu machen versucht. Die verführerische Verheißung der
Paradiesesschlange: "Eritis sicut Deus" wird zur "Frohbotschaft
des christlichen Heils"[128], "Und die wirkliche Ursünde wäre es
gerade gewesen, nicht sein zu wollen wie Gott"[129].

Besondere Bedeutung gewinnt in dieser Hinsicht die Gestalt
Hiobs, hinter dessen Herausforderung kein Humanismus zurück-
fallen darf. Hiobs Lektion bleibt es nämlich, "daß ein Mensch
besser, daß er zentraler sein könne als sein Gott"[130]. Diese
"ungeheure Umkehrung der Werte"[131], die jeder Theodizee den
Abschied gibt, setzt auf einen anderen als den Herren-Gott.
Für Hiob gibt es im Zeichen trotziger Hoffnung auf eine andere,
neue Gerechtigkeit nur eines: "Auszug des Menschen aus Jachwe,
Imagination einer Welt, die sich über den Staub erhebt"[132].
Wie keine andere biblische Gestalt deutet Hiob hin auf die
Vollendung der Religionsgeschichte in Jesus, auf den "Menschen-
sohn ... <, der> ins aufgehobene Oben einzieht"[133].

3.5 Jesus als Antizipation des "Homo homini Deus"

Jesus bedeutet für BLOCH den Wendepunkt der Geschichte - das
Christentum beerben heißt zugleich endgültig die "Vergottung
des Menschen"[134] ernst nehmen und damit den "homo absconditus"
aufdecken. Als der Menschensohn ist Jesus "unsere wahre, erst
am Ende der Geschichte erscheinbare Radikalisierung, Identifi-

---

127) Vgl. Atheismus 98ff.
128) Hoffnung 1504; ähnlich auch 1497.
129) Atheismus 232.
130) A.a.O. 205, vgl. 150.
131) A.a.O. 150.
132) A.a.O. 161.
133) A.a.O. 166.
134) Hoffnung 1407.

zierung"[135]. Er, der "Rebell und Erzketzer"[136], hat sich "in Gott als Mensch"[137] gesetzt, und gerade "das schlechthin Christozentrische"[138] im Evangelium - nämlich Jesu Anspruch auf letzte Einheit mit Gott-Vater - ist die eigentliche Hoffnung für den Menschen. Die damit beanspruchte strenge Gottgleichheit (Homousie Jesu, nicht eine Homoiousie wie bei den verschiedenen Religionsstiftern zuweilen gegeben)[139] Jesu ist nämlich ernst zu nehmen und rückwärts zu lesen - als endgültige Humanisierung, Anthropologisierung des religiösen Inhalts und dessen Transzendenz. Diesen latenten Atheismus, der der mythologischen Glaubensrede von der Menschwerdung Gottes in Jesus anhaftet, hat BLOCH mit einem dialektischen Wort beschrieben, das zugleich als Motto seines bedeutenden Buches "Atheismus im Christentum" dient: "Nur ein Atheist kann ein guter Christ sein, gewiß aber auch: nur ein Christ kann ein guter Atheist sein; wie könnte sich der Menschensohn sonst gottgleich genannt haben"[140]. Und angesichts der Entthronung Gottes durch die Aufklärung erinnert er daran, immerhin habe "das Christentum den Menschen und seinen Anspruch, näher: den Menschensohn und sein stellvertretendes Geheimnis in den Himmelsherrn von vordem

---

135) Atheismus 351.

136) Vgl. a.a.O. 182.

137) A.a.O. 183.

138) A.a.O. 214.

139) Vgl. dazu bes. a.a.O. 230f. BLOCH insistiert unter dieser Rücksicht gerade auf dem rechtgläubigen Christusbekenntnis der alten Kirche, das er freilich umgekehrt liest: "Bloße Gottähnlichkeit hatten die Arianer behauptet, und mit ihr wäre ja kein Selbsteinsatz des Menschensohns in den Vater, keine Leuchte des Lamms und seiner Stadt als göttliche Herrlichkeit selber behauptbar gewesen. Statt dessen hat gerade eine Orthodoxie, indem sie auf dem Konzil von Nikäa die arianische Lehre verdammte und die Lehre des Athanasius von der Homousie mit dem Vater kanonisierte, dem Christus den angegebenen, den - revolutionärsten Topos gebilligt, den je ein Stifter, je eine Parusie innehatte." (ebd.).

140) A.a.O. 24; die Formulierung "Nur ein Atheist kann ein guter Christ sein" findet sich bereits früher (1963/64) in: Tübinger Einleitung in die Philosophie (= Gesamtausgabe Bd. 13), Frankfurt 1977, 373.

eingesetzt"[141].

Auf der Suche nach Wegweisern zum wahren Humanum, auf der Spur
des "homo absconditus" und der säkularen Hoffnung auf das
"Reich" und seinen umfassenden Humanismus fungiert Jesus, der
Menschensohn, als mächtigster Hoffnungsträger. Kraft seiner
Gottgleichheit kann "Christimpuls leben ..., auch wenn Gott tot
ist"[142]. "Christlicher Advent ist <deshalb> der letzte noch
nicht durchschaute Mythos"[143]. Dem Atheismus eignet sogar eine
verborgene "immanente Christlichkeit"[144]; in ihm erst kommt
die in Jesus vorweggenommene "Vergottung des Menschen"[145], das
hier begründete "Homo homini Deus"[146] voll zur Geltung. Was
die christlichen Mystiker noch reichlich unvollkommen zu denken
bereit waren, wenn sie zwar "den Gott in den Menschen setz-
ten"[147], dabei jedoch den jenseitsorientierten Gottesglauben
nicht aufhoben, das führt endgültig ein christlich inspirierter
marxistischer Humanismus herauf. Dieser gibt sich zwar prinzipiell atheistisch, beerbt jedoch die in Jesus und dem Christentum insgesamt bereitliegenden "Grenzbilder des Wohin, Wozu,
Überhaupt"[148], ohne die die Utopie irreal und das Salz der
Hoffnung schal und dumm wird: "Atheismus mit konkreter Utopie
ist im gleichen gründlichen Akt die Vernichtung der Religion
wie die häretische Hoffnung der Religion, auf menschliche Füße
gestellt"[149]. Das letzte Ziel solchen Hoffens und Arbeitens
aber bleibt das Reich des vollendeten Humanum. Dafür aber gilt:

------

141) Hoffnung 1517.
142) Atheismus 231.
143) A.a.O. 334.
144) Hoffnung 1521.
145) A.a.O. 1407.
146) A.a.O. 1521.
147) Vgl. Atheismus 93; insgesamt 92-95, 283f, 285ff; ebenfalls
     Hoffnung 1534-1540.
148) A.a.O. 352.
149) A.a.O. 317.

"Die Menschen können Brüder sein wollen, auch ohne an den Vater
zu glauben, aber sie können nicht Brüder werden, ohne an die
gänzlich unbanalen Inhalte und Umfänge zu glauben, die religiös
durch das Reich gedacht waren"[150].

4. AUSBLICK

Diese reichlich fragmentarischen Hinweise machen deutlich, daß
und wie sogar ein dezidierter Atheismus spezifisch christliche
Impulse zu nutzen vermag. Gerade in BLOCHs Konzeption eines
postchristlichen Humanismus fällt die zentrale Bedeutung der
Menschwerdung Gottes in Jesus ins Auge: Einerseits hält er
streng an der Gottgleichheit Jesu fest und beansprucht dabei
(wenn auch nur formal) das christologische Dogma; andererseits
jedoch liest er diese Glaubenswahrheit in der anthropologischen
Umkehrung und deutet sie bewußt häretisch - so verstanden deckt
Jesus die insgeheime Göttlichkeit eines jeden Menschen auf.

Diese Anknüpfung im Widerspruch macht den wegweisenden Charakter dieses Ansatzes bzw. seine Schwellenfunktion für die Fort-
entwicklung dieser Ansätze zu einem nachchristlichen Humanismus
deutlich: Zwar wird auch dieser immer wieder auf das traditionelle Christusbekenntnis rekurrieren und von dort die Überzeugung von der absoluten Geltung des Humanum zu gewinnen versuchen; letztlich aber wird er den für den christlichen Glauben
konstitutiven Interpretationszusammenhang immer weiter hinter
sich lassen und die absolute Bedeutung, die Vergöttlichung des
Menschen, den "homo homini Deus" außerhalb einer Legitimation
durch die christlich verstandene Inkarnation behaupten. Wieweit
ein solcher postchristlicher Humanismus Überzeugungskraft gewinnen und bewahren kann, ob die für ihn konstitutive Beerbung
der Religion hinreichende Stütze bleibt oder ob er schließlich
ohne jeglichen religiösen Begründungszusammenhang nur auf die
Selbstevidenz des Humanums zu setzen bereit und imstande sein
wird - all das läßt sich heute noch nicht endgültig sagen. In-

---

150) Hoffnung 1510.

sofern hat diese Vorlesung Aspekte eines noch offenen Prozesses beschrieben, in dem wir alle uns befinden und in dem wir unsere eigene Position zu beziehen und zu verantworten haben.

B i b e l s t e l l e n

Altes Testament

Gen		3,5ff	55
1,1-2,2a	85 Anm. 11	5,15ff	52
1-11	75 Anm. 6	7,13ff	52
2,4b-3,24	85 Anm. 10, Anm. 11	22,19ff	55
2,7	68	2 Kön	
2,9	77; 81	18,4	79
2,17	77		
2,23f	85	Hi	
2,25	86	1,21	66
2,25b	85	27,17	50 Anm. 17
3	8; 61-87	28	152
4,1	72		
18	157 Anm. 48	Ps	
		2	46; 63 Anm. 1
Num		2,7	46; 48; 151 Anm. 26
21,4-9	79		
23,19	75	45	46
		45,7	46
Dtn		82,1f.6f	56
32,8f	50	89,21.39f	45
		110	46; 63 Anm. 1
1 Sam		110,3	46
16,12f	45	139,13-15	66
2 Sam		Spr	
2,4	42	1,20-33	154
5,3f	43	8	49; 52; 152
7,14	46	8,15f	50
19	74	8,31c	155
19,35-36			
		Weish	
1 Kön		7,25	154 Anm. 37
1,38-40	44	7,26	154 Anm. 36

Neues Testament

Mt		1 Kor	
27,54	98; 106	1,18-25	155 Anm. 42
		1,30	155
Lk		2,7	155
7,35	153	8,6	154
11,49ff	153		
13,34f	153	2 Kor	
		4,4	154
Joh		5,21	148
1,1-5.9-12c.14.		8,9	147; 156
16	147		
1,9c	150	Gal	
1,10f	154	4,4	148; 149
1,11ff	154 Anm. 38	4,4f	148
1,14	149; 154; 158	4,6	156
1,14.16	146 Anm. 12		
3,13.31	150	Phil	
3,17	148	2,6-11	155; 156
6,38	150	2,7	147; 149
9,39	150		
12,3	45	Kol	
12,46	150 Anm. 21	1,15	154
14,26	156	1,15-20	146
16,28	150 Anm. 21	1,16	154
18,37	150 Anm. 21		
		1 Tim	
Apg		1,15	150 Anm. 22
3,26	148 Anm. 18	3,16	146; 147
12,21-23	54		Anm. 14
13,23	150 Anm. 23		
		Hebr	
Röm		1,3	154 Anm. 37
1,3	147 Anm. 14; 149	1,3f	146
1,3f	144	1,6	150
8,3	148	2,14	147 Anm. 14
15,8	149	4,15	148

5,7	147 Anm. 14
9,26	146 Anm. 13
10,5	150
13,2	157 Anm. 48

1 Petr
1,12	156
3,18	147 Anm. 14

1 Joh
4,2	150 Anm. 22
4,9.14	148

2 Joh
7	150 Anm. 22

Eigennamen

(ohne Quellen und Sekundärlit.)

- 222 -

Zum vorliegenden Buch

In welchem Sinn wurden in der Umwelt des Alten und Neuen Testaments Menschen, namentlich Herrscher, als Gott betrachtet? Haben diese Anschauungen die Bibel beeinflußt? Religionswissenschaftliche Klischees wie apologetische Ängstlichkeit christlicher Theologen belasteten die bisherige Diskussion dieser Fragen.

Im vorliegenden Sammelband, der aus einer Ringvorlesung an der Universität Mainz hervorgegangen ist, gehen Fachgelehrte der Ägyptologie und Irankunde, der Alten Geschichte und der Bibelwissenschaft sie je auf ihrem Gebiet neu an. Dabei stößt man nicht nur auf manches entlegene Material aus dem Mittleren und Fernen Osten, sondern auch auf einige überraschende Ergebnisse. Während in Ägypten und teilweise auch bei den römischen Kaisern die Göttlichkeit des Herrschers funktional und soziologisch relativiert erscheint, werden Vorstellungselemente der Umwelt beim atl. Königtum und in christologischen Aussagen des NT aufgespürt.

Der Herausgeber führt anfangs in die religionswissenschaftliche Problematik ein. Den Schluß bildet ein aktueller Beitrag zu der eigentümlichen Version, die der christliche Gedanke von der Menschwerdung Gottes in der Neuzeit gefunden hat.

ISBN 3-7278-0604-4 (Universitätsverlag)
ISBN 3-525-53906-1 (Vandenhoeck & Ruprecht)

ORBIS BIBLICUS ET ORIENTALIS (Eine Auswahl)

NOVUM TESTAMENTUM ET ORBIS ANTIQUUS (NTOA)